数字经济时代
我国稻米产业供应链发展路径研究

李佛赏 郭 凡 著

燕山大学出版社
·秦皇岛·

图书在版编目（CIP）数据

数字经济时代我国稻米产业供应链发展路径研究 / 李佛赏，郭凡著 . -- 秦皇岛：燕山大学出版社，2024.5
ISBN 978-7-5761-0638-1

Ⅰ.①数… Ⅱ.①李… ②郭… Ⅲ.①水稻—产业经济—供应链管理—研究—吉林 Ⅳ.① F326.11

中国国家版本馆 CIP 数据核字（2024）第 028588 号

数字经济时代我国稻米产业供应链发展路径研究
SHUZI JINGJI SHIDAI WOGUO DAOMI CHANYE GONGYINGLIAN FAZHAN LUJING YANJIU

李佛赏　郭　凡 著

出 版 人：陈　玉				
责任编辑：唐　雷				
责任印制：吴　波		封面设计：郜娇建		
出版发行：燕山大学出版社 YANSHAN UNIVERSITY PRESS		电　　话：0335-8387555		
地　　址：河北省秦皇岛市河北大街西段 438 号		邮政编码：066004		
印　　刷：涿州市般润文化传播有限公司		经　　销：全国新华书店		
开　　本：710 mm × 1000 mm　　1/16		印　　张：19.5		
版　　次：2024 年 5 月第 1 版		印　　次：2024 年 5 月第 1 次印刷		
书　　号：ISBN 978-7-5761-0638-1		字　　数：349 千字		
定　　价：95.00 元				

版权所有　侵权必究

如发生印刷、装订质量问题，读者可与出版社联系调换

联系电话：0335-8387718

PREFACE 前言

随着科技的不断发展和数字化时代的到来,数字经济已经成为推动各个行业转型升级的重要力量。农业方面也不例外,数字经济为农业领域带来了新的发展机遇和挑战。稻米作为我国的重要农产品之一,其供应链的发展对于推动我国农业现代化、提高农民收入、保障粮食安全等具有重要意义。

本书以《数字经济时代我国稻米产业供应链发展路径研究》为题,旨在研究数字经济时代下,我国稻米产业供应链的发展路径和优化策略,为相关决策者、农业从业者和研究者提供理论依据与实践指导。

本书从多个角度对我国稻米产业供应链进行了深入研究,涵盖了供应链优化、数字技术应用、农业资源配置、农产品市场营销、企业管理等方面的内容。通过对我国稻米产业供应链现状的调查与分析,我们发现了潜在的问题和挑战,并提出了相关的解决思路和实施方案。

在研究过程中,本书充分借鉴了国内外相关领域的研究成果和经验,并结合我国的实际情况,利用理论与实践相结合的方法进行了深入研究。同时,也关注了社会、经济和环境等多方面的影响因素,以综合分析的方式为我国稻米产业供应链发展提供全面的指导和建议。

我们强调源头控制的重要性,保障稻米在种植环节就达到安全标准。同时,加工过程的严格监管也是必不可少的,以防止任何形式的污染和掺假。为了进一步加强质量控制,完善的产品质量检测体系和严格的检验标准被提出,确保每一粒稻米都能达到高品质要求。此外,我们还提倡建立食品安全信息追溯系统,实现稻米从生产到销售的全程可追溯,为消费者提供更多透明度和保障。

当然,仅仅依靠技术和流程优化是不够的。为了确保食品安全,加强食品安全法律法规建设,提高违法成本,也是至关重要的。只有这样,才能在法律和制度层面为稻米产业供应链提供坚实的保障。

本书不仅汇集了国内外稻米产业供应链中的先进实践案例,还结合了理论与实践,为我国稻米产业在数字经济时代的发展提供了全面的指导和建议。我们希望通过这些研究，能为农业现代化、农民收入提升以及粮食安全作出积极的贡献。

希望通过本书的研究成果，能够进一步增强人们对数字经济时代下农业供应链的认识，加强我国稻米产业供应链的优化和创新，推动农业现代化进程，提高我国稻农的收入水平，为粮食安全与乡村振兴作出贡献。

本书为吉林省教育厅 2023 年社会科学研究项目"数字经济时代吉林省稻米产业供应链发展路径研究"的研究成果，同时也是 2023 年度吉林省大学生创新创业训练计划项目国家级项目"数字经济时代我国德惠小町大米品牌发展路径研究"的成果之一。最后，我们要感谢所有支持和参与本书撰写的人员，感谢各级农业部门、农民合作社和企业的支持与合作。同时，我们也希望读者能够通过本书对我国稻米产业供应链发展路径的研究有进一步的了解，从而为促进农业现代化、粮食安全和乡村振兴作出自己的贡献。

目录 Contents

第一章 相关理论概述

第一节 产业经济理论 ……………………………………………………… 2
第二节 供应链管理理论 …………………………………………………… 13
第三节 农产品供应链管理理论 …………………………………………… 24

第二章 数字经济时代

第一节 数字经济时代的概念 ……………………………………………… 37
第二节 数字经济时代的特点 ……………………………………………… 48
第三节 数字经济时代对中国经济的影响 ………………………………… 63

第三章 我国稻米产业供应链发展现状

第一节 我国稻米产业发展生命周期 ……………………………………… 78
第二节 我国稻米产业供应链的结构 ……………………………………… 91
第三节 我国稻米产业供应链的发展环境 ………………………………… 110
第四节 数字经济时代对我国稻米产业供应链发展的影响 ……………… 118

第四章 我国稻米产业供应链发展评价

第一节 我国稻米产业供应链发展评价指标体系的构建 ………………… 124
第二节 我国稻米产业供应链发展水平评价实证分析 …………………… 131

第五章 数字经济时代国外稻米产业供应链发展经验借鉴

第一节 数字经济时代国外稻米产业供应链发展概述 …………………… 149
第二节 数字经济时代国外稻米产业供应链发展经验启示 ……………… 157

第六章　数字经济时代我国稻米产业供应链发展路径

第一节	推广智能化种植模式	175
第二节	实施精益化生产策略	179
第三节	打造线上线下一体化	187
第四节	建设稻米供应链信息共享平台	199
第五节	应用新零售模式	209
第六节	实施区块链+稻米供应链金融方案	214
第七节	强化稻米供应链全程追溯质量保障机制	222

第七章　食品安全与稻米产业供应链

第一节	食品安全的重要性及其对稻米产业的影响	232
第二节	稻米产业供应链中的食品安全风险点分析	236
第三节	提高稻米产业供应链食品安全水平的策略与措施	244
第四节	案例分析：国内外稻米产业供应链中的食品安全实践	256

第八章　数字经济时代我国稻米产业供应链发展保障机制

第一节	加强风险防范	267
第二节	推广技术应用	273
第三节	平衡成员关系	279
第四节	创新管理模式	285
第五节	注重人才培养	291

参考文献	298
附件1　我国稻米产业供应链发展指标专家打分问卷	300
附件2　我国稻米产业供应链发展能力评语集调查问卷	302
附件3　稻米产业供应链发展指标AHP判断矩阵调查问卷	304

第一章 相关理论概述

数字经济时代我国稻米产业供应链发展路径研究是一个跨学科、跨专业的研究课题。"数字经济时代"背景，对课题研究的时间范围进行了限定，"我国"明确了研究的地理界限，"稻米产业"界定了研究的产业领域，"供应链"规定了研究的组织范畴和管理模式，因此，本课题研究是以产业经济理论、供应链管理理论和农产品供应链理论为支撑的，如图1-1所示。

图1-1 相关理论

第一节 产业经济理论

产业经济理论是研究产业运行规律和产业发展的经济学分支，主要研究产业组织与结构、产业集聚与分散、产业链与价值链、产业升级与转型等方面的内容。产业经济理论旨在深入理解产业活动的本质和行为规律，为产业发展提供有效的理论支持和决策指导。

首先，产业经济理论关注产业组织与结构。它研究了产业内各个企业的组织形式、市场结构和竞争格局等，重点分析了产业内外部市场力量的作用机制和影响因素。通过深入研究产业组织与结构，我们能够更好地理解不同企业在供给与需求双方面的行为，从而为优化产业结构、提升供应链效率和加强市场竞争力提供理论依据。

其次，产业经济理论研究了产业集聚与分散的现象和影响因素。它探讨了产业集聚的经济效应、园区经济、地理集中度等问题，分析了企业在产业集聚中的合作与竞争关系。通过研究产业集聚与分散，我们能够深入理解不同地理区域的产业特点和差异，为产业升级、产业布局和区域经济发展提供理论指导。

再次，产业经济理论关注产业链与价值链的研究。它研究了产业链上的各个环节与参与主体之间的关系，分析了价值链的形成和发展过程，探讨了价值链的合作与竞争策略。通过研究产业链与价值链，我们能够深入了解不同环节的资源配置和协同作用，为提升供应链效率、优化资源配置和实现产业升级提供理论指导。

最后，产业经济理论关注产业升级与转型。它研究了产业升级的驱动力、路径和策略，分析了产业转型的机制和影响因素，探讨了创新、技术进步和科技创新对产业发展的影响。通过研究产业升级与转型，我们能够深入理解产业创新的动力和路径，为引导产业发展、推动经济转型和提高企业竞争力提供理论参考。

综上所述，产业经济理论是研究产业运行和发展的重要理论体系，它有效整合了不同领域的专业知识和方法，为产业发展提供了科学的理论支持和决策指导。在数字经济时代,产业经济理论对于理解和指导我国稻米产业供应链的发展路径具有重要意义。通过深入研究产业经济理论,我们能够更好地把握数字经济对我国稻米产业的影响与机遇,推动稻米产业供应链升级和优化,实现稻农收益的增加和农业可持续发展。

一、产业经济的概念和范畴

(一)产业经济的概念

产业经济是指在特定时间和地点内,一系列相互关联的经济活动的集合。它包括了一整个产业的相关企业和机构,以及他们之间的供应链和价值链关系。产业经济涉及的范畴广泛,可以涵盖农业、工业、服务业等各个行业领域。在农业领域中,产业经济指的是相互联系的经营主体,包括种植或养殖、加工、销售等环节,形成一个统一的供应链,从而实现农产品的生产、流通和销售。

(二)我国稻米产业的范畴和内涵

1. 我国稻米产业的范畴

我国稻米产业作为国家的重要农业产业之一,涵盖了从稻谷种植到稻米加工、流通和销售的整个价值链。其范畴包括了种植环节、加工环节、流通环节以及销售环节,形成了一个完整的供应链体系。

①种植环节。种植环节涉及土地利用、农事管理、种子选择、农药使用等一系列种植技术和管理措施。农民在农业生产中运用现代农业技术,如精准播种、水稻机械化种植等,以提高其产量和质量。

②加工环节。加工环节包括了稻谷的脱壳、糙米的去糠和白米的加工等过程。稻谷的脱壳可以采用传统的机械脱壳或者先进的气流脱壳技术,糙米的去糠通过米糠分离机进行,白米的加工则需要进行碾米、砻糠等工序。

③流通环节。流通环节主要包括稻米的仓储、物流和配送等环节。稻米的仓储需要适宜的储存条件,如温湿度控制和防虫防潮等。物流环节需要合理的运输方式和路线规划,以保证稻米的及时交付。配送环节要确保稻米能够高效地送到消费者手中。

④销售环节。销售环节涉及销售渠道的建立和市场营销策略的制定。通过建

立稳定的销售渠道，如批发市场、超市、电商平台等，以及采取差异化的市场营销策略，推动稻米产品的销售。

2. 我国稻米产业的内涵

我国稻米产业的内涵体现在以下几个方面：

①高品质稻米生产。我国拥有得天独厚的气候和土地资源，加之农民运用现代化种植技术与管理手段，能够生产出优质的稻米产品。

②稻米加工技术创新。我国稻米产业在加工环节不断引进和运用现代化的稻米加工技术，如气流脱壳技术、流化床碾米技术等，以提高稻米加工效率和产品质量。

③现代物流与配送体系建设。我国稻米产业注重物流与配送的高效与便捷，通过建立现代化的物流与配送体系，保证稻米成品能够及时、高效地运达消费者手中。

④市场推广与品牌建设。我国稻米产业致力于通过市场推广和品牌建设，提升稻米产品的竞争力和知名度，进一步拓展消费渠道，促进稻米产业的可持续发展。

综上所述，我国稻米产业的范畴涵盖了种植、加工、流通和销售等环节，而其内涵则体现在高品质稻米生产、稻米加工技术创新、现代物流与配送体系建设以及市场推广与品牌建设等方面。

（三）产业经济的特点和重要性

1. 产业经济特点

在数字经济时代下，信息技术的迅猛发展推动了各个产业的数字化转型和全球化发展。产业经济特点的变化包括以下几个方面：

①复杂性：产业经济中的各个环节相互关联、相互作用，形成一个复杂的系统。不同环节之间的关系错综复杂，需要多方协同配合才能正常运行。在数字经济时代，产业间的复杂性进一步增加，产业链上的各个环节更加紧密地联系在一起。

②全球化：数字经济时代的到来加速了全球产业链的形成，各个环节的参与主体面临着全球竞争压力。产业链的全球化使得各个环节的企业需要面对来自不同国家甚至不同地区的竞争对手。这要求各个环节的企业要提升自身竞争力，同时积极寻求国际合作与协同。

③创新驱动:数字经济时代注重创新的驱动力,各个产业都需要不断提升技术和产品的创新能力,以适应市场的快速变化和用户需求的个性化。创新能够提高生产效率、降低成本,并推动产业升级和转型。数字技术的应用,如大数据、人工智能、物联网等,为产业经济的创新提供了更多的可能性,也为各个环节带来了更多的挑战和机遇。

④资源配置优化:数字技术的应用使得生产和经营活动更加高效,资源配置更加精准。通过数据分析和智能化决策,企业和组织能够更好地利用有限的资源,提高产能和效益。

⑤供应链整合:数字经济时代的供应链不再是简单的线性关系,而是一个复杂且多元化的网络。供应链整合通过数字化的物流、信息流和资金流,提高了供应链的效率和灵活性,促进了产业链各个环节的协同发展。

⑥消费升级:随着人们收入水平的提高和消费观念的变化,消费者对产品质量、安全性、环境友好性等方面的需求越来越高。产业经济需要适应消费升级的要求,提供更加高品质、个性化的产品和服务。

2. 我国稻米产业特点

我国作为全球重要的稻米生产大国,稻米产业在我国的经济发展中起着重要的作用。我国稻米产业具有以下特点:

优质稻米资源丰富:我国拥有适宜的自然环境和土壤条件,以及丰富的水资源,为稻米产业的发展提供了良好的基础。我国的优质稻米在市场上享有较高的声誉和竞争力。

①高效农业生产:我国稻米种植业以规模化、专业化和机械化为特点,采用现代农业技术和管理手段,提高了农业生产的效率和品质,推动了稻米产业的发展。

②产业链完善:我国稻米产业从种植、加工到销售,形成了完善的产业链。种植大户和农民合作社是该产业链的重要组成部分,他们通过合作伙伴关系和协同合作,实现了稻米产业链中各环节的高效配合。

③品牌建设:我国稻米产业通过品牌建设和标准化生产,提高了产品的竞争力和附加值。我国的农产品品牌在市场上取得了良好的口碑,有助于提高产品的市场占有率和附加值。

④地理优势和市场需求:我国东北地区,具有重要的区位优势和交通便利优势,为稻米产业的发展提供了良好条件。同时,随着人们生活水平的提高和消费升级的需求,对优质稻米的市场需求也日益增加。

二、产业集群与产业链理论

（一）产业集群

产业集群理论在数字经济时代的我国稻米产业供应链发展中具有重要的指导意义。产业集群是指在某一地理区域内，由相互联系的企业、生产者、供应商和相关机构组成的一个相对密集的产业网络。

1. 产业集群可以促进稻米产业供应链的协同合作。在数字经济时代，我国的稻米产业可以通过建立稻米产业集群，整合种植、加工、流通和销售等环节的企业和组织，实现产能和资源的共享，提高生产效率和供应链的协同管理。通过共享信息和资源，产业集群中的企业可以相互配合、相互支持，实现规模经济和技术创新的优势。

2. 产业集群可以促进稻米产业供应链的技术创新和知识共享。通过产业集群的建立，各个企业和组织可以进行技术研发、创新实践和经验分享等。数字经济时代的技术革新，如物联网、大数据分析和人工智能等，可以为稻米产业带来新的机遇和挑战。在产业集群中，企业可以通过合作研发、技术交流和共同培训等方式，共同应对技术挑战，推动稻米产业供应链的技术升级和创新能力的提升。

3. 产业集群可以提高稻米产业供应链的市场竞争力。在数字经济时代，市场竞争日益激烈，稻米产业面临着来自国内外的各种挑战。通过建立产业集群，各个企业可以形成更加强大的市场合力，共同开拓市场和推广产品，提高品牌形象和市场份额。同时，产业集群还可以通过组织参加赛事展会、开展宣传推广和开展线上线下的销售渠道等，提高市场竞争力和品牌价值。

综上所述，产业集群理论在数字经济时代的我国稻米产业供应链发展中发挥着重要的作用。通过建立稻米产业集群，可以促进供应链的协同合作、技术创新和市场竞争力的提升，推动我国稻米产业供应链的可持续发展。

（二）产业链

产业链理论在数字经济时代的我国稻米产业供应链发展中起到了重要的指导作用。产业链是将不同环节的企业和组织串联起来，形成共同合作和协同发展的一个完整的产业体系。

1. 产业链可以促进稻米产业供应链的垂直一体化发展。在数字经济时代，我国的稻米产业可以通过建立垂直一体化的产业链，整合种植、加工、流通和销售等环节的企业和组织，实现资源配置的优化和产业发展的整合。通过垂直一体化，不仅可以降低交易成本，提高生产效率，还可以加强对市场的掌控力，提高稻米产业供应链的竞争力。

2. 产业链可以促进稻米产业供应链的横向联合和协同发展。在数字经济时代，我国的稻米产业可以通过建立横向联合的产业链，实现与其他相关产业的合作和协同。例如，稻米产业可以与农机装备、农资供应商、农产品加工企业等相关产业进行合作，共同推进生产、加工、销售等环节的优化和协同管理。通过横向联合，稻米产业可以实现资源共享、市场拓展和品牌建设，提高供应链的综合竞争力和可持续发展能力。

3. 产业链可以促进稻米产业供应链的可持续发展。在数字经济时代，稻米产业面临着资源紧缺、环境压力和消费升级等挑战。通过建立可持续发展的产业链，不仅可以推动稻米产业供应链的绿色化，还可以通过循环利用和资源高效利用等方面的措施，降低对资源的依赖，提高产业链的可持续性和环境友好性。

综上所述，产业链理论在数字经济时代的我国稻米产业供应链发展中具有重要的指导意义。通过对产业链的整合与优化，可以促进稻米产业供应链各参与方的协同发展、提高产业链整体竞争力和实现可持续发展，进而推动我国稻米产业供应链的持续改进和创新。

三、产业生命周期理论

产业生命周期理论是经济学中的一个重要理论，用于描述和分析一个产业从兴起到衰退的演变过程。它认为每个产业都会经历四个阶段：引导期、成长期、成熟期和衰退期。以下是对产业生命周期理论在我国稻米产业供应链发展路径研究中的应用：

首先，在稻米产业供应链的引导期，我国政府可以通过制定相关政策和标准来引导和推动产业的发展。例如，建立农业科技研发中心，促进高效稻作品种的培育和推广，为稻米产业链上游提供技术支持。

其次，在稻米产业供应链的成长期，重点是提升农民种植技术和管理水平，优化农田资源配置，降低生产成本。此外，要加强品牌建设和市场推广，开拓新的销售渠道，增加产品附加值，也是成长期需要重视的。

再次，在稻米产业供应链的成熟期，需要加强与其他相关产业的协同合作，构建稳定的供应链合作伙伴关系，提高供应链的运作效率、降低成本。同时，还需要不断提高产品质量和附加值，满足不同消费者的需求，并开展创新，进行新产品开发。

最后，在稻米产业供应链的衰退期，应该及时调整产业结构，寻找新的增长点，并开展技术创新和转型升级，以应对市场和需求的变化。

通过产业生命周期理论的应用，可以帮助我国研究稻米产业供应链的发展路径，了解和把握不同阶段的特点和挑战，为政府和企业提供科学的决策依据，促进产业供应链的可持续发展。

四、产业经济理论在我国稻米产业供应链发展中的应用

（一）驱动我国稻米产业供应链创新的理论基础

创新是推动产业发展和供应链优化的重要驱动力。在我国稻米产业供应链发展中，寻找适用的创新理论和实践机会至关重要。

首先，哈佛大学技术学系和企业学系教授亨利·切萨布鲁夫在2003年由哈佛商学院出版社出版的《开放式创新》一书中所提出的开放创新理论认为，创新不仅来自内部，还可以通过与外部合作伙伴的开放合作来实现。在我国稻米供应链中，与种植农民、农产品加工企业、物流公司和销售渠道之间的紧密合作可以促进创新。例如，与农民进行合作，引入现代农业科技和农业物联网技术，优化种植过程，提高产量和质量。与物流公司合作，实现冷链运输，确保稻米品质，延长货架期。与销售渠道合作，开拓电商和线下门店渠道，满足消费者多样化需求。这些合作将带来更高效、更灵活的供应链。

其次，生态创新理论关注产业链上下游企业间的协同创新。我国稻米产业供应链中，各个环节企业的协同创新至关重要。例如，种植企业可以与农业科研机构、农机装备企业合作，共同研究并应用先进的种植技术和设备，提高产量和质量。农产品加工企业可以与食品研究院合作，研发新品种的稻米加工产品，满足消费者的多样化需求。物流公司可以与信息技术企业合作，建立数字化监控系

统,提高物流效率。通过这种合作与创新,我国稻米产业供应链可以实现优势互补,提高整体竞争力。

(二)数字经济时代下的创新要素

在数字经济时代,数字技术的快速发展和普及为我国稻米产业供应链的创新提供了新的机遇和挑战。

首先,物联网技术可以实现对稻米生产和供应链信息的实时感知和控制。通过传感器和监控设备,可以监测土壤湿度、温度、光照等环境因素,帮助农民及时调整种植措施,确保稻米质量和产量。物联网技术还可以实现对农产品的溯源追踪,提供更加透明和可信的产品信息。

其次,大数据和人工智能技术可以对稻米产业供应链进行数据分析和预测,提供决策支持和方案优化。通过对历史销售数据、消费者需求数据和供应链运作数据的分析,可以预测市场需求和供应链瓶颈,帮助企业进行库存管理和生产计划,并根据不同的市场细分,提供定制化的产品和服务。

最后,区块链技术可以实现供应链的分布式记账和信任机制。通过区块链技术,可以建立稻米产业供应链的信息共享平台,实现数据的安全存储和实时更新。供应链中的各个环节都可以参与到区块链的记账和验证过程中,提高交易的可信度和透明度,降低信息不对称带来的风险。

综上所述,驱动我国稻米产业供应链创新的理论基础主要包括创新理论与实践和数字经济时代下的创新要素。通过在实践中应用创新理论,我国稻米产业供应链可以更好地提升效率、降低成本,并在数字经济时代充分利用物联网、大数据、人工智能和区块链等创新要素推动供应链的数字化、智能化和可持续发展。

(三)促进我国稻米产业供应链协同发展的理论支撑

1. 协同理论与实践

协同理论强调的是各资源要素之间的互动与合作,是一种强调整合资源、增强协作效能的战略思维方式。在数字经济时代,协同理论日益得到广泛地应用。我国稻米产业供应链可以借鉴协同理论的思想,通过各个环节之间的紧密协作与沟通,实现资源共享、信息共享、风险共担、利益共享,从而提高整个供应链的运行效率和盈利能力。

2. 我国稻米产业供应链的协同挑战与机遇

（1）我国稻米产业供应链的协同遭遇的挑战

我国稻米产业供应链由多个环节构成，上游、中游、下游的参与者在协同发展的过程中面临着一系列挑战，包括：

①市场挑战：在数字经济时代，消费者需求的多样化和个性化程度不断提高。如何使我国稻米供应链更加敏锐地回应市场需求，提供个性化的产品和服务，是一个重要的协同挑战。

②信息挑战：数字经济时代，信息技术的快速发展使得信息的获取和传递更加便捷和高效，但也带来了信息噪音等问题。我国稻米供应链需要建立起高效的信息共享系统，确保信息的准确性和透明度。

③物流挑战：稻米产业的供应链涉及种植、加工、仓储、物流等多个环节，物流环节的协同配合至关重要。如何实现各个环节的物流信息的实时更新与传递，提高物流效率，是一个重要的协同挑战。

④人力资源挑战：数字经济时代的快速发展给产业带来了新的技能需求，但我国稻米产业的人力资源却面临着老龄化和流失的问题。如何吸引年轻人才加入稻米产业，提升整个供应链的技术能力和创新能力，是一个重要的协同挑战。

（2）我国稻米产业供应链的协同面临的机遇

然而，我国稻米产业供应链的协同发展也将迎来重大机遇：

①电子商务的兴起：随着电子商务的发展，我国稻米产业可以通过网络销售渠道，直接与消费者进行交流和销售，提高销售效率和利润空间。

②大数据技术的应用：大数据技术的广泛应用将提供更为全面和准确的消费者需求信息，为我国稻米产业供应链的协同发展提供有力支撑，并提供更好的决策依据。

③物联网技术的应用：利用物联网技术，我国稻米产业供应链可以实现农田、仓储和物流等各个环节的实时监控和管理，提高生产效率和品质控制水平。

综上，数字经济时代给我国稻米产业供应链的协同发展带来了巨大的机遇和挑战。通过借鉴协同理论与实践的支撑，我国稻米产业供应链可以通过有效地协同合作和创新，实现资源的优化配置、信息的高效传递和物流的高效运作。这将促进我国稻米产业的优化升级和持续发展，进一步提升其在数字经济时代的竞争力和影响力。

3. 高效管理我国稻米产业供应链的理论指导

（1）管理理论与实践

有效的管理理论和实践对于稻米产业供应链的高效运作至关重要。管理理论为管理实践提供了基本的原则和思维框架，而管理实践则通过实际的操作来验证和完善管理理论。

（2）高效管理的关键要素

①制订明确的策略：稻米产业供应链的管理需要建立在明确的战略基础上，在数字经济时代创新管理战略对于我国稻米产业供应链具有重要意义。清晰的策略能够为供应链的各个环节提供指导，帮助决策者制订正确的目标和方向。

②优化协作机制：数字经济时代要求供应链中的各个环节彼此紧密协作，实现资源共享和信息共享。为此，必须建立起高效的协作机制，促进各环节之间的良好沟通和合作，从而提高供应链的整体运作效率。

③整合信息技术：数字经济提供了丰富的信息技术手段，如物联网、大数据、人工智能等。通过整合这些信息技术，可以更好地管理和利用数据，提高供应链的信息透明度和反应能力，从而实现供应链的高效管理。

④强化人力资源管理：数字经济时代给人力资源带来了新的挑战和机遇。在我国稻米产业供应链中，要注重培养和引进具备数字经济时代所需的技能和知识的人才，同时，要建立激励机制和培训体系，激发员工的工作热情和创新能力。

⑤管理风险与应对变化：稻米产业供应链面临着市场风险、自然灾害、政策变化等各种不确定性因素。为了应对这些风险并快速适应变化，必须建立风险管理机制，及时监测市场动态，制订灵活的策略和应对措施，以保障供应链的顺利运行。

总之，高效管理是我国稻米产业供应链发展的关键。通过制订明确的策略、优化协作机制、整合信息技术、强化人力资源管理以及管理风险与应对变化，我国稻米产业供应链可以实现高效、稳定和可持续发展。本专著提出的管理思想和实践措施将为我国稻米产业供应链管理者提供指导和参考，推动我国稻米产业供应链在数字经济时代的蓬勃发展。

（四）产业经济对经济增长和社会发展的影响

产业经济对经济增长和社会稳定发展有着重要的促进和保障作用，本书研究发现，我国稻米产业供应链对我国的经济增长和就业增加、社会稳定等都产生了正向的影响。

1. 产业经济对我国经济增长的贡献

在数字经济时代,稻米产业供应链的发展对我国的经济增长作出了重要的贡献。稻米产业的发展推动了农业现代化进程,提高了农业生产效率和质量。通过引进数字化技术和先进的农业设备,包括农业机械化、无人机、远程监测等,稻米种植的生产效率得到了显著提高,同时保证了农产品的质量和安全。这种产业升级不仅直接增加了我国农民的收入,还促进了农村经济的发展。

首先,稻米产业作为我国的重要支柱产业之一,为我国的经济增长提供了稳定的支撑。稻米产业不仅提供了大量的就业机会,还带动了相关产业的发展,如农机具制造、农产品加工等。这些产业链条的相互联系和互动,形成了稻米产业的完整供应链,为我国的经济发展注入了活力。

其次,稻米产业的发展带动了农民的收入增加和农村地区的经济脱贫。随着种植技术的改进和现代化管理的引入,稻米产量和质量都得到了提高,农民的收入也随之增加。通过加强农民专业培训和技术指导,提高农民的种植技能和管理水平,农民可以获得更高的经济回报。稻米产业的发展还带动了农村地区其他相关产业的兴起,如米饭加工、农产品销售、农旅融合等,进一步增加了农民的收入来源。

最后,稻米产业对我国的外贸出口也起到了积极的带动作用。随着我国的农产品国际竞争力不断提高,稻米产业通过提升产量和质量,大量出口到国际市场,为我国的外汇收入增加作出了重要贡献。稻米产业的国际化发展不仅带来了更多的外贸订单,还提高了我国农产品的品牌知名度和声誉,为我国开拓更广阔的国际市场和合作机会奠定了基础。

总之,通过稻米产业的发展,我国的经济实现了良性循环,产业链条不断延伸,为我国经济增长注入了源源不断的动力。稻米产业作为市场需求稳定、就业机会丰富、国际竞争力强的产业,不仅为我国农村地区带来了经济发展的机遇,也成为我国经济发展的重要引擎之一。因此,进一步研究和推动我国稻米产业供应链的发展,对我国的经济增长具有重要的意义。

2. 产业经济有利于就业机会增加与社会稳定

稻米产业供应链的快速发展为我国创造了大量的就业机会,从农田种植、加工制造到物流运输等环节,都需要大量的劳动力投入。这不仅促进了城乡劳动力的转移就业,减少了农村地区的贫困人口,也提供了更多的工作机会,特别是对于年轻人和留乡创业者来说。稳定就业对于维持社会的稳定和发展具有重要意义,有效解决就业问题可以提高社会安全感,减少社会矛盾和犯罪率。

①稻米产业供应链的发展带动了我国农村地区的就业机会增加。农民通过从事稻米种植、农产品加工、物流运输和销售等环节工作，可以获得稳定的就业和收入来源。这不仅有助于减轻农民的经济负担，提高他们的生活水平，还促进了农村地区的经济发展。稻米产业的成熟供应链为农村创造了多元化的就业机会，不仅吸引了年轻人和创业者返乡创业，还带动了农村劳动力的转移就业，缓解了农村地区的就业压力。

②稻米产业供应链的发展有助于农村地区的社会稳定。稳定的就业是维持社会稳定的重要因素之一。通过为农民提供多样化的就业机会，稻米产业供应链可以减少空置和闲置的农村劳动力，提高农民的收入水平，增加他们的就业安全感，从而缓解农村地区的社会矛盾，并减少了社会不稳定因素。相应地，稳定的就业也有助于加强社会安全感，减少社会不满情绪的蔓延，为社会的和谐稳定创造良好的环境。

③稻米产业供应链的发展还激发了农村地区的创业精神和活力。通过提供多样化的就业机会，稻米产业供应链为农村地区的年轻人和留乡创业者提供了更多机会和平台。他们可以通过创新的思维和企业家精神在农产品加工、物流运输、市场营销等领域开展创业活动，为农村地区的经济和社会发展注入新的动力。这种创业精神的培养和发挥对于促进农村地区的社会稳定和可持续发展具有重要意义。

总之，稻米产业供应链的快速发展为我国农村地区带来了丰富的就业机会，提高了农民的收入水平，缓解了农村地区的就业压力，并加强了社会的稳定性。为了进一步推动我国稻米产业供应链的发展，我们需要加强对创造就业机会的政策支持和创业环境建设，鼓励农民参与到供应链的各个环节中，实现农民的多元化就业和全面发展，为我国农村地区的经济繁荣和社会进步作出更大的贡献。

第二节　供应链管理理论

一、供应链管理的基本概念

供应链管理是指协调和管理从原材料供应商到最终消费者之间各个环节的流

程和活动,以实现产品或服务的有效流通和交付。供应链管理涉及多个参与方,包括供应商、制造商、批发商、零售商和终端消费者,通过优化物流、信息流和资金流,实现供应链各环节的耦合与协调,从而提高整个供应链的运作效率与灵活性。

供应链管理主要包括以下几个基本概念:

1. **供应链**:供应链是指一系列互相关联的组织、机构、资源和活动,它们共同完成产品或服务从原材料采购到最终用户的过程。供应链包括原材料供应商、制造商、分销商、零售商和最终用户等环节。

2. **供应商**:供应商是指向一个组织提供原材料、零部件或产品的另一个组织。

3. **制造商**:制造商是指将原材料转化为成品的组织,如生产稻米的加工厂。

4. **分销商**:分销商是指将产品从制造商或供应商处购买,并将其分销给零售商或最终消费者的组织。

5. **零售商**:零售商是指向最终消费者销售产品的组织,如超市、商场等。

6. **物流**:物流是指将产品从一个地点转移到另一个地点的过程。物流包括货物的仓储、运输、包装和配送等环节。物流的目标是实现货物快速、准确和安全地交付,以满足客户的需求。

7. **信息流**:信息流是指供应链中的信息的传递和交换。供应链中各个环节的信息包括订单、库存、交货时间、销售数据等。良好的信息流能够帮助企业实现信息的共享和实时的本地化决策,提高供应链的效率和准确性。

8. **资金流**:资金流是指在供应链中流动的资金,涉及支付给供应商的采购款、接受客户支付的收款等。

9. **采购管理**:采购管理是指对原材料和零部件的采购过程进行管理。它包括对供应商的选择和评估、采购合同的签订、供应商的交付和品质的控制等活动。采购管理的目标是实现原材料的及时供应和质量的保证。

10. **生产管理**:生产管理是指对生产过程进行计划、组织、控制和改进的活动。它包括生产计划的制定、生产任务的分配、生产进度的跟踪和生产质量的控制等环节。生产管理的目标是实现生产能力的最大化和产品质量的提高。

11. **库存管理**:库存管理是指对库存进行计划、控制和优化的活动。它包括库存的采购、存储和出库等环节。库存管理的目标是实现库存成本的最小化和资金利用的最大化。

12. **分销管理**:分销管理是指对产品在市场上的销售和分发进行管理。它包括销售计划的制定、销售渠道的选择和销售团队的管理等环节。分销管理的目标是实现产品的快速销售、提升客户满意度。

供应链管理的目标是实现供应链的优化和协调，以提高供应链的效率和灵活性，降低成本，提升客户满意度。为实现这一目标，供应链管理涉及供应链规划、供应链设计、供应链协调、供应链执行和供应链评估等环节，需要运用各种工具和技术，如供应链网络优化、库存管理、物流配送规划等。

供应链管理的基本概念可以帮助企业了解供应链中各个环节的关系和作用，有助于优化供应链的运作，提高企业的竞争力。在数字经济时代，信息技术的发展和应用使得供应链管理更加高效和精确。企业可以通过信息系统来实现供应链的实时监控和协调，提高供应链的效率和灵活性。同时，数字经济时代也为供应链管理带来了一些新的挑战，如需要引起重视的供应链安全和数据隐私等问题。因此，企业需要不断学习和适应数字经济时代的新趋势和变化，加强供应链管理的能力和水平，为企业的可持续发展提供支持。

二、供应链设计与协调

在数字经济时代，供应链管理成为农业产业发展的关键因素之一。本章将从供应链网络设计，供应链网络协调和供应链合作与协同管理三个方面，探讨我国稻米产业供应链的发展路径。

（一）供应链网络设计

供应链网络设计是指在数字经济时代中，针对稻米供应链中的各个环节，如采购、生产、物流和分销等，通过合理的网络设计，实现供应链的高效运作和优化。供应链网络设计涉及多个方面的知识和技术，下面将系统地阐述一些关键概念和方法。

1. 网络配置：网络配置指的是确定供应链中的各个环节，如供应商、制造商、分销商和零售商的数量、位置和布局。合理的网络配置可以最大程度地满足市场需求，同时降低成本和提高效率。网络配置的关键问题包括区域选择、物流节点的位置和资源的配置等。

2. 运输网络设计：运输网络设计是指确定货物在供应链中的流动路径和运输方式。可以通过运输网络设计来优化供应链的运输成本和运输时间。在数字经济时代，可以利用物流信息系统和智能物流技术来实现运输网络的优化和运输过程的实时监控。

3.仓储网络设计：仓储网络设计是指确定供应链中合适的仓库和存储点的数量、位置和布局。合理的仓储网络设计可以帮助减少库存和提高交货速度。数字经济时代的仓储网络设计可以利用信息系统和自动化技术，实现仓库运营的高效和灵活。

4.信息系统设计：信息系统设计是指在供应链中建立适当的信息系统和数据流，以实现信息的共享和流动。信息系统设计可以帮助实现供应链的协调和管理。在数字经济时代，可以利用物联网、云计算和大数据等技术，建立智能化的供应链信息系统，实现供应链的实时监控和决策支持。

5.风险管理：风险管理是指在供应链网络设计中考虑和应对各种风险因素，如自然灾害、市场波动和供应链恶意行为等。合理的风险管理可以减少供应链的不确定性和风险，保障供应链的稳定性和可靠性。数字经济时代的供应链网络设计应当注重安全性和数据隐私保护，以应对网络安全和数据安全的风险。

综上所述，供应链网络设计在数字经济时代具有重要意义。它需要综合考虑各种因素，如成本、效率、市场需求、风险和可靠性等。合理的供应链网络设计可以优化供应链的运作过程，提高供应链的效率和灵活性，为企业的可持续发展提供基础支持。因此，在数字经济时代，企业需要重视供应链网络设计，加强对供应链管理的理解和应用，以适应行业竞争的挑战。

（二）供应链网络协调

1.供应链网络协调的概念

供应链网络协调是指在供应链网络中，各个节点之间通过信息共享、资源优化和协作来实现供需平衡、降低成本、提高效率和增加价值的过程。它强调的是全局最优和利益共享，旨在实现供应链的整体优化。

2.供应链网络协调的内容

供应链网络协调的内容主要包括信息共享、合作协调和资源优化。信息共享是指供应链网络中各个节点之间通过技术手段实现信息的全面流通和共享，从而提高供应链的透明度和可见性。合作协调是指供应链网络中各个节点通过沟通和协作建立起互信关系，共同解决供应链中的问题，实现供需平衡。资源优化是指在供应链网络中通过有效地分配和利用资源，实现供应链的高效运转和资源的最优配置。

3.供应链网络协调的机制

供应链网络协调的实现依赖于一系列的机制，包括信息技术支持、合作机制和奖惩机制。信息技术支持是指通过信息技术手段提高供应链网络的信息流通和处理能力，如物联网、大数据和云计算等。合作机制是指供应链网络中各个节点之间建立起的合作关系和协作机制，如合作伙伴关系管理和供应链协作平台等。奖惩机制是指通过制定奖惩措施激励供应链网络中各个节点的行为，促进供应链协调和合作。

（三）供应链合作与协同管理

供应链合作是提高整个供应链效率和竞争力的重要手段。我国稻米产业各环节的合作伙伴可以建立起利益共享的合作机制，通过风险共担和利益分享，促进各方在供应链中的合作和协调。例如，稻农、加工企业、批发商和零售商可以建立长期合作关系，减少信息不对称和合作交易成本。

1.合作机制的定义和特点

合作机制是指供应链中各个节点之间建立的合作关系和协作机制。其特点主要包括互赢互利、共同目标、互信互助和风险共担等。合作机制的建立可以促进供应链中各个节点之间的合作与协调，实现利益共享和风险分担。

2.构建利益共享的合作机制的要素

构建利益共享的合作机制的要素主要包括战略合作、信息共享、风险分担和利益分配。战略合作是指供应链中各个节点制定共同的发展战略和目标，并通过合作与协同实现共同利益。信息共享是指供应链中各个节点之间通过信息技术手段实现信息的共享和流通，提升供应链的可见性和透明度。风险分担是指供应链中各个节点共同承担供应链运作和管理过程中的各种风险，实现风险共担和风险降低。利益分配是指供应链中各个节点根据其贡献和参与程度合理分配供应链运作和管理过程中所产生的利益。

3.构建利益共享的合作机制的步骤

构建利益共享的合作机制可以采取以下步骤：首先，明确合作目标和战略定位，确定合作的范围和角色。其次，促进信息共享和协同合作，通过信息技术手段建立供应链协同平台，实现信息的全面共享和流通。再次，建立风险管理机制，包括供应链风险评估和风险共担机制，通过共同承担风险降低供应链的运营风险。最后，建立利益分配机制，根据供应链中各个节点的贡献和参与程度合理分配供应链运作中所产生的利益。

4. 利益共享的合作机制在数字经济时代的应用

在数字经济时代，利益共享的合作机制正发挥着重要的作用。通过数字技术的应用，可以更加高效地实现信息共享、风险分担和利益分配。同时，数字技术也为合作机制的建立提供了更多可能性，如区块链技术可以增强合作伙伴之间的信任，大数据分析可以提升合作机制的智能化和个性化。

构建利益共享的合作机制是数字经济时代下稻米供应链发展的重要路径之一。通过战略合作、信息共享、风险分担和利益分配的构建利益共享的合作机制的要素，并结合数字技术的应用，可以实现稻米供应链中各个节点的互利互惠和共同发展。然而，在实践中仍需面对各种挑战，需要不断探索和创新，以推动稻米供应链在数字经济时代的持续发展。

数字经济时代的供应链合作需要借助信息技术实现信息共享与协同。我国稻米产业各环节的参与者可以通过建立信息平台或共享数据库，实现供应链信息的实时共享和协同管理。通过共享供应链中的订单、库存、交货时间等信息，实现供应链各环节的协同运作，提高整个供应链的效率和快速响应能力。

5. 供应链伙伴关系的管理与发展

供应链合作需要建立稳定而良好的伙伴关系。我国稻米产业各环节的参与者可以通过定期的合作评估和双向沟通，加强对供应链伙伴关系的管理。并通过建立开放、透明的合作氛围，共同解决问题和挑战，提升供应链的整体竞争力。

数字经济时代稻米供应链发展路径中，加强供应链伙伴关系的管理与发展至关重要。随着科技的快速发展和数字化转型的推动，供应链伙伴关系的管理需要适应不断变化的市场需求和技术发展。本节将从五个方面系统地阐述如何加强供应链伙伴关系的管理与发展，包括建立共同目标、优化协作机制、加强信息共享、提升风险管理能力以及推动创新与可持续发展。

①建立共同目标是加强供应链伙伴关系的关键。稻米供应链中的每个参与方都应明确共同的目标和利益，并将之作为共同努力的方向。供应链伙伴应该共同探讨和制定长期战略计划，明确各方的责任与权利，并确保这些目标和计划与每个参与方的利益相一致。

②优化协作机制是进行有效管理供应链伙伴关系的关键要素。通过优化协作机制，可以建立更加稳定和高效的供应链网络。供应链伙伴应该通过建立有效的沟通和决策机制，确保信息的流动和问题的解决。此外，应该加强协同合作，提

高供应链的响应能力,并降低协作成本。

③加强信息共享是加强供应链伙伴关系的重要手段。数字化技术的发展为供应链的信息共享提供了更好的工具和平台。供应链伙伴应该建立健全信息共享和交流机制,确保信息的准确传递和及时共享。通过信息共享,可以提升供应链的透明度和可视性,减少信息不对称导致的风险,以及加强预测和决策能力。

④提升风险管理能力是供应链伙伴关系管理的关键方面。供应链中存在各种潜在的风险,如自然灾害、市场变化、供应商问题等。供应链伙伴应该建立完善的风险管理体系,包括风险评估、监测和应对机制。通过共同的风险管理,可以提高供应链的韧性和适应能力。

⑤推动创新与可持续发展是加强供应链伙伴关系的关键推动力。数字经济时代的供应链需要不断创新以适应新的市场需求和技术变革。供应链伙伴应该鼓励创新思维和合作,共同探索新的商业模式和技术应用,以实现供应链的可持续发展。

总之,在数字经济时代,加强供应链伙伴关系的管理与发展是稻米供应链发展路径的重要一环。通过建立共同目标、优化协作机制、加强信息共享、提升风险管理能力以及推动创新与可持续发展,可以实现供应链的高效运作和持续增长,进一步提升供应链竞争力,实现稻米供应链的可持续发展和长期成功。

综上所述,在数字经济时代,供应链管理是实现农业产业现代化和提升竞争力的关键要素。我国稻米产业供应链的发展路径中,供应链网络设计和供应链合作与协同管理是两个重要方面。通过建立供需一体化的网络、强化农业生产与信息技术的融合、构建利益共享的合作机制、提升信息共享与协同能力以及加强供应链伙伴关系的管理与发展,可以实现我国稻米产业供应链的优化与协调,从而促进产业的发展升级。

三、供应链信息技术与数字化转型

(一)数字化供应链管理的概念与特点

传统的供应链管理主要依赖于人工操作和纸质文件,而数字化供应链管理则通过应用信息技术,将供应链中的各个环节连接在一起,并实现实时数据的收集、处理和共享。随着数字经济时代的到来,供应链管理也面临着新的挑战和机遇。数字化供应链管理是指利用信息技术和数字化手段对供应链进行管理和协调，实现供应链的高效运作和优化。数字化供应链管理通过提高信息的精确性和可靠性，降低操作成本，提高供应链的反应速度和灵活性。它的特点包括：

1. 全程可视化：通过信息技术，可以实现对供应链各环节的全程可视化，包括采购、生产、配送等，方便监控和管理。通过数字化供应链管理系统，供应链管理者可以实时了解供应链中各个环节的情况，并进行可视化监控和分析。供应链中的关键指标、流程和问题可以通过数据图表、仪表盘和报告等形式进行展示和分析，帮助管理者及时发现和解决问题，提高供应链的运作效率。

2. 实时数据共享：数字化供应链管理能够实现各环节数据的实时共享，包括库存、订单、交付等信息，帮助减少信息不对称和延迟，提高信息反馈速度。

3. 智能决策支持：通过数据分析和算法模型，可以实现智能决策支持，包括需求预测、库存规划、生产调度等，提高决策的准确性和效率。数字化供应链管理通过使用人工智能和自动化技术，实现供应链的智能化运作和管理。例如，使用机器学习算法可以对供应链中的大数据进行分析和预测，帮助供应链管理者做出更准确的决策。智能化的供应链管理可以自动化一些操作流程，提高运作效率和准确性。

4. 网络化协同：数字化供应链管理能够实现供应链各环节的网络化协同，包括供应商、制造商、分销商等，共同协作解决问题，优化供应链效率。

5. 信息化：数字化供应链管理通过信息技术的应用，实现供应链中各个环节的信息共享和流通。通过在供应链中应用物联网、云计算、大数据和人工智能等技术，可以实现实时数据的收集和分析，提高供应链的可见性和透明度。供应链伙伴可以通过信息化的供应链管理系统实时了解供应链的情况，进行有效的决策和协调。

6. 个性化：数字化供应链管理不仅可以帮助整个供应链实现高效运作，还可以根据不同参与方的需求和角色进行个性化的管理。供应链管理系统可以根据不同的用户访问权限和角色，提供个性化的信息和功能。例如，供应商可以通过供应链管理系统及时了解订单需求，采购部门可以通过系统进行供应商评估和采购计划，销售部门可以通过系统了解库存情况和订单执行进展。

总之，在数字经济时代，数字化供应链管理成为稻米供应链发展的必然趋势。数字化供应链管理的特点包括信息化、智能化、可视化和个性化。通过数字化供应链管理，可以提高供应链的透明度、灵活性和效率，促进供应链伙伴之间的合作与协同，推动稻米供应链的创新与持续发展。

（二）数字技术在供应链管理中的应用

1. 物联网技术在供应链管理中的应用

物联网技术能够实现物理设备之间的连接和信息传递，对供应链管理有着重要的作用。例如，在稻米产业供应链中，可以利用物联网技术对农田进行实时监测，包括土壤湿度、气温等指标，帮助农民科学种植和调整农业生产计划。同时，物联网技术还可以应用于智能仓储管理，通过传感器监测库存量、货架情况等，提高仓储效率和准确性。

物联网技术在数字经济时代稻米供应链的发展中具有重要的应用价值。物联网技术通过连接和传输物理设备的数据，使得供应链管理可以更加高效和智能化。本节将系统地阐述物联网技术在供应链管理中的应用，包括实时监测和追踪、智能仓储和配送、预测和优化以及供应链协同四个方面。

首先，实时监测和追踪。稻米供应链中的物联网技术可以实时监测和追踪稻米的运输、储存和销售等环节。通过为物体添加传感器和标签，可以实时收集物体的位置、温湿度、运输状态等数据。这些数据可以通过物联网平台进行传输和分析，供应链管理者可以随时了解到各个环节的情况，及时发现和解决问题，提高供应链的可见性和透明度。

其次，智能仓储和配送。通过物联网技术，可以实现仓库和配送流程的智能化管理。使用传感器和无线通信技术，可以实现对仓库存储条件的监测和调控，以保证稻米的质量和安全。同时，物联网技术可以实现对配送车辆的监测和控制，提高配送的精确性和效率。供应链管理者可以通过物联网平台实时掌握仓储和配送环节的情况，提前预警和响应问题，提高稻米供应链的响应能力和客户满意度。

再次，预测和优化。通过物联网技术获取的大量实时数据，可以进行数据分析和建模，实现对供应链的预测和优化。供应链管理者可以利用物联网平台中的数据分析工具，对市场需求、库存水平、供应商绩效等进行预测和优化。通过预测和优化，可以实现供应链的资源最优配置，降低库存和成本，提高运营效率和利润率。

最后，供应链协同。稻米供应链是一个复杂的网络，包括种植户、加工厂、仓库、物流公司、零售商等多个参与方。物联网技术可以实现供应链各个环节之间的实时数据共享和协同。通过物联网平台，供应链参与方可以共享实时的订单、库存、生产计划等信息，并进行协同决策和协作。物联网技术可以提供一个全面、准确、实时的供应链管理平台，促进供应链参与方之间的合作，提高供应链的效率和灵活性。

总之，在数字经济时代，物联网技术在稻米供应链管理中具有广泛的应用前景。通过物联网技术的应用，可以实现稻米供应链的实时监测和追踪、智能仓储和配送、预测和优化以及供应链协同。这些应用可以提高供应链的可见性、响应能力和效率，实现供应链的高效运作和持续发展。

2.大数据分析和人工智能在供应链管理中的应用

大数据分析可以帮助供应链管理者快速准确地获取市场需求、产品流向等信息，辅助决策和规划。例如，通过对市场需求数据进行分析，可以帮助农民选择合适的稻米品种和生产规模，提高产量和市场竞争力。同时，大数据分析还可以应用于供应链预测和优化，通过对历史销售数据和供应链各环节数据进行模型建立和优化算法设计，实现供需匹配和提前规划，降低库存成本和运输成本。

人工智能技术（如机器学习和深度学习）可以自动识别和处理海量的供应链数据，帮助管理者提高决策的准确性和效率。例如，在稻米产业供应链中，可以利用人工智能技术对农田图像进行识别和分析，监测稻米生长状况和病虫害情况，及时采取措施进行防治。同时，人工智能技术还可以应用于供应链质量管理，通过对产品质量数据进行分析和预测，提前发现潜在问题，减少质量风险。

大数据分析和人工智能技术在数字经济时代稻米供应链的发展路径中具有重要的应用价值。随着科技的迅速发展和数字化转型的推进，供应链中产生的大量数据已成为供应链管理的宝贵资源。本节将系统地阐述大数据分析和人工智能技术在供应链管理中的应用，包括需求预测、库存控制与优化、运输和配送优化、供应链可视化与协同以及供应商管理。

①需求预测。需求预测是供应链管理中的关键环节，直接影响到生产计划和库存控制。大数据分析和人工智能技术通过对海量的销售数据、市场情报和消费者行为进行挖掘和分析，能够帮助企业准确预测需求，并制定相应的生产计划。通过大数据分析，企业可以了解消费者的购买习惯、产品喜好和市场趋势，以便进行精准的需求预测，从而避免供过于求或供不应求的情况发生。同时，供应商也可以利用需求预测结果，提前调整生产能力和供应计划，以便更好地满足市场需求和减少供应链风险。

②库存控制与优化。库存控制是供应链管理中的重要环节，关系企业的资金安全和运营效率。大数据分析和人工智能技术可以帮助企业实现精细化的库存控制。通过对销售数据、供应商信息和仓库存货信息等多维数据进行深度挖掘和分析，企业可以实时了解库存水平，以及不同产品的销售情况和季节性波动。通过大数据分析和人工智能技术，企业可以做出合理的库存预测，避免过多或过少的库存数量，提高资金利用效率和供应链的运作效率。通过分析和利用大数据，供应链管理者可以更准确地预测需求和优化库存水平。通过实时监测和分析库存数据、销售数据以及供应商交货能力等信息，可以准确判断需要保留的库存水平。通过库存优化，可以降低运营成本、减少资金占用，提高供应链的灵活性和反应速度。

③运输和配送优化。物流环节是稻米供应链中重要的一环，通过大数据分析可以实现运输和配送方案的优化。利用大数据分析，可以分析出稻米供应链中各个环节的运输时间、运费等关键信息，进而优化路线选择、车辆调配和配送计划。通过运输和配送优化，可以提高供应链的运输效率和准确性，降低运输成本和配送时间，增加供应链的竞争力。此外，大数据分析和人工智能技术还可以通过分析历史数据和实时数据，优化运输计划，减少问题的发生，并提供准确的交货日期和时间，提升客户满意度。

④供应链可视化与协同。通过大数据分析，可以将供应链中各个环节的数据进行可视化展示，以更好地监测和分析供应链运作情况。供应链管理者可以利用大数据分析平台，实时地了解各个环节的库存、销售、交货状况等关键信息。同时，大数据分析和人工智能技术也可以为不同供应链参与方提供实时的数据共享和协同平台，实现供应链的协同决策和协同管理。

⑤供应商管理。供应商管理是供应链管理中的重要环节，关系原材料质量和交付能力。大数据分析和人工智能技术可以帮助企业实现供应商评估和监控的精细化。通过对供应商的历史数据、交付数据和质量数据进行挖掘和分析，企业可以评估供应商的绩效，并进行分类和排序。通过大数据分析和人工智能技术，企业可以实时了解供应商的交货能力和质量水平，并及时发现潜在问题，以便采取相应的措施，从而提高供应链的稳定性和可信度。

总之，大数据分析和人工智能技术在供应链管理中的应用，为数字经济时代稻米供应链的发展提供了新的方法和工具。大数据分析能够帮助企业实现需求预测、库存控制、物流优化和供应商管理的精细化，提高供应链管理效率，降低运营成本，提升客户满意度。然而，要实现大数据分析和人工智能技术在供应链管理中的应用，企业需要具备相应的技术和人才，同时还需要关注数据安全和隐私的保护。

综上所述，数字化供应链管理在我国稻米产业的发展中具有重要的意义。通过应用供应链信息技术和数字化手段，可以实现供应链的高效运作和优化，提高产业竞争力和经济效益。因此，在数字经济时代，我国稻米产业应积极推进供应链数字化转型，提升供应链管理水平，推动稻米产业的可持续发展。

第三节　农产品供应链管理理论

一、农产品供应链管理的基本概念与特点

（一）农产品供应链管理的基本概念

供应链这一概念在 20 世纪 80 年代初提出，但其真正发展是在 20 世纪 90 年代后期。农产品供应链相对于工业品供应链具有独特性，涉及对具有生命体征的原材料的生产、加工制造和分销过程。由于农产品的易腐性、生产周期长和受生物气候等因素的影响，农产品供应链比其他产业的供应链更加复杂。在农产品供应链的命名上存在多种不同的说法，但本书不作区分，统一称为农产品供应链。

农产品供应链管理是指以农产品加工企业为核心，以信息流通网络为依托，应用系统的方法来管理整个供应链的过程。它使得从农资生产商、农户、加工企业、批发商、零售商直至最终用户的信息流、物流和资金流在供应链上流动无阻，实现供、产、运、加、销的有机衔接，最终实现供应链上各个主体共赢。农产品供应链管理的出发点是关注客户的实际需求，强调集成化管理，实现农产品供应链节点上的各相关企业之间的优势互补，最大程度地实现利益最大化和资源最优配置。

供应链管理的核心思想包括合作思想、集成思想和双赢思想。合作是供应链管理成功的基本要求和条件，供应链竞争力的大小直接取决于供应链各节点企业间的合作程度。集成思想将供应链中所有节点企业看作一个整体，对供应链进行整体优化，降低供应链总成本。双赢思想是合作与集成的保障，指导供应链各节点企业制定决策。

农产品供应链管理的动因包括农产品供过于求、市场竞争激烈、农产品贸易自由化以及消费者对农产品需求变化加快和质量安全要求日益严格。农产品供应链管理能带来益处，已经得到学术界、政府和农业企业管理者的认同。农产品经营者要想赢得利润，必须进入或建立有效的供应链，这是将农产品生产与市场连接的一条有效途径。农产品供应链管理研究有助于解决"三农"问题，这已经成为中国经济和社会发展中的重要工作。

（二）农产品供应链管理的特点

农产品供应链的特点主要包括供应链参与者众多、物流资产专用性高、供应链具有不确定性、供应链各环节的市场力量不均衡，以及对物流的要求较高。这些特点对于农产品供应链的管理和发展具有重要影响。

第一，农产品供应链中涉及的参与者众多，包括农户、加工厂、物流公司、批发商、零售商等各个环节的供应商和销售商。农产品供应链的规模庞大，空间分布广泛，增加了供应链管理的复杂度。

第二，由于农产品具有鲜活易腐的特点，对于物流环节有较高要求。农产品在流通过程中需要采取保鲜、分类、加工等措施，这需要专门的设备和设施。另外，农产品的生产周期相对较长，投资回收期较长，增加了进入和离开农产品供应链的难度。

第三，农产品供应链具有较高的不确定性。农业生产受到地域、季节和气候等因素的影响，产量和品质波动较大，市场需求也存在不确定性。这些不确定性因素会影响供应链管理的建模和运用过程。

第四，农产品供应链中各环节的市场力量存在不均衡。由于我国农业以小农户为主导，农户数量庞大，市场力量相对较弱。这导致了传统的农产品流通模式存在交易环节多、交易不确定性大、交易成本高等问题。

第五，农产品供应链对物流的要求较高。农产品的特殊性决定了物流管理能力和技术因素对于农产品供应链的重要性。基于农产品的生物性、供应季节性、易腐败等特点，以及消费者对食品安全和质量的要求，都需要优化物流管理和物流基础设施。

综上所述，农产品供应链的特点对于农产品的供应链管理和发展具有重要影响。在数字经济时代，研究和探索农产品供应链的发展路径，并提出相应的管理策略和技术应用，将对我国稻米产业的发展具有重要意义。

二、农产品供应链管理的重要性

农产品供应链是指从农田到最终消费者的全过程，包括生产、加工、储存、物流及销售等环节。供应链管理能够有效协调各环节之间的关系，提高农产品供应链的可持续发展和竞争力。与传统管理模式相比，农产品供应链管理具有以下优势：

1. 可优化资源配置：供应链管理能够通过协调生产、加工和销售等环节，实现资源的最优配置，提高供应链的效率和效益。

2. 可减少库存成本：供应链管理模型能够通过预测市场需求和调整供应链的生产计划，减少库存成本，并提高交付的及时性和准确性。

3. 可提高产品质量：供应链管理模型能够通过优化信息流和物流等环节，提高产品质量，增加产品附加值，增强供应链的竞争力。

4. 可增强供应链的抗风险能力：供应链管理模型能够通过对供应链中的风险进行预测和管理，减少供应链的风险和不确定性，提高供应链的抗风险能力。

三、农产品供应链的结构与设计

（一）农产品供应链的结构类型

供应链的结构分类是基于科学研究和供应链管理的发展演变而产生的。然而，对于农产品供应链这一分支的结构研究相对较少。有很多标准可以用于对农产品供应链进行分类，例如供应链的复杂度、供应链节点企业集中程度、供应链的可靠度和优化目标等。在本书中，参考戈兰和波色利等学者的观点，我们认为典型的农产品供应链可以分为以下几种类型。

第一种类型是哑铃型农产品供应链，如图1-2所示。这种供应链结构可以视

第一章　相关理论概述

为一种准供应链,其特点是供应链较短,并且两端的交易主体较多,而中间环节和交易主体较少,形状呈现为哑铃形。在发展中国家,特别是靠近城镇地区的蔬菜供应链中,由于上游蔬菜生产者的生产条件较差,经营规模较小,蔬菜消费者离市场较近,通常采用这种类型的供应链结构。

图 1-2　哑铃型农产品供应链

第二种类型是 T 形农产品供应链,如图 1-3 所示。这种供应链结构通常用于农产品的生产地和消费地相距较远,且消费需求差异较大的情况。由于农产品易腐烂,农产品生产者无法直接销售自己的产品,需要通过中间商提供服务,例如第三方物流、农产品深加工商和批发商等。这种供应链结构通常上游聚集了较多的农产品生产者,而中下游的中间商和销售商较少且集中,形状呈现为 T 形。这种供应链结构在我国农业产业化程度较低的地区较为常见。然而,由于中间环节缺位和低水平的物流运作,这种供应链容易导致上游农民盲目生产而下游农产品销售困难的问题。

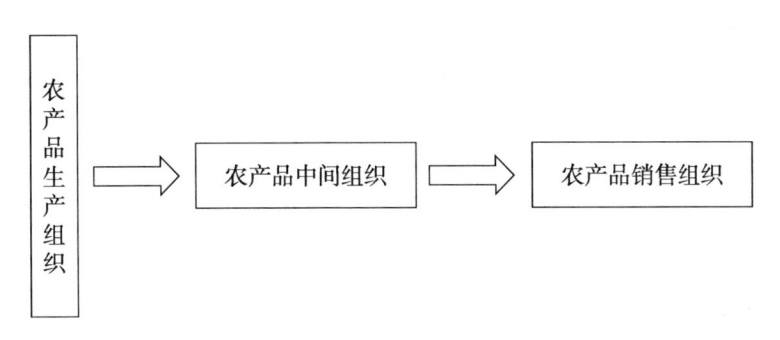

图 1-3　T 形农产品供应链

第三种类型是对称型农产品供应链,如图 1-4 所示。随着农产品新兴业态的出现,如生鲜超市的兴起,传统的农产品销售形式逐渐被超市取代。这种趋势在发达国家和其他物流发展较为成熟的大城市中尤为明显。随着大型连锁超市不断扩张,上游供应商的数量与下游连锁超市的数量呈对称增长的趋势。在这种供应链结构中,采用了集中采购、统一配送以及尽可能减少不增值物流环节的策略,旨在实现成本节约的精益物流战略。

```
┌────────┬────────┬────────┐
│大型生产│物流服务│大型连锁│
│ 组织   │ 企业   │零售组织│
└────────┴────────┴────────┘
```

图 1-4　对称型农产品供应链

最后，还有一种混合型农产品供应链结构，如图 1-5 所示。随着市场对农产品消费需求多样化的增加，农产品加工的重要性也逐渐提高。为了适应消费需求的变化，大型超市通过内部化的方式建立了大型加工配送中心，中心功能包括对农产品进行清洗、分类、深度加工、包装和配送等环节。同时，大型超市还通过实行质量认证来确保农产品的质量安全。这种供应链结构是综合的、多品种的、大批量的和多频次的，其重点是通过加工中心对市场需求作出快速反应，并实时对农产品进行订制和深度加工，以实现敏捷物流。

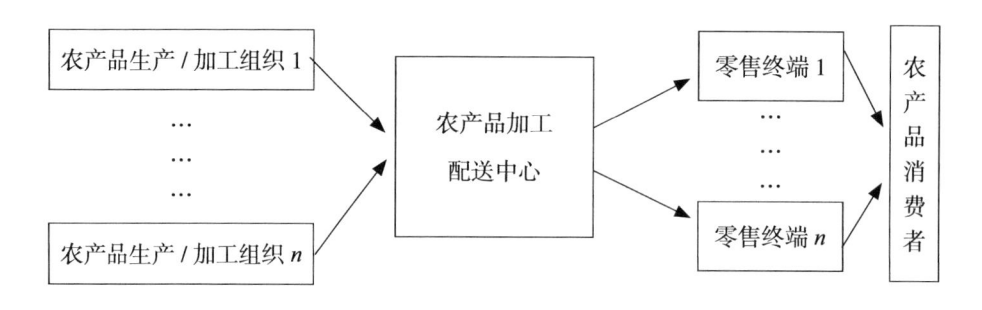

图 1-5　混合型农产品供应链

近年来，随着互联网的发展和物流技术的进步，越来越多的消费者开始通过网络平台购买农产品。生鲜电商的供应链结构与混合型供应链结构有相似之处。成熟的生鲜电商通常会与大型农产品基地合作，以获取高质量、稳定的货源。除此之外，它们还可能直接在自己的生产基地自产自销。生鲜电商的货源可以来自全国甚至全球各地，凭借物流和保鲜技术的进步以及农产品配送中心的建立，它们的服务范围也不断扩大。然而，与超市或实体店不同，生鲜电商主要通过配送或自提点提供服务。

（二）大米供应链结构的基本架构

大米供应链结构是指从大米生产到最终消费的全过程。一般来说，大米供应链可以分为以下几个环节：生产、加工、流通和零售。具体而言，大米供应链的基本环节包括种植、收割、储存、加工、包装、运输和销售等各个环节。

1. 种植环节

种植环节是大米供应链的第一环节,也是农民从事的最基本环节。种植环节包括土地准备、选种、施肥、灌溉、除草、病虫害防治等各个环节。在数字经济时代,种植环节的关键是利用信息技术,提高种植技术和管理水平。例如,利用精准农业技术,农民可以根据土壤质量和气候条件,合理施肥和灌溉,提高单位面积产量。

2. 收割和储存环节

收割和储存环节是大米供应链的关键环节。在收割环节,农民需要选择合适的收割时间和方法,以确保大米的质量和收获效果。在储存环节,农民需要采取适当的储存措施,避免大米受到潮湿、虫害等因素的影响。在数字经济时代,可以利用物联网和大数据技术对收割和储存环节进行监测和管理,及时发现和解决问题。

3. 加工环节

加工环节是大米供应链的重要环节之一。在加工环节,稻米会经过去皮、破碎、筛分、去糠、磨光等各个阶段,最终变成市场上的成品大米。在数字经济时代,可以利用自动化和机器视觉技术,提高加工效率和质量。

4. 包装、运输和销售环节

包装、运输和销售环节是大米供应链的最后几个环节。在包装环节,大米需要经过精心设计和包装,以便于运输和销售。在运输环节,大米需要通过各种运输方式,如公路运输、铁路运输、航运等,分销到各个销售点。在销售环节,大米需要通过批发商、零售商等渠道,最终销售到消费者手中。在数字经济时代,可以利用电商平台和物流技术,实现线上线下销售渠道的整合和优化。

(三)数字经济时代对大米供应链结构的影响

数字经济时代带来了许多新的机遇和挑战,对大米供应链结构产生了深刻影响。以下是数字经济时代对大米供应链结构的具体影响:

1. 信息技术的应用提高了供应链信息共享效率与可靠性

数字经济时代,信息技术在大米供应链中的应用日益广泛。农民可以通过互联网获取到最新的种植技术、天气预报、市场信息等,使种植环节更加精准和高效。同时,农民还可以使用智能手机、传感器等设备进行监测和管理,实现精准农业。此外,大米供应链各个环节的信息共享和数据交互也得到了加强,提高了效率和可靠性。

2.电子商务的兴起提高了消费者大米购买渠道的选择性和便利性

随着电子商务的兴起,大米供应链的销售环节发生了巨大变化。消费者越来越倾向于通过电子商务渠道购买大米,如电商平台、社交媒体等。电子商务平台的兴起为大米生产企业拓展了更多的销售渠道,同时也提高了消费者的选择性和购买便利性。

3.物流技术的发展提高了供应链的响应性和可靠性

数字经济时代,物流技术的发展对大米供应链的运输环节产生了重要影响。物流技术的进步使得大米的运输更加安全、快速和高效。例如,物流企业可以通过智能化仓储管理、智能运输规划等手段,提高供应链的响应速度和可靠性。

4.数据分析和决策支持系统效用显著

在数字经济时代,数据分析和决策支持系统在大米供应链中的应用越来越重要。通过对大米供应链各个环节数据的采集、分析和挖掘,可以帮助企业和农民进行决策和优化。例如,通过数据分析,企业可以预测市场需求,合理安排生产计划。同时,也可以通过数据分析发现供应链中的瓶颈和问题,并提出解决方案。

5.消费者需求的多样化愈加凸显

在数字经济时代,消费者对大米的需求越来越多样化。除了对产品质量的要求外,消费者还追求健康、安全、可追溯等特点。因此,大米供应链需要更加关注产品质量和安全管理,提供符合消费者期望的产品。

(四)农产品供应链的设计

1.农产品供应链设计的关键问题

①供应链的成员:确定供应链中的各个成员,如农民、种植基地、加工厂、经销商等,以及各个成员之间的协作关系。

②原料的来源:确定农产品的原料来源和供应方式,包括种子、化肥、农药等农业生产所需的物资。

③生产方式设计:确定农产品的生产方式,包括土地利用规划、种植技术、农产品加工和包装等环节。

④分销任务和能力设计:确定农产品的分销任务和分销网络,包括销售渠道

的选择、市场覆盖范围、销售策略等。

⑤相关信息管理系统设计：建立农产品供应链信息管理系统，包括农产品生产过程中的数据采集、信息传递和分析，以提高供应链的可见性和协调性。

⑥农产品物流管理系统设计：优化农产品的物流运输和仓储管理，包括运输工具的选择、运输路线的规划、仓储设施的布局等，旨在提高供应链的运输效率和成本控制能力。

在解决这些关键问题的过程中，需要结合我国稻米产业的特点和需求，考虑技术、环境、资源等因素，制定符合农产品供应链发展要求的具体策略和模型，以实现农产品供应链的高效运作和业务增长。

四、农产品供应链管理模型

（一）精细化管理模型

精细化管理模型是农产品供应链管理的重要模型之一。精细化管理通过对农产品供应链的生产和质量等环节进行精准监控和管理，以实现生产的精确计划和高效执行。该管理模型的核心在于信息的精准获取和传递，以及决策的精确执行。

在我国稻米产业供应链中，可以运用物联网技术和大数据分析技术，实现对种植环境、种植技术和产品品质等信息的实时监控和数据分析，从而实现农产品的精确计划和高效管理。通过物联网技术可以实时监测土壤湿度、温度和养分等关键因素，促进科学决策和高效管理。而大数据分析技术可以对市场需求和产品质量等进行准确分析，帮助农民和企业制定精确的生产计划，提高供应链的运作效率。

（二）多边合作管理模型

多边合作管理模型是农产品供应链管理的另一重要模型。这种管理模型通过与各环节的合作伙伴建立良好的合作关系，共同分担风险和实现优势互补，可以提高供应链的整体效益和竞争力。

在我国稻米产业供应链中，可以与农民、种植大户、加工企业、物流公司、超市等各环节的合作伙伴建立长期合作关系，并通过合同制定明确的责任和利益分配机制，实现供应链的共同发展。例如，可以与农民签订长期种植合同，保证供应链的稳定性和产品的质量，同时与物流公司建立合作关系，优化运输和仓储环节，提高产品的运输效率和准确性。

（三）高效运输模型

高效运输模型是农产品供应链管理中的关键环节。通过优化物流和仓储的管理，可以提高产品的运输效率和交付准确性。

在我国稻米产业供应链中，可以采用智能物流技术和仓储管理系统，实现对产品运输和仓储等环节的实时监控和精确管理，以提高供应链的运输效率和成本控制能力。例如，运用智能物流技术可以实现对运输车辆的实时定位和路径优化，以及对产品温湿度等环境指标的监测。而仓储管理系统可以确保库存的准确掌握和管理，避免出现库存积压或供应不足的情况。

（四）风险管理模型

风险管理模型是农产品供应链管理中的重要任务。通过对供应链中可能出现的风险进行预测和管理，可以减少风险对供应链的影响，并提高供应链的抗风险能力。

在我国稻米产业供应链中，可能存在的风险包括气候变化、病虫害、市场需求变化等。为减少这些风险对供应链的影响，可以建立风险监测和预警机制，并制定相应的措施。通过及时预测市场需求和病虫害等情况，可以调整种植计划并采取相应的防治措施，降低风险对供应链的影响。

（五）协同管理模型

1. 农产品供应链协同管理模型的定义

农产品供应链协同管理模型是指为了实现农产品供应链各参与主体之间的信息共享、资源整合、风险共担和效率提升，通过采用协同管理的理念和方法，建立起一种高效、联动的农产品供应链管理机制。

2. 农产品供应链协同管理模型

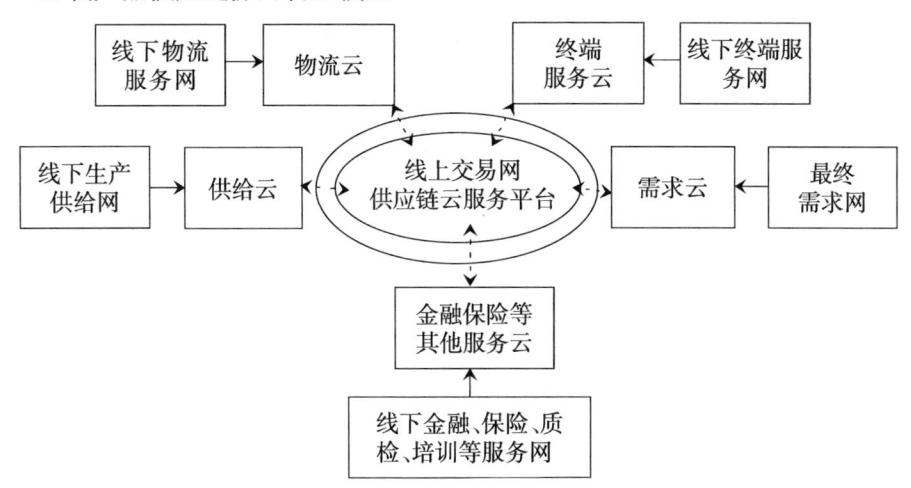

图 1-6　基于云技术的农产品供应链协同管理模型

①信息共享：农产品供应链的各参与主体通过信息共享平台，实现信息的快速传递和共享，提高决策效率和应对市场变化的能力。

②资源整合：通过协同管理模型，农产品供应链各环节的资源得以整合，降低成本、提高效率，同时实现资源的可持续利用。

③风险共担：农产品供应链的各参与主体共同承担风险，通过协同管理模型建立共享风险的机制，提供风险管理的工具和方法，降低风险带来的影响。

④效率提升：通过供应链协同管理模型，农产品供应链的运作变得更加高效，避免了信息不对称、资源浪费和环节断裂等问题，提高了生产效率和市场竞争力。

3. 农产品供应链协同管理模型的实践方法

①建立信息共享平台：通过信息技术手段建立起农产品供应链各环节的信息共享平台，实现实时、准确的信息传递和共享，提高决策效果。

②指导农产品供应链参与主体的整合：通过建立农产品供应链整合机构，推动各参与主体之间的合作与整合，形成统一的决策机制和资源配置机制。

③建立风险管理机制：建立农产品供应链的风险管理机制，包括共享风险的保险制度、仓储保障体系以及应对风险的预警与应急机制，提高供应链的稳定性和可靠性。

④优化运营流程：通过供应链协同管理模型，对农产品供应链的运营流程进行优化和改进，提高效率和质量，减少浪费，提高农产品的交付速度和可靠性。

综上所述，农产品供应链协同管理模型为我国稻米产业供应链的发展提供了一种切实可行的路径和方法。通过建立信息共享平台、整合资源、共担风险和优化运营流程，我国稻米产业供应链可以实现协同发展、提质增效，进一步提升其市场竞争力和持续发展能力，助力我国农业农村现代化建设的推进。

总之，农产品供应链管理模型与方法在我国稻米产业的发展中起到了重要的作用。精细化管理模型、多边合作管理模型、高效运输模型和风险管理模型等模型的运用，可以推动我国稻米产业供应链的发展，提高供应链的效率、质量和竞争力。

五、农产品绿色供应链管理

随着数字经济时代的到来，我国稻米产业供应链发展面临着新的机遇与挑战。为了提高农产品的质量和安全性，以及推动农业可持续发展，绿色供应链管理成为农林经济领域的研究热点之一。

（一）绿色供应链管理的概念与特点

绿色供应链管理是指在传统供应链管理框架下，以环境友好和可持续发展为导向，通过优化资源配置、降低环境影响、提高企业竞争力等手段，实现农产品供应链的可持续发展。其特点包括：强调环境保护和可持续发展；注重资源的节约和效益最大化；强调供应链各环节的协同和合作。

（二）绿色供应链管理的原则与策略

1.生命周期管理：从农产品生产、加工、运输、销售等环节，综合考虑资源使用效率、环境影响等因素，实现减量化和资源优化配置。

2.绿色设计：在产品设计阶段考虑环保因素，选择环境友好材料、生产工艺等，降低环境负荷。

3.绿色采购与供应商合作：与绿色供应商建立合作关系，选择环境友好的原材料和供应商，推动供应链绿色化。

4.碳排放管理：通过节能减排等手段，降低运输和仓储环节的碳排放量，降低对气候的不利影响。

5.信息共享与协同：建立信息平台，实现供应链各环节的信息共享与协同，提高供应链的整体效能和可持续发展能力。

（三）绿色供应链管理的利益共享与风险管理

绿色供应链管理不仅可以降低环境风险，提高农产品的质量和安全性，还可以实现各利益相关者之间的利益共享，包括农产品企业、供应商、消费者等。同时，绿色供应链管理也面临一些风险，如环境政策风险、供应链合作风险等。因此，在实践中要注重风险管理，建立有效的监测和控制机制。

绿色供应链管理是推动农产品可持续供应链发展的重要手段。在数字经济时代，我国稻米产业供应链发展面临着新的机遇和挑战，绿色供应链管理可以提高农产品的质量和安全性，推动农业可持续发展。因此，我国稻米产业供应链发展需要加强绿色供应链管理的研究和实践，为农业的可持续发展和农民的增收致富作出积极的贡献。

第二章
数字经济时代

在当前全球信息技术迅速发展和互联网普及的背景下,数字经济成为推动经济发展的重要力量。在这个数字经济时代,我们需要深入研究各个产业供应链的发展路径,寻找创新和改革的方向。本章将围绕"数字经济时代"展开研究,通过探讨数字经济时代的概念、起源、特点以及对我国经济的影响,重点分析数字经济对我国稻米产业经济的影响。

第一节 数字经济时代的概念

数字经济时代是指信息技术和互联网发展快速、数字化程度高、数据普及和应用广泛的时代。在数字经济时代，数字技术成为经济发展的主要驱动力，它改变了人们的生活与工作方式，对各行各业产生了深远影响，农产品物流与供应链也不例外。

数字经济时代的主要特征包括以下几个方面：

数字技术的普及和创新：随着信息技术的快速发展，数字技术（如云计算、大数据、物联网、人工智能等）成为农产品物流与供应链中的重要工具和手段。这些数字技术的不断创新和普及，大大提高了农产品物流与供应链的效率和可视化管理水平。

数据化运营和智能化决策：在数字经济时代，农产品物流与供应链各环节产生的海量数据成为珍贵的资源。通过对这些数据的收集、存储、分析和应用，可以实现供应链的数据化运营和智能化决策。例如，通过物联网技术实时监控物流环节的温度、湿度等信息，预测供应链风险，优化物流路线等。

供应链协同与平台化：数字经济时代促进了农产品物流与供应链的协同合作和平台化发展。通过电子商务平台、供应链金融、供应链管理软件等工具，不同企业、机构和个人之间可以更加便捷地进行信息共享、业务对接、资源整合，促进供应链的整体优化和协同发展。

创新模式和业态的涌现：数字经济时代下，农产品物流与供应链也出现了新的创新模式和业态。例如，无人机、自动化仓储、智能物流设备等技术的应用，推动了农产品物流与供应链的革新，提升了效率和质量。同时，新的商业模式（如农产品电商、区块链溯源等）的兴起，为农产品的推广和销售提供了新的途径。

总之，数字经济时代给农产品物流与供应链带来了前所未有的发展机遇和挑战。理解和把握数字经济时代的概念，将有助于我们研究和探索农产品物流与供应链在数字经济时代下的发展路径，并为该领域的创新与转型提供理论指导和实践借鉴。

一、数字经济的定义

（一）数字经济的基本概念

数字经济是指利用信息技术、电子商务等数字化手段和工具进行生产、流通、交换和消费活动的经济活动形态。它是一种基于数字技术的新型经济形态，具有高效、智能、连接、创新等特点。数字经济的基本概念包括以下几个方面。

首先，数字经济强调对信息技术的应用。通过信息技术的发展和普及，数字经济能够实现生产和交易过程的全面数字化和网络化。例如，在稻米产业中，农民可以利用智能手机进行田间管理，通过应用程序接收和分析土壤和气象数据，以优化灌溉和施肥等决策。

其次，数字经济具有高效性。通过数字技术的应用，农产品的生产、流通和销售环节可以实现自动化和高效化。例如，使用物联网技术和传感器，可以实时监测稻米的温度、湿度和存储条件，从而提高稻米的质量和增加其保鲜期。

再次，智能化是数字经济的另一个重要特点。通过人工智能、大数据分析和云计算等技术，数字经济可以实现对数据的深度挖掘和智能分析，从而提供个性化的解决方案和决策支持。例如，基于大数据分析的市场预测模型可以帮助稻米产业确定销售季节和市场需求，从而优化销售方案设计和库存管理。

此外，与传统经济相比，数字经济具有强大的连接性。通过网络和互联网的发展，数字经济连接了全球各地的生产者、供应商和消费者，实现了全球范围内的交流、合作和交易。例如，在稻米产业中，农产品的电子商务平台可以连接农民和消费者，消除了传统农产品流通渠道中的中间环节，提高了市场的效率。

最后，数字经济注重创新。通过数字化工具和平台，创新模式可以更快地引入和推广，从而为经济发展带来新的动力。在稻米产业中，数字经济可以促进农产品的品牌建设和营销策略的创新，提高稻米的附加值和竞争力。

综上所述，数字经济是一种基于信息技术和电子商务的新型经济形态，具有高效性、智能性、连接性和创新性等特点。在我国稻米产业供应链的发展中，理解和应用数字经济的基本概念将有助于探索更加高效、可持续和创新的发展路径。

（二）数字经济的范畴和内涵

数字经济的范畴包括数字产业、数字平台、数字交易和数字化经济体等。以下将对这些范畴进行更详细的解释。

数字产业是指以数字技术为核心的产业，其中包括互联网、电子商务、云计算等。这些产业通过信息和通信技术的应用，实现了生产和交易过程的数字化和网络化。在我国稻米产业中，数字产业可以包括农业物联网、数字农业平台、农产品电子商务等，通过数字技术的引入，提高农产品的生产效率和市场竞争力。

数字平台是通过数字技术构建的在线运营平台，为各个参与方在同一平台上进行交互、交易和合作提供便利。在稻米产业中，数字平台可以是农产品电商平台，旨在联结农民与消费者，并提供在线购买、支付和配送等服务。通过数字平台，稻米产业的供应链可以更加高效和透明，增加了交易的可追溯性和信任度。

数字交易是指在数字平台上进行的各类交易活动，包括在线购物、支付、物流等。数字经济时代的稻米产业供应链中，数字交易的意义重大。在传统模式下，稻米的交易需要通过中间环节，由农民、批发商、零售商等参与，效率较低且存在信息不对称的问题。通过数字化的交易平台，稻米的交易可以实现直接连接农民和消费者，加快交易速度、降低交易成本，并提高供应链的透明度和可追溯性。

数字化经济体是指数字经济在整个经济体系中的渗透和影响。数字化经济体不仅涉及单一产业或领域，也包含了数字化转型、数字化管理和数字化创新等综合因素。在我国稻米产业中，数字化经济体的建设包括提高农业数字化水平、推进农产品供应链的数字化转型和创新、促进稻米品牌的数字化宣传等。这些措施有助于提高稻米产业的竞争力和可持续发展能力。

综上所述，数字经济各方面的发展对于我国稻米产业供应链的发展具有重要意义。通过加强数字技术的应用和数字平台的建设，可以提高稻米产业的生产效率、服务质量和市场竞争力，推动稻米产业在数字经济时代的发展。

（三）数字经济的关键要素

数字经济是一种以数字技术为基础，信息资源为核心，创新能力为驱动力，平台效应为特征，数字化管理为支撑的经济形态。因此，我们首先需要深入了解数字经济的关键要素。

1. 数字技术。数字技术包括互联网、大数据、人工智能、物联网等，它们为数字经济提供了技术支持和基础设施。在我国稻米产业供应链中，我们可以利用互联网技术建立电子商务平台，通过大数据分析和人工智能技术优化生产和销售决策，利用物联网技术实现智能化监控和管理。

2. 信息资源。信息资源是数字经济的重要组成部分，包括网络信息、电子数据、知识资产等。在我国稻米产业供应链中，我们可以利用网络信息和电子数据来进行信息共享和传递，利用知识资产来提高生产效率和产品质量。

3. 创新能力是数字经济的核心竞争力。在我国稻米产业供应链中，我们需要注重科技创新、商业模式创新和产品创新。例如，可以通过研发新的农业科技产品，实现农业生产的智能化和高效化；可以通过创新供应链模式，实现农产品的快速、安全、高效流通。

4. 平台效应是数字经济的特征之一。通过数字平台，我国稻米产业可以获得规模化效应、网络效应和社群效应等，进一步提高效率和创造价值。例如，可以建立一个数字化的稻米产业供应链平台，整合各个环节的资源和信息，提高供应链的运转效率和质量。

5. 数字化管理。数字化管理是数字经济的重要支撑，包括数字化转型、数字化营销、数字化供应链管理等。通过数字化手段，可以实现供应链的精细化和智能化，提高企业的竞争力和运营效率。例如，可以利用数字化供应链管理系统实现订单管理、库存管理、物流管理等的自动化和优化。

总之，数字经济时代对我国稻米产业供应链发展提出了新的要求和挑战。我们需要充分利用数字技术、信息资源，提升创新能力，充分发挥平台效应，实现数字化管理，推动我国稻米产业供应链向智能化、高效化、可持续发展的方向转型。只有这样，才能更好地适应数字经济时代的发展趋势，提高我国稻米产业的竞争力和附加值，实现长久的繁荣和可持续发展。

综上所述，数字经济是一种基于数字技术的新型经济形态，在各个领域和行业都具有广泛的应用和推广前景。在接下来的研究中，我们将以我国稻米产业供应链发展路径为案例，探讨数字经济时代下稻米产业的创新与转型，为实现农林经济的可持续发展提供理论依据和实践指导。

二、数字经济时代的起源

（一）信息技术与经济发展的关系

1. 信息技术在经济发展中起到了至关重要的作用

随着信息技术的迅速发展，农产品供应链也逐渐意识到其潜力和改善的机会。传统农产品供应链在信息的获取、传递和共享方面存在很多问题，这限制了供应链的效率和可靠性。

首先，传统农产品供应链中存在信息不对称的问题。供应链的各个环节之间的信息流通不畅，导致生产者和消费者之间的信息不对称。生产者无法准确了解市场需求，而消费者也无法获得充分的产品信息。信息不对称不仅增加了市场风险，也增加了交易成本。

其次，传统农产品供应链的信息流通效率较低。传统供应链中的信息沟通主要依靠传统的沟通方式，如电话、传真或邮件等。这种方式存在信息传递的延迟和不确定性，导致信息流通效率低下。信息技术的应用可以突破传统沟通方式的局限，实现信息的即时传递和共享，提高供应链的反应速度和准确性。

此外，传统农产品供应链中的数据收集和整理存在困难。农产品供应链涉及的数据包括产量、质量、价格、库存等方面的信息，需要从多个环节进行收集和整理。传统的数据收集方式烦琐且容易出错，数据整理的过程也存在风险和误差。信息技术的应用可以实现数据的快速采集、统一管理和准确分析，为供应链决策提供更可靠的依据。

2. 信息技术在农产品供应链中的应用可以带来多方面的益处

首先，通过信息技术的应用，可以实现供应链的可视化管理。利用物联网技术和传感器等设备，可以实时监测和追踪农产品的生产、加工、运输和销售等环节，从而使得供应链的运作过程更加透明和可控。

其次，信息技术的应用可以实现供应链的信息共享。通过建立互联网平台，供应链的各个参与者可以共享信息，及时了解市场变化和产品需求，从而更好地协调生产和需求之间的关系。信息共享的促进也能够提高农产品供应链的协同效应，减少供需信息不匹配的风险。

此外，信息技术的应用还可以实现供应链的动态调整。通过大数据分析和预测模型，可以对供应链的需求进行精准预测，为生产和库存提供指导，从而降低市场风险和成本。信息技术的应用可以提高供应链的灵活性和适应性，更好地应对市场的变化和不确定性。

综上所述，信息技术对农产品供应链的发展具有重要的推动作用。信息技术的应用，可以解决传统农产品供应链中存在的问题，提高供应链的效率和可靠性。对于我国稻米产业来说，充分利用信息技术的优势，推动数字化转型和供应链的智能化发展，将为我国稻米产业带来新的发展机遇和竞争优势。因此，本书将深入研究数字经济时代下我国稻米产业供应链的发展路径，提出相应的策略和解决方案，为我国稻米产业的现代化转型和升级提供支持和指导。

（二）互联网的出现与数字经济的兴起

互联网的出现对农产品供应链产生了深远的影响，推动了数字经济的兴起。互联网的普及和广泛应用，使得信息的获取和传递变得更加便捷、高效。不仅消费者可以通过互联网平台随时了解和购买农产品，同时生产者也能够通过互联网平台与消费者直接对接，建立起更加直接和紧密的联系。

互联网平台为农产品供应链的运作提供了数字化解决方案。通过将传统供应链中的各个环节数字化和智能化，可以实现供应链的可视化管理。互联网技术结合大数据分析和物联网技术，可以实时监测并记录农产品在生产、加工、流通和销售过程中的关键数据，实现供应链的全程可追溯性和现场实时监管。这有助于提高农产品供应链的透明度和可信度，确保农产品的品质，保障消费者的权益。

另外，互联网平台的应用还可以促进农产品供应链的信息共享。通过建立在线平台和社交媒体等渠道，生产者、经销商和消费者可以方便地进行信息交流与共享。供应链各方能够实时了解市场需求和产品供应情况，减少信息不对称和市场风险。同时，数据的共享也可以促进供应链各方的协同作业，提高整体供应链的效率和竞争力。

此外，互联网平台的应用还可以实现农产品市场的远程交易和物流配送的高效运营。通过互联网的电子商务平台，农产品产地和世界各地的消费者可以直接进行交易，避免中间环节的费用和时间浪费。此外，通过物流信息的实时追踪和调度，可以实现农产品的快速、安全和准时配送，保证产品的新鲜度和品质。

总结起来，互联网的出现为农产品供应链带来了全新的发展机遇。通过互联网平台的应用，农产品供应链的各个环节可以实现数字化管理、信息共享和动态调整，从而提高供应链的效率、质量和可靠性。面对数字经济时代的挑战和机遇，我国稻米产业可以充分利用互联网技术的优势，推动供应链的数字化转型，提升产业的竞争力和可持续发展能力。因此，本书将着重探讨互联网在我国稻米产业供应链发展中的应用和作用，提出相关的策略和路径，为行业的改革和创新提供指导和支持。

（三）数字经济时代的发展背景

数字经济时代的发展离不开技术进步、经济全球化和市场需求的变化，是多方面因素共同作用的结果。

技术进步方面，数字经济时代的农产品供应链发展受益于信息技术、通信技术和物联网技术的不断创新和应用。这些技术的发展为农产品供应链提供了数字化转型的基础，使得我国稻米产业的生产、加工、物流和销售等各个环节可以更加高效地管理和连接。例如，通过物联网技术的应用，可以实时监测农田的土壤水分和温度情况，帮助农民进行科学决策和精细化管理。同时，信息技术的发展也为农产品的溯源提供了更加便捷和可靠的方式，保证了农产品的质量和安全。

经济全球化是数字经济时代的又一重要背景。随着全球贸易的加速和市场的国际化，农产品供应链的规模和复杂度也不断扩大。不同国家和地区的农产品供应链需要实现跨境运作，数字化的供应链平台和工具能够有效地帮助企业实现全球化的数据共享、供应链管理和跨境协同。数字化带来的信息的流畅与共享，有助于提高农产品供应链的协同效能和整体运作效率。

数字经济时代使得我国稻米产业的供应链不再局限于单一地域，而是跨越多个国家和地区。这种全球化的趋势给我国稻米产业的供应链带来了新的挑战和机遇。数字经济为全球化的农产品供应链提供了全球化的数据共享平台和供应链管理工具，使得我国稻米产业可以更好地与全球市场进行连接和交流。同时，数字经济时代的全球贸易数字化和电子商务等新兴业态也为我国稻米产业提供了更多的市场机会。

市场需求的变化是数字经济时代发展的重要动力之一。消费者对农产品的要求逐渐提高，对产品的质量、安全和可追溯性等方面都有更高的期望。数字经济的发展为农产品供应链提供了更多的市场机会和竞争优势。通过数字化的供应链管理和物流服务，在市场需求的变化中灵活应对，可以实现更加精准的信息传递和服务提供，提高企业的竞争力。

随着消费者对食品质量和安全性要求的提高，我国稻米产业供应链需要满足更加精准的信息和服务需求。数字经济时代为我国稻米产业供应链提供了更多的市场机会和竞争优势。通过数字化的供应链管理和物流服务，我国稻米产业的供应链可以更好地实现信息传递、追溯和服务的个性化定制，提升企业的竞争力和品牌形象。同时，数字技术的应用也可以帮助我国稻米产业实现农产品的差异化营销和精细化管理，满足不同消费者的个性化需求。

然而，数字经济的发展也给农产品供应链带来了一系列挑战和变革的需求。首先，需要解决信息安全和数据隐私的问题，保障供应链中各个环节信息的安全性与完整性。其次，需要克服农产品供应链中信息孤岛的问题，实现不同环节之间的协同与共享。另外，数字经济时代还需要农产品供应链实现与其他行业的互联互通，实现供应链的整体优化和创新。

总之，数字经济时代的发展背景是技术进步、经济全球化和市场需求的变化共同作用的结果。随着信息技术的创新和应用，数字经济为农产品供应链的数字化转型提供了基础；经济全球化使得农产品供应链出现了更大的规模和复杂度，数字经济能够提供全球化的数据共享平台和供应链管理工具；市场需求的变化推动了农产品供应链向数字化转型，数字经济时代为农产品供应链提供了更多的机遇和挑战。

综上所述，数字经济时代为农产品供应链的发展提供了巨大的机遇和挑战。扩展农产品供应链的数字化转型，需要充分利用信息技术和互联网平台的优势，以满足市场需求、提高供应链的效率和质量，并实现农产品供应链的可持续发展。基于此，本书将深入研究数字经济时代下我国稻米产业供应链的发展路径，提出相关策略和解决方案，促进我国稻米产业的现代化转型与升级。

三、数字经济与传统经济的区别

数字经济和传统经济是两种不同的经济形态，具有以下几个方面的区别。

（一）生产方式和生产要素的差异

传统经济主要依赖人力和物力资源，生产方式以人工操作和传统手工业为主。而数字经济则更多地利用了信息技术和数字化工具，依赖于大数据、云计算、物联网等技术，实现生产方式的数字化、网络化和智能化。数字经济注重创新和知识产权的价值，强调信息的处理和利用，使得生产要素的组合和运用方式发生了巨大的变化。

在传统经济中，农产品的生产方式主要依赖人力和物力资源。农民通过人工操作、传统手工业等方式进行生产，生产要素的配置相对简单。例如，在我国的稻米产业中，农民主要依靠人力进行种植、收割和加工稻米。传统经济中，生产过程需要较多的人力投入，劳动密集型特征明显。

然而，随着数字经济的发展，生产方式发生了巨大的转变。数字经济强调信息技术的应用，通过大数据、云计算、物联网等技术，实现了生产方式的数字化、网络化和智能化。在数字经济时代，农产品的生产过程可以通过自动化、智能化的设备和系统进行操作和管理。比如，在稻米种植中，农民可以利用无人机、智能传感器等技术监测土壤湿度、气候变化等因素，并根据数据分析结果来调整种植策略，提高产量和品质。

数字经济注重创新和知识产权的价值，强调信息的处理和利用。通过应用信息技术，数字经济使得生产要素的组合和运用方式发生了巨大的变化。以稻米产业为例，数字经济可以通过大数据分析对市场需求进行精确预测，决策者可以根据预测结果来调整种植策略、增加或减少产量。此外，数字经济也可以通过电子商务平台将稻米直接销售给消费者，减少中间环节，提高效率。

总的来说，与传统经济相比，数字经济在农产品的生产方式和生产要素配置方面具有明显的差异。数字经济通过信息技术的应用，实现了生产方式的数字化、网络化和智能化，使得生产过程更加高效、精确和可控。同时，数字经济也强调创新和知识产权的价值，通过信息处理和利用，改变了农产品生产要素的组合和运用方式。在我国稻米产业中，数字经济的发展将为供应链的优化和升级提供动力，为农产品物流与供应链专业的研究者提供了丰富的研究领域。

（二）经济运行规律的改变

传统经济运行的规律主要体现在价格、供需平衡和资源配置等方面，以市场供求为导向。市场中的买方和卖方通过交易来实现资源的配置和价值的传递。在传统经济中，市场的运行主要依赖于供求关系，价格的变动在一定程度上反映了市场的信息和供需状况。而数字经济的运行规律更加依赖于网络和数据的引导，以数据为基础进行市场分析、运营和决策。数字经济中的信息流动更加快速、全面和智能化，对经济运行的影响更加广泛和深远。

首先，数字经济通过大数据分析和人工智能等技术，可以更准确地预测市场的需求和供给情况。通过对大量数据的收集和处理，可以了解消费者的需求和偏好，进而为生产者提供准确的市场定位。同时，数字经济还可以根据市场数据对价格进行动态调整，以实现供需平衡。因此，数字经济下的经济运行规律更注重基于数据的市场分析和运营。

其次，数字经济的运行规律中更强调信息的流动和利用。数字经济通过电子商务平台、供应链管理系统等工具，实现了信息的实时传递和共享。信息的快速流动为农产品物流与供应链的协调与优化提供了便利，促使各参与方能更快地响应市场需求并作出决策。而在传统经济中，信息的传递往往需要经过中间环节，信息流动的速度较慢，并且容易出现信息不对称的情况。

再次，数字经济中的数据分析和智能化决策，使得资源的配置更加精确和高效。通过对大数据的分析，可以找出生产要素在稻米产业供应链中的最佳配置方式。比如，可以利用大数据和人工智能技术分析土壤情况、气象数据等，为农民提供种植指导和管理建议，提高农业生产的效益和稳定性。

总的来说，数字经济与传统经济相比，在经济运行规律方面存在显著的差异。数字经济更注重市场信息的分析、运营和决策，依赖于网络和数据的引导。数字经济下的经济运行规律更加快速、全面和智能化，使得资源的配置更加精确和高效。在我国稻米产业供应链的发展中，研究数字经济对经济运行规律的影响，能够为稻米产业的供应链优化和农产品物流提供新的路径和策略。

（三）产业结构与经济增长模式的转变

传统经济主要以制造业和基础产业为支柱，资源密集型产业较多。而数字经济时代，随着信息技术的广泛应用和数字化的推进，数字经济产业开始崛起，新兴行业和服务业也得到了快速发展。数字经济以互联网、人工智能、大数据等为代表的新技术和新业态，成为推动经济增长的新动能。同时，数字经济也为传统产业的转型升级提供了新的机遇和挑战，促使产业结构发生了重要的变革。

数字经济与传统经济相比，产业结构发生了显著的变化，对经济增长模式产生了深远的影响。传统经济主要依赖于制造业和基础产业，这些产业通常是资源密集型的，依靠大规模的物质和人力投入来实现增长。然而，在数字经济时代，随着信息技术的广泛应用和数字化的推进，数字经济产业开始崛起，新兴行业和服务业也得到了快速发展。

数字经济以互联网、人工智能、大数据等为代表的新技术和新业态，成为推动经济增长的新动能。互联网的普及使消费者的购物方式发生了根本性的改变，传统的线下零售逐渐被在线购物取代，这进一步推动了电子商务和物流行业的发展。人工智能的应用为各个领域带来了智能化和自动化的变革，提高了生产力和服务质量。大数据的分析挖掘使得企业可以更好地了解市场需求和消费者偏好，从而制定精准的市场营销策略。这些新技术和新业态的涌现，为经济增长注入了新的活力。

同时，数字经济也为传统产业的转型升级提供了新的机遇和挑战。数字化的推进使得传统产业能够更好地融入互联网、人工智能和大数据等新兴技术，实现生产方式和商业模式的升级。传统农产品供应链也不例外，数字化技术的应用使得农业生产、加工、流通和销售等环节实现了信息化和智能化，提高了效率和质量。同时，数字化带来的市场透明度和竞争加剧也对传统农产品供应链提出了新的挑战，农产品经营者需要通过数字化手段提高竞争力和创新能力。

因此，数字经济时代对产业结构和经济增长模式有着重要的影响。传统经济主要依靠制造业和基础产业实现增长，而数字经济时代则以新技术和新业态为代表，为经济增长注入了新的动力。同时，数字经济也为传统产业提供了转型升级的机遇和挑战，使得产业结构发生了重要的变革。在数字经济时代，我们应该重视数字化技术的应用，推动传统产业的转型升级，以实现可持续的经济增长。

综上所述，数字经济和传统经济在生产方式、生产要素的差异、经济运行规律的改变和产业结构与经济增长模式的转变等方面存在明显的区别。对于我国稻米产业的供应链发展来说，理解和把握数字经济的特点和规律，对于制定和实施供应链数字化转型的策略至关重要。这包括利用信息技术和数字化工具提升供应链的效率和灵活性，发展数字营销和电子商务以拓展市场渠道，加强与数字经济相关产业的合作与创新等。同时，也需要重视传统经济的特点和挑战，并在数字经济和传统经济的结合点上探索我国稻米产业供应链的发展路径。

第二节　数字经济时代的特点

随着信息技术的快速发展和数字经济时代的到来,各行各业都面临着翻天覆地的变革。特别是农产品物流与供应链领域,数字经济给产业发展带来了前所未有的机遇和挑战。本书以我国稻米产业供应链发展为切入点,深入探讨数字经济时代下农产品供应链的演进和优化路径,旨在为该领域从业者和研究者提供有价值的参考和思路。

数字经济以信息技术为基础,通过互联网、大数据、人工智能等新兴技术与传统产业的融合,推动经济结构和模式的深度变革。它的特点主要表现在以下几个方面。

首先,数字经济具有高度数字化和信息化的特征。在数字经济时代,经济活动的各个环节都离不开数字化技术的支撑和信息的流动。农产品物流与供应链也不例外,数字化技术的应用可以实现农产品生产、流通和销售环节的全程可视化和智能化,提高供应链的效率和灵活性。

其次,数字经济时代强调数据的驱动和开放共享。大数据的积累和分析成为决策的重要依据,通过共享数据可以促进各方协同合作和创新,提升供应链的整体运作效率和信息透明度。对于我国稻米产业而言,深入挖掘和利用种植、加工、流通等环节的数据,将为产业发展提供更准确的指引和战略支持。

再次,数字经济时代还促进了供应链的跨界合作与创新。在数字化、智能化的背景下,传统的农产品供应链逐渐转变为服务链,不同环节的企业、机构和个体之间可以通过互联网平台和数据共享实现紧密合作,进行资源整合和业务创新,为农产品供应链的发展带来新的机遇和模式。

最后,数字经济时代也带来了一些新的经济形态。互联网经济和平台经济是数字经济时代诞生的经济模式,对促进产业链供应链协同合作,实现创新发展有重要的意义。

本书将从以上角度出发,对我国稻米产业供应链在数字经济时代的发展路径进行深入研究和探讨。希望读者能从中获得启示和借鉴,提高对数字经济时代下农产品供应链的理解和应对能力，为我国稻米产业的可持续发展贡献力量。

一、信息技术的迅猛发展

（一）信息技术的定义与范畴

信息技术是一种应用计算机科学、通信科学和信息科学等学科的知识与技术，旨在获取、存储、处理、传递和应用信息的技术体系。它通过计算机系统和通信网络等工具，有效地帮助人们处理和利用信息，促进了各行各业的发展。

信息技术的范畴非常广泛，涵盖了多个具体的技术和工具。首先，计算机科学是信息技术的基础，它研究计算机系统的原理和方法，开发计算机软件和硬件。计算机网络是信息技术的重要组成部分，它涉及计算机之间的连接和数据传输等技术。数据库管理系统则是存储和管理大量数据的工具，使得数据的存取更加高效和便捷。

其次，软件开发是信息技术的重要应用领域，它涉及开发和设计各种计算机软件，包括应用软件、系统软件和嵌入式软件等。电子商务是基于互联网的商业交易，它利用信息技术实现了线上购物、支付和物流等各个环节。物联网是指通过无线传感器和互联网等技术，将各种物理设备及传感器相互连接起来，实现信息的自动收集和共享。

另外，云计算是一种通过互联网提供按需计算资源的服务模式，它允许用户通过网络访问和使用存储、计算、应用程序等资源。人工智能则是一门研究如何使计算机具有智能的学科，包括机器学习、自然语言处理和计算机视觉等技术。

总的来说，信息技术涵盖了计算机科学、通信科学、数据库管理和软件开发等多个领域，它通过计算机和通信技术等工具，实现了信息的快速获取和处理，为社会的发展和各行业的创新提供了无限可能。在数字经济时代，信息技术的应用将在农产品物流与供应链领域发挥重要的促进作用。

（二）信息技术的发展历程

信息技术的发展经历了几个重要的阶段。早期的信息技术主要以计算机为核心，诞生了计算机硬件和软件等基础设施。在20世纪80年代，随着计算机网络的出现和广泛应用，信息的存储和传输变得更加便捷。而随着互联网的普及，信息的获取和共享已经成为现代社会的基本需求。

移动互联网的普及使得人们可以通过移动设备随时随地获取各种信息。随着智能手机的普及，移动互联网应用如雨后春笋般涌现，包括社交媒体、电子商务、在线教育等。这些应用不仅改变了人们的生活方式，也为农产品供应链的信息流动提供了新的渠道。

在信息技术的发展过程中，云计算起到了至关重要的作用。云计算基于互联网技术，通过将大量的计算资源和数据存储在云端的数据中心，为用户提供灵活、高效的服务。对于农产品供应链而言，云计算可以通过提供强大的数据存储和处理能力来支持信息的共享和分析。比如，农民可以通过云平台共享种植经验和农业技术，农产品销售商可以通过云平台掌握市场需求和销售情况，物流公司可以通过云平台实时监控和调度运输车辆。云计算还可以通过大数据分析提供决策支持，例如通过分析历史数据和市场趋势来预测农产品的需求和价格变动，从而帮助农民制定种植计划和营销策略。

此外，随着物联网和人工智能技术的迅猛发展，农产品供应链的信息化水平将进一步提升。物联网可以将传感器、标识和无线通信技术应用于各个环节，实现对种植、仓储和运输等环节的实时监控和管理。人工智能则可以通过数据分析和模型训练来提升供应链的预测能力和决策效果。例如，通过人工智能算法分析天气数据和土壤条件，可以提前预测农产品的生长情况和品质。同时，人工智能还可以通过优化配送路线和调度方案来提高物流效率和降低成本。

综上所述，随着信息技术的不断发展，农产品供应链将迎来更多的创新和变革。通过充分利用信息技术，可以实现信息的畅通和共享，提升农产品供应链的效率和质量，促进我国稻米产业的可持续发展。

（三）信息技术在我国稻米产业中的应用

1. 信息技术在我国稻米产业的应用现状

数据采集与精准农业： 信息技术为我国稻米种植提供了精准农业的支持。通过传感器、无人机等技术手段进行土壤、气候、作物生长等数据的实时采集，可以实现对稻米生长环境进行精准监测，从而提升农业生产的科学性和精益化程度。

农产品溯源与品质保证： 通过信息化手段，可以实现稻米生产和流通过程的全程监控和追溯。通过扫码等方式，消费者可以获取稻米的种植地、种植方式、生产过程等详细信息,从而增加消费者对稻米产品的信任度,提高产品的品质保证能力。

农产品销售与电商平台:信息技术为我国稻米的销售提供了新的渠道和方式。通过电商平台,农民可以实现直接销售,使农产品销售市场日趋多元化。同时,电商平台也为消费者提供了便捷的购买渠道,提高了稻米产品的流通效率和销量。

农产品物流与配送:信息技术在农产品物流与配送中的应用,可以有效提升物流操作的效率和准确性。借助物联网、云计算等技术手段,我们可以实现农产品仓储、包装、运输等环节的信息化管理,包括智能仓储、智能运输调度等,从而增强供应链运作的可追溯性并提高运作效率。

2.信息技术在我国稻米产业中的应用带来的益处

提升产能与效益:信息技术的应用可以提高生产过程管理的准确性和科学性,提升稻米种植的产能和效益。通过精准农业的应用,农民可以根据实际的土壤、气候等条件,采取针对性的种植措施,最大限度地提高产量和品质。

优化供应链与降低成本:信息技术的应用可以实现农产品供应链的数字化、智能化管理,优化物流和配送过程,减少农产品的损失和浪费,降低运输成本,从而提高农产品供应链的效率。

增强品牌竞争力:通过信息化的溯源和品质保证,可以建立起稻米产品的品牌信任度,提高企业的品牌竞争力。消费者对于稻米的质量和安全性要求日益提高,通过信息化的溯源和品质监控,企业可以树立起良好的品牌形象,赢得消费者的青睐。

3.信息技术的应用在我国稻米产业中的作用

首先,信息技术在我国稻米产业的生产环节中发挥了重要作用。通过农业物联网技术,传感器可以实时监测稻田的土壤湿度、温度等环境参数,帮助农民提高灌溉效率、节约资源。同时,利用无人机、遥感和地理信息系统等技术,可以对稻田生长情况进行精准监测和评估,提供科学的农业管理决策。

其次,信息技术在稻米产业的供应链管理中也起到了重要的作用。通过物联网技术,可以实现农产品流通环节的全程监控和追溯,确保稻米的质量安全和追溯可信。同时,通过供应链管理系统和电子商务平台,实现供应链中各环节的信息共享与协同,提高供应链的运作效率和可视化程度。

此外,信息技术还为我国稻米产业提供了市场拓展和营销平台。通过电子商务平台和移动应用程序，消费者可以方便地购买到我国优质的稻米产品，同时生产者也可以直接与消费者进行沟通和交流，提高企业的品牌知名度和拓宽产品的销售渠道。

综上所述，信息技术在我国稻米产业中广泛应用，既改善了生产环节的管理和决策效率，也提升了供应链和市场营销的效益。充分利用信息技术的优势，将为我国稻米产业的提质增效和转型升级提供有力支持。对于研究数字经济时代下我国稻米产业供应链发展路径具有重要意义。

二、数据化和数字化的趋势

随着技术的进步和社会的发展，数据化和数字化正成为各行各业的共同趋势，农产品物流与供应链领域也不例外。数据化指的是将实际运营中产生的大量数据进行收集、整理和分析，形成可利用的信息资源；数字化则是将传统的物理实体及其运营过程转化为数字形式进行管理和操作。在我国稻米产业供应链发展中，数据化和数字化的趋势非常明显。

（一）数据化和数字化的概念和特点

数据化和数字化是现代农产品物流与供应链领域面临的重要转型趋势。数据化指的是将我国稻米产业供应链各个环节产生的数据进行收集、整理和分析，形成规范化的数据格式，以供后续分析和运营决策使用。数字化则是将这些数据转化为数字形式进行管理和操作，通过信息系统实时监控、追踪和控制农产品物流与供应链的全过程。

1. 高效性

通过数据化和数字化手段，可以实现对我国稻米产业供应链的全程监控和精细化管理。通过收集各环节产生的数据，可以实时了解土壤水分情况、作物生长状况、加工车间温度等关键信息，以便及时做出相应的决策。运用数据分析和处理技术，可以对供应链中的瓶颈环节和问题进行识别和优化，提高运营效率和资源利用效率。

2. 可追溯性

数据化和数字化可以实现对我国稻米产业供应链的全面追溯，确保产品质量和食品安全。通过收集和整理每个环节的数据，能够准确追踪各个环节的信息，包括种植过程中的农药使用、生产过程中的加工温度和时间、运输过程中的温度和湿度等。当出现质量问题或食品安全事件时，可以快速定位并采取相应的措施，保障我国稻米产业供应链的可靠性和可信度。

3. 可持续性

通过数据化和数字化的手段，可以实现我国稻米供应链的可持续发展。例如，可以通过数据分析和预测技术来优化生产计划和库存管理，减少资源浪费和成本支出。同时，数字化技术减少了纸质文件的使用，推进绿色供应链的建设。此外，数字化还可以增强我国稻米产业供应链从业人员的社会责任感，例如通过数字化手段监督和管理农产品的环保指标和社会责任信息，推动农产品供应链的可持续发展。

因此，数据化和数字化在我国稻米产业供应链中发挥着重要作用。通过充分利用现代信息技术和数据处理技术，可以实现对我国稻米产业供应链的高效管理、可追溯性和可持续发展，对于优化和升级我国稻米产业供应链具有深远意义。

（二）数据化和数字化的影响和作用

数据化和数字化对我国稻米产业供应链的影响和作用是深远的。首先，数据化和数字化能够促进各环节间的信息共享和协同效应。通过建立信息平台和共享数据库，各参与方可以及时共享我国稻米产业供应链的相关数据和信息。这将有助于消除信息不对称，提高协同决策和协同作业能力，降低运营风险。供应链中的各个环节可以通过实时的数据流和信息交流进行精确的调配和协调，从而提高供应链的整体效率和运营水平。

其次，数据化和数字化能够提升我国稻米产业供应链的运营效率和水平。利用大数据技术和人工智能算法进行数据挖掘和分析，可以发现隐藏在庞大数据背后的关联性和规律性。通过准确分析和预测供需情况、库存水平、运输路线等因素，可以优化和协调供应链中的各个环节，实现精细化管理和资源的合理配置。此外，数据化和数字化还有助于加快运营决策的速度和提高准确度，使各参与方能够更好地应对市场变化和需求波动，提高生产效率和品质控制水平。

再者，数据化和数字化对于我国稻米产业供应链的可持续发展具有重要意义。数字化技术的应用可以实现对我国稻米产业供应链的生态环保监控。通过数字化手段，可以对土壤质量、水资源利用、农药使用、能源消耗等进行监测和管理，减少对生态环境的不利影响。数字化还能够实现对我国稻米产业供应链的社会责任监督。通过建立可追溯系统和信息平台，可以确保农产品的可追溯性和质量安全性，提高消费者对我国稻米产业供应链的信任度，推动产业的可持续发展。

另外，数据化和数字化还能够提升我国稻米产业供应链的创新能力。通过数字技术的应用，可以实现我国稻米产业供应链的全过程监控和管理，实时掌握市场需求和变化，并根据需求进行生产和供应的调整。同时，数字化还可以促进我国稻米产业供应链的创新模式和商业模式的探索和应用，推动我国稻米产业供应链的升级与转型。

此外，数据化和数字化还可以促进各参与方之间的合作和共赢。通过数字化技术的应用，我国稻米产业供应链中的各参与方可以建立起良好的合作伙伴关系，实现资源共享和优势互补，提高整个供应链的效益和绩效。同时，数字化还能促进我国稻米产业供应链的品牌建设和市场推广，提升我国稻米产业的知名度和竞争力。

总之，数据化和数字化对我国稻米产业供应链的影响和作用是全方位的。它们能够提高信息共享和协同能力，提升运营效率和水平，促进可持续发展能力，提升创新能力，促进合作与共赢。因此，在数字经济时代，我国稻米产业供应链应积极应对数字化的挑战和机遇，借助数据化和数字化的力量，推动我国稻米产业供应链的发展，提升产业竞争力和可持续发展能力。

（三）数据化和数字化在我国稻米产业供应链中的应用

数据化和数字化在我国稻米产业供应链中有广泛的应用前景。

第一，在种植环节，一方面可以通过传感器技术和无人机遥感进行数据收集，实现对我国稻米种植过程的精准监控和管理，包括土壤水分、氮肥施用量、病虫害防治等方面。另一方面在加工和运输环节，可以通过智能设备和物联网技术，实现我国稻米产业供应链的智能化管理和运营，包括自动化加工线、智能化仓储和配送系统等。

第二，在市场环节，可以通过电子商务平台和移动支付等数字化手段，实现我国稻米产业供应链的线上营销和线下配送，从而提高销售效率和市场覆盖面。通过建立统一的数字化平台和数据库，还可以实现对我国稻米供应链的整体规划和资源优化配置。

第三，数据化和数字化的应用为稻米产业提供更加精准的决策支持。通过数据分析和人工智能算法的应用，可以对我国稻米产业供应链的各环节进行预测和优化，帮助决策者做出更加合理和科学的决策。例如，可以通过数据分析预测市场需求的变化趋势，从而优化生产计划和供应安排；可以通过数据分析优化仓储和配送的路线和方式，降低物流成本和提高运输效率。

第四，数据化和数字化的应用提升供应链风险管理能力。通过数据的实时监测和分析，可以及时识别出供应链中可能存在的风险因素，如市场需求不确定性、自然灾害等，从而采取相应的措施进行调整和应对。例如，在市场需求不确定的情况下，可以通过数据分析和智能算法进行需求预测和库存管理，减少过剩库存和缺货现象的发生。

此外，数据化和数字化的应用还可以促进我国稻米产业供应链的合作与共享。通过建立信息平台和共享数据库，各参与方可以共同分享我国稻米供应链的数据和信息，实现信息的共享和协同决策。这将促进各参与方之间的紧密合作，提高供应链的协同效应，有利于各参与方共同应对市场变化和挑战。

综上所述，数据化和数字化在我国稻米产业供应链中的应用具有重要的意义和潜力。它可以提高决策的精确性和效率，提升供应链的运营效率和水平，降低风险和成本，并促进合作与共享。因此，在我国稻米产业供应链的发展中，应积极借助数字化技术的力量，推动数据化和数字化的应用，以实现供应链的智能化和可持续发展。

三、创新驱动和创业精神的崛起

（一）创新驱动的概念和意义

创新驱动是指将创新作为推动经济发展的关键力量和核心动力。它强调通过引入和应用新的科技、技术、管理等方法来改进生产力和提升产业竞争力。在农产品物流与供应链领域，创新驱动能够推动整个供应链的优化和升级，提升产业效率与质量，满足消费者对农产品质量和安全的需求。

创新驱动是指在经济发展中，通过引入和应用新科技、技术、管理方法等创新手段来推动和促进发展的一种驱动力。在农产品物流与供应链领域，创新驱动是指通过创新性的方法和思维,改进供应链的运作方式和管理体系,从而提高生产力和竞争力。

在数字经济时代,创新驱动的意义愈发重要。首先,数字经济为农产品物流与供应链提供了广阔的创新空间。通过应用新技术和数字化平台,农产品物流与供应链可以实现信息共享、实时监控、预测与优化等功能,提高供应链的运作效率和灵活性。其次,创新驱动能够改善农产品的品质与安全。通过引入新技术和创新方法,可以提高农产品的生产过程和质量管理,确保产品的安全和无毒,满足消费者对农产品品质的需求。此外,创新驱动还能够提高农产品物流与供应链的可持续发展水平。通过创新手段,减少资源的浪费和能源的消耗,优化供应链的环境影响,实现绿色可持续发展。

对于我国稻米产业供应链的发展来说,创新驱动是不可或缺的。通过引入先进的生产技术和管理方法,提高农产品的生产效率和质量水平,使我国稻米产业在市场竞争中具备优势。同时,通过数字化转型和创新,提升稻米供应链的运作效率和物流管理水平,实现稻米产业的可持续发展和竞争优势。

(二)创新驱动在数字经济时代的作用

在数字经济时代,创新驱动成为农产品物流与供应链发展的重要驱动因素。随着数字技术的飞速发展和普及,为农产品物流与供应链提供了更多的机遇和可能性。如物联网、大数据、云计算、区块链等技术的应用,使得农产品物流与供应链更加高效、智能化与可追溯。数字技术的迅猛发展和广泛应用,农产品物流与供应链的运营方式得到了极大地改善,从而为农产品产业链提供了更多的机遇和发展可能性。

首先,在数字经济时代,创新驱动能够促进农产品物流与供应链的数字化转型。通过引入先进的信息技术和数字化平台,农产品物流与供应链能够实现信息的实时共享、数据的处理与分析,从而实现各环节之间的信息交流与协同作业。例如,利用物联网技术,可以实现对农田、农作物、仓储设施等的远程监测和控制,从而提升农产品物流与供应链的管理效率和生产能力。

其次,创新驱动对供应链的网络化与智能化发展起到了重要推动作用。通过应用大数据分析、人工智能、云计算等技术,农产品物流与供应链可以实现流程的优化、库存的控制、配送的跟踪等方面的改进。例如,利用大数据分析技术,可以对市场需求进行准确预测,优化产品的供应链路径和库存管理,提高物流效率和降低成本。

再次,创新驱动可以提升农产品的溯源能力,确保产品质量与安全。在数字经济时代,消费者对农产品的质量和安全越来越关注,创新驱动能够通过应用区块链技术等手段,使农产品的生产、加工、运输等环节信息完全可追溯,确保产品的质量安全可靠。这不仅满足了消费者对农产品溯源的需求,也加强了消费者的信任和对品牌的认可度。

总之,创新驱动在数字经济时代对农产品物流与供应链的作用是多方面的。它推动了供应链的数字化转型,提升了信息交流和数据处理能力;推动了供应链的网络化与智能化发展,优化了流程和提高了效率;提升了农产品的溯源能力,确保了产品质量和安全。这些作用有助于实现农产品物流与供应链的可持续发展,提升产业的竞争力,满足消费者对农产品质量与安全的需求。

(三)创新驱动和创业精神在我国稻米产业供应链发展中的表现与实践

在我国稻米产业供应链发展中,创新驱动和创业精神至关重要,成果显著。创新驱动体现在引入先进的农业科技和管理模式,不断探索创新的方法和措施,以提升产业的整体效益和质量水平。例如,通过引入农机智能化技术,实现农业生产的自动化和智能化,不仅提高了农业生产的效率,还降低了生产成本和劳动力需求,从而保障了稻米供应链的稳定和可靠性。同时,我国稻米产业还通过水稻品种改良,提高了稻米的产量和质量,满足了市场对于优质稻米的需求。这样的创新举措,不仅有助于提升我国稻米产业的竞争力,还对全国稻米供应产生了积极的影响。

创新驱动在我国稻米产业供应链中还推动了农产品物流和农业物资供应的数字化升级。随着数字经济时代的到来,我国稻米产业通过构建信息化平台,实现了农作物生长情况的监测和农产品流通路径的优化,有效提升了供应链的运作效率和农产品的市场竞争力。通过实时对农作物的生长情况、天气、土壤等因素进行监测,可以准确预测产量、质量和市场需求,从而为农户和企业提供决策支持和精细化管理。同时,通过构建数字化的物流管理系统,能够实现农产品的高效配送和准时交付,提升了供应链的反应速度和顾客满意度。这种数字化升级不仅提高了农产品的流通效率,还有助于优化供应链的资源配置和协调,实现稻米产业供应链的整体优化。

此外，创新驱动和创业精神还在我国稻米产业供应链发展中促进了合作与协同创新。我国稻米产业通过建立农户、种植企业、加工企业等多方合作联盟，共同研发新产品、开拓市场，并通过共享资源和信息，提升稻米供应链的整体效益。合作与协同创新不仅有助于整合各方的优势资源，还能够促进技术创新、产品研发和市场拓展。通过共同投入研发，各方能够实现资源互补和风险共担，从而推动我国稻米产业供应链的发展和创新。此外，创业精神在合作与协同创新中也发挥了重要作用，激发了各方的创造力和创新能力，推动了我国稻米产业供应链的不断进步。

综上所述，在数字经济时代，创新驱动和创业精神在我国稻米产业供应链的发展中具有重要的意义和作用。它们可以通过推动数字化转型、提升农产品质量和安全、促进合作与协同创新等方面的实践，实现我国稻米产业供应链的可持续发展和优势竞争力。在未来的发展中，我国稻米产业供应链应更加注重创新驱动和创业精神的引领，不断探索新的供应链管理模式和发展路径，为我国稻米产业的繁荣和可持续发展作出更大的贡献。

四、互联网经济的兴起

（一）互联网经济的基本概念和特点

互联网经济是指利用互联网技术和数字化平台，实现产业链、供应链、价值链的重构和优化，推动经济发展和创新的经济模式。互联网经济具有以下几个基本特点：

1. 互联网经济在稻米产业供应链中推动了信息的全面共享和流通

通过互联网平台的建立，稻米生产者、加工企业、配送商和消费者之间的信息可以实现实时传递和共享，避免了传统供应链中信息不对称导致的信息滞后和沟通不畅的问题。农民可以通过互联网平台获取市场需求信息，调整生产策略；消费者可以通过平台了解稻米质量溯源等信息，提高购买的信心。互联网经济的信息共享能够提高供应链的透明度和效率，加强各个环节的协调与合作。

2. 互联网经济在稻米产业供应链中促进了农产品的电子商务发展

通过互联网平台，稻米生产者可以将产品直接销售给消费者，实现线上线下的无缝对接。这不仅减少了传统渠道中的中间环节，降低了交易成本和产品价格，还可以大大拓宽市场辐射范围，使得我国稻米能够触达更多的消费者。电子商务的发展也为稻米产业提供了更多的销售渠道和机会，推动了产业的市场拓展和品牌建设。

3. 互联网经济在稻米产业供应链中通过大数据分析技术实现智能化的决策支持

互联网平台可以通过收集和整合各个环节的数据，并利用大数据分析技术进行深度挖掘与分析。这样的应用可以为农民和企业提供精准的市场预测和趋势分析，帮助其调整生产和供应策略，以适应市场需求和变化。同时，大数据分析还可以对供应链的运作进行实时监控和管理，提高决策的精确性和时效性，优化整个供应链的运作效率和资源配置。

4. 互联网经济在稻米产业供应链中促进了农产品的品牌建设和市场拓展

通过互联网平台的推广和应用，我国稻米可以更好地展示自身的特色和优势，提高品牌的知名度和美誉度。通过互联网全球范围的传播，我国稻米产业可以进一步扩大市场的辐射范围，拓展国内外的销售渠道，提升产业的附加值和利润空间，实现稻米产业的可持续发展。

总之，互联网经济的应用为我国稻米产业供应链发展提供了新的机遇和挑战。通过互联网技术和数字化平台的应用，稻米产业供应链可以实现信息的共享、销售渠道的拓展、决策的智能化等方面的创新与提升。互联网经济的发展将推动我国稻米产业供应链朝着更加高效、智能和可持续的方向发展。

（二）互联网经济对我国稻米产业供应链的影响

互联网经济对我国稻米产业供应链的影响不可忽视。

1. 互联网经济推动了我国稻米产业供应链的数字化转型

通过建立互联网平台和在线交易系统，实现了农产品的在线交易和信息共享。这样的转型使得我国稻米产业供应链能够更加高效地连接生产者、加工商和消费者，实现供需的动态匹配和精准调配。

2. 互联网经济促进了我国稻米产业供应链的物流和配送的优化

通过互联网技术和物流平台的应用，提高了供应链的可视化程度和配送效率。通过物联网和大数据分析技术，实现了农产品的即时监测和运输路线的优化，减少了运输时间和降低了损耗率，提高了供应链的灵活性和反应速度。

3. 互联网经济还促进了我国稻米产业供应链的品牌建设和市场拓展

通过互联网平台和数字营销，我国稻米产业能够更好地宣传和推广其产品，建立起稻米品牌的形象和信誉。同时，互联网经济也为我国稻米产业供应链的市场拓展提供了更广阔的机会，使得其产品能够迅速进入全国乃至全球市场。

（三）我国稻米产业供应链在互联网经济中的创新与发展

互联网经济的兴起为我国稻米产业供应链的创新与发展提供了重要的机遇。首先，我国稻米产业供应链可以通过互联网技术将传统产业与现代信息技术相结合，实现供应链的全面升级和优化。通过互联网平台和在线交易系统，提升供应链的信息传递和交流效率，为供应链各参与方提供更流畅和便捷的合作环境。

其次，我国稻米产业供应链可以借助互联网经济搭建多元化的合作平台，推动供应链的协同创新和资源共享。通过建立在线合作联盟和共享平台，我国稻米产业可以与种植企业、加工企业、物流企业等多方协同合作，共同开发新产品、开拓市场，实现知识和资源的共享，提高供应链的整体效益和竞争力。

此外，我国稻米产业供应链还可以借助互联网经济的平台和工具实现供应链的可持续发展和优化。通过数据跟踪和分析，我国稻米产业供应链可以更好地了解市场需求和消费者偏好，从而进行精细化的生产和供应。同时，利用互联网技术和数字化平台，实现供应链的绿色化和环保化，降低生产过程的资源消耗和环境污染。

综上所述，互联网经济的兴起为我国稻米产业供应链的创新与发展提供了宝贵的机遇。通过借助互联网技术和数字化平台，我国稻米产业供应链可以实现数字化转型、优化物流和配送、品牌建设和市场拓展等方面的发展，推动我国稻米产业供应链向数字经济时代迈进，实现可持续发展和增强竞争优势。

五、平台经济的崛起

（一）平台经济的定义和特征

在当今数字经济时代，平台经济成为各个行业发展中不可或缺的一部分，在我国稻米产业供应链的发展中也发挥了重要的作用。平台经济是通过利用互联网和相关技术，建立在线平台来促使供需双方进行有效匹配和交易的一种新型经济形态。

平台经济的特征主要有以下几个方面。首先，它基于互联网和移动互联网技术，通过建立虚拟化的交易平台来实现供需双方的连接。这种虚拟化平台可以极大地减少时间和空间上的限制，使得交易更加便捷和高效。

其次，平台经济以信息和数据为核心，通过搜集、整合和分析各种数据信息，实现供需的高效匹配与交易。这不仅仅是通过收集买家和卖家的信息，还包括市场趋势、价格变动等各种相关数据，从而为供应链的决策提供了科学的依据。

再次，平台经济致力于促进平台效应的形成，并进一步提供附加值服务，以促进产业的协同发展。平台经济的建立及其所带来的附加服务，可以提高整个供应链合作的紧密程度，使得各个参与方之间的协作更加高效，实现资源的共享，从而实现供应链的创新与提升。

最后，平台经济强调用户的参与和共享，推动创新和创业。通过建立开放的平台，用户可以参与其中，提供自己的创意和服务，从而实现双赢的局面。这种用户参与和共享不仅促进了供应链的创新，还推动了整个产业的发展。

综上所述，平台经济作为一种新的经济形态，以互联网和移动互联网技术为基础，通过构建虚拟化的交易平台实现供需双方的匹配和交易。其特征包括基于互联网技术的交易平台构建、以信息和数据为核心的供需匹配与交易、聚焦于平台效应的形成和提供附加值服务、强调用户参与和共享。在我国稻米产业供应链的发展中，平台经济发挥着关键作用，促进着供应链的创新和提升。

（二）平台经济对我国稻米产业供应链发展的影响

平台经济的崛起为我国稻米产业供应链发展带来了广泛的影响。首先，平台经济为稻米产业提供了便捷的线上交易平台，使得线下农民和买家之间的供需关系得以便利地建立，提高了交易的效率和规模。传统交易过程中，农民常常受限于地理位置和买家之间的距离，难以直接与买家接触。但通过平台经济，农民可以将稻米产品发布在线上平台，买家可以更方便地进行选择和购买，加速了供需双方之间的匹配和交易，同时扩大了交易规模和提高了交易效率。

其次，平台经济强调信息和数据的价值，通过大数据分析和智能算法，有助于更好地了解市场需求和商品流动，为稻米供应链的决策提供更为准确的依据。平台经济通过收集和分析大量的消费者数据，了解消费者的需求和偏好，从而为农民提供种植策略和生产规划的指导。同时，通过对市场需求的分析，平台经济可以预测稻米市场的供需状况，提前调整供应链的生产和销售计划。这种数据驱动的决策可以提高供应链的灵活性和反应速度，减少供需失衡的风险。

再次,平台经济促进了产业链上下游参与者的协同合作,打破了传统的供应链层级,提高了整个产业链资源的整合度,激发了创新和协同发展的动力。平台经济的特点使得供应链上的各个参与者可以更加紧密合作,共享信息和资源,实现供应链的优化与协同。通过平台经济,农民、种植基地、加工企业、物流公司等各个环节可以更加高效地协同合作,共同提高产业链条的效率和品质。此外,平台经济也为创新提供了机会,通过数据的共享和合作,我国稻米产业供应链可以更好地开展技术创新和业务创新,提高产业链的竞争力和创新能力。

最后,平台经济还为稻米产业提供了更多的营销渠道和品牌宣传机会,提升了稻米产业的品牌形象和市场竞争力。通过平台经济,各个农产品可以直接面向消费者进行推广和销售,建立自己的品牌形象,并通过平台提供的评价和推荐,增加消费者的购买信任度。此外,平台经济也可以通过精准营销和个性化服务,满足消费者的多样化需求,提高稻米产业的市场占有率。

总而言之,平台经济在我国稻米产业供应链发展中发挥着重要的作用。它提供了便捷的线上交易平台,加速了供需匹配和交易;强调信息和数据的价值,提供准确的决策支持;促进了产业链上下游的协同合作,增强了产业链的创新能力;提供了更多的营销渠道和品牌宣传机会,提高了稻米产业的市场竞争力。因此,我国稻米产业供应链应积极应对平台经济的影响,充分利用平台经济的机会,实现供应链的创新和提升。

(三)平台经济模式对我国稻米产业供应链的创新与提升

平台经济模式的应用为我国稻米产业供应链带来了创新和提升的机遇。

首先,通过建立稻米产业的电子商务平台,实现线上线下的无缝对接,农民和买家可以直接进行交易,提高了产业链的效益和竞争力。电子商务平台将传统的供需双方的交易中介角色省略,直接连接农民和买家,极大地简化了交易过程,提高了交易效率。同时,电子商务平台提供了更广阔的市场覆盖面,农产品可以迅速传播和销售到我国以外的地区,进一步扩大了市场规模。

其次,平台经济模式强调数据的价值,通过大数据分析技术,可以实现对稻米产业供应链的实时监控和管理,提高决策的精确性和时效性。大数据分析技术可以对各个环节的数据进行收集、整合和分析,帮助决策者更好地了解供应链的动态情况,发现潜在的问题和机会。同时,通过对数据的分析,可以为我国稻米产业供应链提供精确的预测和趋势分析,帮助决策者做出合理的决策,优化供应链的运作效率。

再次，平台经济模式还促进了稻米产业链上下游参与者的协作与合作，实现资源共享和优化配置，强化了供应链的协同效应和整体竞争力。通过平台，稻米产业链上下游的企业和机构可以实现信息的共享和合作，增强了对供应链的整体控制和协调能力。例如，农民可以通过平台了解市场需求，调整生产计划；而加工企业可以通过平台了解供应情况，及时做出采购决策。这种协作与合作能够最大程度地优化稻米产业链资源配置，提高了整体的效益和竞争力。

最后，平台经济模式为我国稻米产业提供了更多的渠道和机会，推动了产业的品牌建设和市场拓展，提升了产业的附加值和利润空间。通过平台，我国的稻米企业可以与其他地区的企业合作，共同打造品牌，拓宽市场渠道，提高产品的知名度和竞争力。此外，平台也提供了多元化的销售渠道，例如电商渠道、线下渠道等，使得稻米产品能够更好地满足消费者的多样化需求，提升产品的附加值和利润空间。

总之，平台经济模式的应用为我国稻米产业供应链带来了创新和提升的机遇。通过建立电子商务平台实现线上线下的无缝对接，强调数据的价值，促进稻米产业链上下游参与者的协作与合作，以及提供更多的渠道和机会，平台经济模式为我国稻米产业的发展提供了强大的助力，推动了产业的升级和转型。

综上所述，平台经济的崛起给我国稻米产业供应链带来了机遇和挑战。只有充分发挥平台经济的优势，积极引入数字技术、大数据分析等创新手段，才能推动稻米供应链的发展与提升，实现从农田到餐桌的全程可追溯，确保优质稻米的供应，从而满足消费者对安全、健康和品质的需求。

第三节　数字经济时代对中国经济的影响

随着数字经济的迅猛发展，对中国经济产生了深远的影响。本节将探讨数字经济对中国经济结构的改变，着重比较传统经济结构与数字经济结构之间的差异，并分析数字经济对中国经济产业结构调整的影响。同时，将进一步研究数字经济对产业升级的推动作用，旨在阐述数字经济对我国稻米产业供应链升级的引领作用。另外，数字经济还对就业和人才培养产生了深刻影响，这一点也将在本节中进行讨论。最后，将研究数字经济对农业经济的影响，特别以我国为例，探讨其农业经济的数字化发展对稻米产业供应链的启示。

一、数字经济对中国经济结构的改变

在数字经济时代的到来之下，中国经济结构已经发生了重大转变。数字经济的兴起和快速发展催生了新的商业模式和经济发展方式，对传统经济结构产生了深远的影响。

（一）传统经济结构与数字经济结构的对比分析

在传统经济结构中，实体经济占据主导地位和战略位置。制造业是传统经济的核心产业，生产效率和经济增长主要依赖于工业制造和物质生产。传统服务业也是经济的重要组成部分，包括零售、餐饮、金融等行业，这些服务主要通过实体店铺和传统商业模式提供。

相比之下，数字经济结构以信息技术和数字化产品为核心，以互联网和移动互联网为基础。数字经济主要通过数字平台、电子商务、移动支付、在线服务等方式进行商业交流和交易。数字经济具有以下特点：

1.数字经济具有高度灵活性和创新性。数字化产品和服务的开发和推广速度更快，满足消费者不断变化的需求。传统经济在技术创新和产品迭代方面往往较为缓慢，不能迅速适应市场的快速变化。

2.数字经济结构更具可持续性。数字化产品和服务减少了实体物质生产和资源消耗，有利于环境保护和可持续发展。而传统经济结构往往伴随着高能耗、高污染等问题。

3.数字经济结构具有跨越地域和时间的优势。通过互联网和移动互联网，数字经济可以实现远程交流和交易，不受地域限制。数字经济也可以实现24小时在线服务，满足消费者随时随地的需求。

总体而言，数字经济与传统经济结构相比，具有更高的灵活性、创新性和可持续性。数字经济的兴起和发展使得传统经济结构面临调整和变革的挑战，需要更加关注数字技术的应用，以提高经济的效率和竞争力。在我国稻米产供应链的发展中，数字经济结构的特点和优势应被充分考虑和利用，以实现供应链的升级和转型。

（二）数字经济对中国经济产业结构调整的影响

1. 数字经济对中国经济产业结构的调整影响深远

首先，数字经济为传统产业的升级和转型提供了新的机遇。通过数字技术的应用，传统产业可以实现生产过程的智能化、精细化和高效化，从而提高生产力和产品质量。在我国稻米产业上，数字技术可以被应用于生产过程的监测和数据分析，实现精准农业的管理，提高农产品的产量和品质。同时，数字化技术还能够提升稻米品牌的形象与认知度，通过电子商务和在线销售平台拓宽市场。

其次，数字经济推动了新兴产业的迅速崛起。电子商务、共享经济、移动支付等在数字经济的推动下发展迅猛，成为经济增长的新引擎。在稻米产业上，电子商务可以促进稻米产品的线上销售，拓宽销售渠道，增加产品知名度和消费者群体。同时，共享经济的概念也可以被应用于农田资源的共享与合作，提高资源利用效率，降低农业生产成本。

再次，数字经济对传统服务业的改造和创新具有重要意义。通过数字技术的应用，传统服务业可以更好地满足消费者的个性化需求和提供更高效的服务。在稻米供应链中，数字化服务可以推动物流配送和仓储环节的升级，提高供应链的灵活性和效率。同时，互联网技术的运用可以促进农产品的电子商务平台建设，拓宽市场渠道，解决传统供应链中信息不对称、效率低下等问题。

综上所述，数字经济对中国经济产业结构调整产生了积极影响。在我国稻米产业供应链发展中，数字经济可以为传统产业提供升级和转型的机遇，推动新兴产业的崛起，并在传统服务业中实现改造与创新。通过充分利用数字技术的应用，稻米产业供应链可以实现更高效、智能和可持续的发展路径。

2. 我国稻米产业供应链在数字经济时代下的结构调整路径需要注重以下几个方面

首先，需要在供应链中广泛应用数字化技术。通过建立数字化农业信息管理系统，可以实现对稻米产业供应链各环节的全程监控和数据化管理，从而提高供应链的可追溯性和管理效率。此外，还可以通过无人机、遥感技术等进行土地利用监测和农作物生长状态的实时监测，以及运用人工智能技术进行农产品质量检测和预测，从而提高农产品的种植和产出效率。

其次，供应链各环节之间需要进行数字化协同与优化。通过建立供应链的数字化平台，实现生产者、批发商、零售商之间的信息共享和协同，可以减少信息不对称，提高交易效率和品质管理。例如，利用物联网技术，可以实现农产品运输以及仓储环节的实时监控和追踪，从而及时调整供应链中的各个环节，提高物流运输的效率和减少运输风险。

再次，稻米产业供应链还应关注数字化物流技术的应用。利用物联网和大数据技术，可以实现农产品的追踪和监控，提高农产品的安全性和品质保证。通过优化物流路径和运输方案，降低物流成本和损耗率，提高货物的运输速度和准确性。

最后，供应链应充分利用互联网和电子商务平台，拓展市场渠道和消费者群体。通过运用电子商务、社交媒体等数字化销售渠道，可以提高稻米产业的市场覆盖面和竞争力。利用互联网平台进行市场定价和信息传递，可以提高供应链的响应速度和适应能力，更好地满足消费者的需求。

总之，我国稻米产业供应链在数字经济时代下需要重点关注数字化技术的应用、供应链协同与优化、数字化物流技术的应用以及拓展市场渠道和消费者群体。通过这些路径的调整和升级，可以提升我国稻米产业供应链的效率、质量和可持续发展能力，推动我国稻米产业迈向数字化时代。

综上所述，我国稻米产业供应链在数字经济时代下需要进行结构调整。通过数字化技术的应用，提高供应链的效率、质量和可持续性，有助于稻米产业供应链的升级和转型，更好地面对数字经济时代带来的挑战和机遇。

二、数字经济对产业升级的推动作用

（一）数字经济对各行业产业升级的意义和推动效应

数字经济作为一种新兴经济模式，对各行业的产业升级都具有重要的意义和推动效应。

1. 数字经济可以极大地提升信息的获取和传递效率

传统产业由于信息不对称和传递速度慢，导致决策周期延长、资源利用效率低下。而数字经济时代，通过互联网和大数据技术，企业可以快速获取全球范围内的市场信息、竞争对手情报以及消费者偏好等各类数据，从而能够更加准确地把握市场需求和趋势，以此为基础进行产品设计、生产和销售，从而提供更加符合市场需求的产品和服务。

2. 数字经济促进了产业协同与合作的加强

在传统模式下，由于企业之间信息不对称，往往难以实现真正的合作和协同。然而，在数字经济时代，利用数字化平台和云计算技术，各企业之间可以进行实时的信息共享和业务协同，以此来提高供应链的配合效率、减少交易成本，实现降本增效。

3. 数字经济还能够促进企业创新和提高效率

通过数字化技术的应用，企业可以实现生产过程的智能化和自动化，从而提高生产效率和产品质量。例如，通过物联网技术实现设备的联网和远程监控，可以实时了解设备运行状况，及时进行维护和优化，从而减少停机时间和资源浪费。此外，利用人工智能和机器学习算法，可以对生产数据进行分析和处理，从而帮助企业预测市场需求、优化生产计划和资源配置，实现生产过程的智能化和高效化。

综上所述，数字经济对各行业产业升级的意义和推动效应非常显著。它不仅使得信息的获取和传递更加便捷高效，同时也促进了产业协同与合作，促进了企业的创新和效率提升。在农产品物流与供应链领域，数字经济的发展为我国稻米产业的供应链升级提供了更多可能性和机遇。

（二）数字经济对我国稻米产业供应链升级的引领作用

数字经济对我国稻米产业的供应链升级具有重要的引领作用。

1. 数字经济可以帮助稻米产业实现供应链的数字化转型

通过应用数字化技术，稻米生产、运输、仓储等环节可以实现全程监控和数据化管理，从而提高供应链的可追溯性和管理效率。另外，数字化平台和云计算技术的应用可以实现生产者、批发商、零售商之间的信息共享和协同，减少信息不对称，进而提高交易效率和品质管理。此外，数字化物流技术的应用还能够实现对农产品的追踪和监控，增加农产品的安全性和品质保证。

2. 数字经济可以帮助稻米产业拓展市场渠道和消费者群体

通过电子商务、社交媒体等数字化销售渠道，可以提高稻米产业的市场覆盖面和竞争力。通过运用互联网平台进行市场定价和信息传递，稻米供应链能够提高响应速度和适应能力，更好地满足消费者的需求。

3. 数字经济可以为我国稻米产业提供智能化的解决方案

通过物联网技术的应用，稻米生产、仓储和运输可以实现自动化和智能化，从而提高生产效率和降低成本。通过使用无人机、传感器等技术，农田的水稻生长情况和病虫害情况可以进行实时监测，及时采取措施，避免产量和品质的损失。此外，通过使用区块链技术，可以确保供应链中各个环节的可信度和透明度，防止假冒伪劣产品的流入。

此外，数字经济应用还能够通过大数据分析和人工智能的应用深入了解和把握消费者的需求和喜好，提供个性化的产品和服务，进而提高稻米产业的市场竞争力。通过数字化营销和推广活动，稻米产业能够增强品牌知名度，吸引更多消费者选择我国的稻米产品。

综上所述，数字经济对我国稻米产业供应链的升级具有重要的引领作用。通过数字化转型，可以提高供应链的可追溯性和管理效率，拓展市场渠道和消费者群体，提供个性化的产品和服务，并实现智能化的解决方案，从而提升我国稻米产业的竞争力和可持续发展能力。

（三）我国数字化农业在稻米产业供应链升级中的实践案例

我国数字化农业在稻米产业供应链升级中的实践案例丰富多样。例如，我国通过建立数字化农业信息管理系统，实现稻米产业供应链各环节的数据化管理和全程监控。通过无人机、遥感技术等进行土地利用监测和农作物生长状态的实时监测，以及通过人工智能技术进行农产品质量检测和预测，提高农产品的种植和产出效率。

吉林市永吉县万昌镇位于"世界黄金水稻带"，2023年全镇水稻种植面积12.5万亩，是我国吉林省水稻主产区之一。当地多措并举保障水稻丰收，在推进良种良方的基础上，已经实现从播种育秧、深翻整地，到施肥插秧、肥药喷洒，再到收割入仓、磨米包装的全过程机械参与。在永吉县九月丰家庭农场，地面摄像头、低空无人机和遥感卫星等多层、立体管控体系，成为了解作物长势和病虫害的"火眼金睛"，让农田管理精细又轻松。在农场的"智慧农业"管控平台上，实时更新的视频让水稻长势一目了然，地块病虫害情况一览无余。

由长春市政府牵头、中农阳光数据有限公司联合中国铁塔股份有限公司与九台区政府共同打造的"数联网"智慧乡村综合服务平台示范项目，让农业插上了腾飞的翅膀。稻田的土壤温度、水温、地块病虫害等情况，时时显示在合作社办公楼的电子屏幕上。平台将卫星遥感、视频监控、气象监测、无人机航拍、地面传感五大数据融合应用，实现了对稻田不间断的智能监测。监测指标异常，系统就会报警提示。农田各项数据保持相对固定，保证了稻米品质标准化。

吉林省还通过利用物联网技术实现农产品运输和仓储环节的实时监控和追踪，提高物流运输的效率和减少运输风险。同时，利用大数据技术进行供需数据分析和市场预测，帮助稻米产业实现精准供应和合理定价。吉林市永吉县吴家村的水稻种植不仅实现了田间管理智能化，独特的私人订制模式也让当地的大米不愁销路。私人订制就是通过物联网、大数据建立全程可视化农业系统，种植户可以根据客户的要求进行植保、施肥，客户在家里可实时观看自己认购的稻田现状。

此外，吉林省还通过与电子商务平台合作，拓展稻米产业的市场渠道和消费者群体。通过电子商务平台的推广和营销活动，提高稻米产业产品的知名度和市场份额。为了有效锁定中高端消费人群，我国粮食局打破传统的经营方式，引入"互联网+吉林大米"模式，搭建"吉林大米网"电商平台，开展网上信息查询、线上宣传销售、网络结算业务活动，探索"线上注册会员，线下体验配送"的"O2O"营销模式，线上导入会员140余万人，线下开设大米体验店220家。2017年11月，吉林省粮食局与阿里巴巴签署了战略合作协议，开通设在延边、舒兰、九台等地的产地仓，统一标准、统一备货、统一包装、统一发送、统一结算，并在天猫设立吉林大米官方旗舰店，开启了吉林大米在全球最大电商平台流通的新纪元。为配合线上销售，阿里还将开放盒马鲜生、三江、联华、天猫小店、零售通便利店等线下资源。首批22家吉林大米企业的66款大米已驻店销售，产品全部定位中高端，最低售价6元/斤。

总之，我国数字化农业在稻米产业供应链[1]升级中的实践案例表明，数字经济为稻米产业提供了许多新的发展机遇和路径。通过数字化技术的应用，我国稻米产业供应链可以实现数字化转型，提高管理效率、质量和可持续发展能力，从而推进我国稻米产业进入数字化时代。同时，数字化农业的实践案例也为其他农产品物流与供应链发展提供了借鉴和启示。

三、数字经济对就业和人才培养的影响

（一）数字经济对就业的新机遇与挑战

数字经济时代给我国稻米产业供应链带来了新的就业机遇。随着数字技术在供应链领域的广泛应用，新的岗位需求逐渐崛起。例如，稻米产业需要专门负责数字技术应用的人才，他们能够利用数字化平台和云计算技术，实现稻米生产、运输、仓储环节的全程监控和管理。此外，电子商务的发展也为稻米产品的销售提供了新的渠道，创造了更多的销售岗位。

数字经济也给传统岗位带来了变革和更新。随着数字技术的应用，传统的稻米供应链岗位需要不断更新和提升自己的技能。例如，仓储管理人员需要掌握物联网技术，能够应用传感器和数据分析技术监控和管理稻米的储存条件。物流人员需要熟悉电子商务和运输管理系统，以更好地满足数字化市场的需求。数字技术应用的新岗位和技能要求的变化，为稻米产业供应链员工提供了不断学习和成长的机会。

然而，数字经济也带来了新的就业挑战。一方面，数字化转型和技术应用的推广会改变传统岗位的需求和性质，例如，一些简单且重复性强的工作可能会被自动化取代，从而导致相关就业岗位减少；而另一方面，则会出现一些新的职位需求，这些岗位往往对员工的技能要求更高。因此，传统岗位的变革和技能要求的更新与提升成为数字经济时代的一大挑战。员工需要不断学习、提升自身的技能和知识，以适应新的岗位需求。

此外，在数字经济时代，农产品电商和供应链物流平台等新兴产业和新业态的崛起也对人力资源提出了新的特殊要求。这些新兴行业通常需要具备全新的技术和管理知识，因此对人才的需求也更为专业化和多样化。与传统的农业从业者相比，数字经济时代需要更多具备电子商务运营、供应链管理以及物流技术等相关专业知识的人才。他们需要了解网络销售渠道的开拓和运营、供应链的优化和管理，以及物流配送的技术和效率提升等。因此，数字经济时代我国稻米产业供应链对于人才的需求呈现出更为专业化和多样化的特点。

综上所述，数字经济时代为我国稻米产业供应链带来了新的就业机遇和挑战。数字化转型推动了供应链领域的数字化转型，同时这也带来了传统岗位的变

革和技能要求的更新与提升的挑战。新兴产业和新业态的崛起也对人才提出了新的特殊要求。针对这些变化，必须高度重视相关教育培训和人才引进政策的制定，以确保我国稻米产业供应链在面对数字经济时代的发展需求的同时有足够的人才储备。

（二）数字经济对人才需求和培养的变革

在数字经济时代，稻米产业供应链对人才的需求发生了重大变化。传统的农产品物流与供应链人才主要注重对农业生产、市场运作和供应链管理等方面的培养。然而，随着数字经济的兴起，稻米产业供应链对人才的需求也发生了巨大变化。

1. 数字经济的迅速发展催生了一系列新的技术应用和工具

稻米产业供应链需要掌握数字技术，如物联网、云计算、大数据、人工智能等，能够发掘和应用这些技术来提高供应链的效率、降低成本、优化决策等。因此，稻米产业供应链需要培养掌握这些数字技术的专业人才。

2. 数字经济时代的供应链管理也对人才提出了新的要求

传统的供应链管理更注重物流运输、仓储管理等方面的技能培养，而数字经济时代的供应链管理则需要更注重信息管理、数据分析、风险管理等能力的培养。稻米产业供应链需要具备信息化、数字化的管理思维和能力，能够利用先进的信息技术来进行供应链规划、跟踪和优化。

3. 数字经济也呈现出跨界融合的特点

稻米产业供应链需要培养具备跨学科综合能力的人才，能够在农业、经济、信息技术等多个领域进行协同工作。这就需要在人才培养过程中注重跨学科的融合教育，培养学生的综合素质和协同创新能力。

因此，为了适应数字经济时代稻米产业供应链的发展需求，人才培养模式需要进行调整和优化。传统的理论课程教学需要与实践相结合，注重学生的实际操作能力和问题解决能力的培养。同时，为了培养学生的数字化思维和技术应用能力，需要加强与相关行业和企业的合作，提供实习、实训和项目实践的机会。此外，还需要注重创新精神和跨学科综合能力的培养，为学生提供更广阔的发展空间。

综上所述，数字经济时代对我国稻米产业供应链的发展路径提出了新的要求。稻米产业供应链需要培养具备数字化思维和技术应用能力的人才，同时也需要注重跨学科综合能力和创新能力的培养。因此，人才培养模式需要进行调整和优化，加强实践教学和产学合作，以培养适应数字经济时代发展需求的人才。

（三）数字经济时代下我国稻米产业供应链人才培养的策略与措施

在数字经济时代下，我国稻米产业供应链的人才培养应采取一系列策略和措施。首先，高校和职业培训机构应当根据数字经济的要求，对专业设置进行调整，并增设与数字经济相关的专业。这样可以培养出具备数字技术应用和管理能力的人才，满足数字经济时代的需求。

除了专业设置的调整，高校和职业培训机构还应注重跨学科教育。稻米产业供应链的发展需要综合能力和创新能力的人才。因此，培养学生的跨学科知识，提高他们的综合能力和创新能力，对于人才培养是非常重要的。

其次，加强与企业的合作是培养稻米产业供应链人才的重要策略之一。高校和职业培训机构应开展校企合作项目，提供实践培训机会，让学生能够在实际工作中学到更多知识和技能。此外，鼓励学生参与实际项目，培养他们解决实际问题的能力。通过与企业的合作，可以加强学生的职业素养和实际操作能力，提高他们的就业竞争力。

再者，教师队伍建设也是稻米产业供应链人才培养的重要环节。教师是人才培养的重要力量，他们的教学水平和专业素养对学生的培养至关重要。因此，应加强教师的培训和交流，提升他们的教学水平和专业素养。同时，鼓励教师参与实践项目和行业研究，提高他们的实践能力和实践经验，以便更好地指导学生的学习和实践。

最后，我国稻米产业供应链人才培养还应加强与行业协会和科研机构的合作。行业协会和科研机构是行业发展和创新的重要力量，与其合作可以加强人才培养和行业创新的能力。相关院校通过与行业专家和科研人员的交流合作，可以提高学生对行业发展的认识和理解，使他们更适应数字经济时代下的供应链发展。

总之，数字经济时代下，我国稻米产业供应链人才培养需要采取一系列策略与措施。调整专业设置，加强跨学科教育，加强校企融合，打造专业教师队伍，加强与行业协会和科研机构的合作，这些都是培养稻米产业供应链人才的有效策略与措施。通过这些努力，可以为我国稻米产业供应链的发展培养出更多优秀的人才。

四、数字经济对农业经济的影响

数字经济对农业经济产生了深远的影响,从而改变了农业经济模式和农产品供应链的发展。首先,数字经济技术的应用在农业生产、销售和供应链管理中改变了传统的经济模式。通过互联网、大数据分析、物联网等技术手段,数字经济能够实现对农产品生产、流通和消费环节的精细化管理,提高效率和降低成本。

(一)数字经济对农业经济模式的改变

数字经济对农业经济模式的改变主要体现在以下几个方面。

1. 数字经济技术使得农产品供应链的信息流动更加迅速和准确

通过互联网、物联网等技术,农产品流通的信息可以实时上传和共享,消除了信息不对称和信息滞后等问题,提高了农产品的溯源能力和品质追溯能力。

2. 数字经济技术的应用使得农产品供应链的物流和物资管理更加高效

通过物联网技术,农业生产中的传感器和设备可以实时监测和控制温度、湿度、水分等环境因素,精确地调节和控制农作物生长环境,从而提高农作物的质量和产量。

3. 数字经济技术的应用改变了农产品的销售和营销模式

通过互联网和电子商务平台,农产品可以通过线上渠道直接销售给消费者,解决了传统销售渠道中的中间环节和信息流通问题。同时,通过大数据分析和智能营销,农产品销售策略可以更好地满足消费者需求,提高销售效果。

4. 数字经济的应用促进了农产品供应链的可持续发展

通过数字技术的应用,农产品的生产、流通和销售环节可以实现更加高效的协调和管理,减少资源的浪费和环境污染。例如,通过物联网技术可以实现农产品的无人化管理和监测,降低劳动力成本和对自然资源的过度消耗。此外,数字经济的应用还可以促进农产品的精细化生产,根据市场需求和消费者偏好进行定制化生产,减少库存和食品浪费。

5. 数字经济可以推动农业产业的升级和转型

数字经济技术的应用可以帮助农业企业提高管理水平和创新能力,促进农村产业的数字化、智能化和集约化发展。例如,通过数字技术和大数据分析,可以实现农产品质量的全程监测和管理，提高供应链的透明度和可信度。

另外，数字经济的发展还能够促进农业的多元化经营和附加值增加，例如发展农产品加工业、农业旅游业等，能够拓宽农产品的市场渠道，促进产业结构的优化和升级。

总之，数字经济的发展对农业经济模式产生了积极的影响。通过数字技术的应用，农产品供应链的信息流动更加迅速和准确，物流和物资管理更加高效，销售和营销模式更加灵活和智能化，可持续发展和产业转型能力得到提升。同时，数字经济的发展也对农业产业的升级和转型提供了新的机遇和动力。因此，研究数字经济时代下农产品供应链发展的路径，对农业经济的可持续发展具有重要的理论与实践意义。

（二）数字农业在农业经济中的应用和影响

1. 数字农业在农业经济中的应用意义

数字农业指利用数字技术手段，对农业生产、经营、管理和服务进行数字化、智能化改造的农业发展模式。数字农业的应用和影响对农业经济具有重要意义。

①数字农业技术的应用提升了农业生产效率和质量。通过智能化设备和技术手段，农民能够更加精确地调控农作物的生长环境，管理作物病虫害的防治，提高农业生产效率和减少资源浪费。

②数字农业的应用在农产品供应链管理中起到了关键作用。通过溯源技术和物联网技术，农产品的生产、加工、流通等环节可以实现精细化管理，改进供应链各环节的协调和提升信息流动效率，提高供应链的透明度和可追溯性。

③数字农业的应用推动了农村经济的发展和农民的精准扶贫。通过数字技术和电子商务平台，农产品可以直接销售给消费者，避免了传统销售渠道中的中间环节和低效率问题。这不仅提高了农民的销售收入，同时也为农产品打开了更广阔的市场空间。此外，数字农业技术的推广还可以提高农民的管理水平和农业生产能力，提高农村经济的产业竞争力和可持续发展能力。

④数字农业的应用有助于实现农村产业的数字化升级和农业现代化发展。通过数字技术的应用，农业生产、经营和管理过程可以更加精细化和智能化。例如，利用大数据分析和人工智能技术，可以进行农产品质量监测、市场预测、供应链优化等方面的决策支持，提高农业产业的效益和可持续发展能力。此外，数

字农业的应用还可以促进农村经济的多元化和农业产业链的延伸，提供更多就业机会和增加附加值。

2. 数字农业的推广和应用所面临的挑战和问题

数字农业的推广和应用也面临着一些挑战和问题。首先，数字农业技术的普及会面临农民技术水平的提升和农业基础设施的改善等问题。其次，数字农业的应用还需要解决数据隐私泄露等网络安全问题，确保农业信息的安全性和可靠性。另外，数字农业的应用也需要与传统农业经验相结合，不断探索适合中国农业实际的数字化农业发展路径。

综上所述，数字农业的应用和影响在农业经济中具有重要的意义。通过数字农业技术的应用，农业经济可以提高生产效率和质量，改进供应链管理，促进农村经济发展和农民增收，推动农业产业升级和农村精准扶贫，促进农业现代化和可持续发展。但在推广和应用过程中，仍需解决相关问题和挑战，将数字农业与传统农业相结合，探索适合中国农业发展的数字农业路径。

（三）我国农业经济的数字化发展对稻米产业供应链的启示

我国的农业经济数字化发展对稻米产业供应链的启示是多方面的。首先，数字经济技术的应用，可以促进稻米产业供应链中的信息流动和物流管理的数字化改造。信息共享、溯源技术和物联网技术的应用可以提高供应链各环节的协作效率，为稻米产业的高质量发展提供技术支持。例如，我国可以建立稻米供应链信息系统，实现供应链各参与方之间的信息共享和即时反馈，从而实现订单管理、库存控制和物流配送的精确化、高效化。

其次，我国可以积极推动稻米产业的数字化转型，引领数字农业的发展。通过引入智能设备和数字农业技术，如农业物联网和无人机等，有效提升稻米农产品的生产效率和质量控制水平。例如，利用无人机进行农田巡视和作物监测，可以及时发现病虫害情况，提高作物的防治效果；利用物联网技术实现农田灌溉的智能化管理，可以根据实时的土壤湿度和气候条件进行精准的灌溉，提高稻米产量和质量。

另外，我国还可以利用农业大数据和智慧农业技术来提升稻米产业供应链的决策效率和竞争力。通过收集和分析大量的农业数据，结合人工智能和机器学习等技术手段，为供应链管理者提供决策支持和优化方案。例如，利用大数据分析预测市场需求和价格波动，供应链管理者可以做出更准确的生产计划和库存管理决策；利用智慧农业技术监测气象条件和土壤质量，结合市场需求情况进行农田选址和种植作物的决策，以提高供应链的决策水平和运营效率。

此外，我国还应该加强农业产业的协同发展和农产品供应链的整合。通过建立农业产业链和农产品供应链平台，有效整合稻米产业上下游企业和服务机构，实现资源的共享和协同，形成稳定的供应链合作关系，提高供应链的整体效益和竞争力。

在实践中，我国还需要加强科技创新和人才培养，推动数字经济与稻米产业供应链的深度融合。通过加强科研机构与企业的合作，培养专业人才，推动数字经济技术在稻米产业的应用和推广，为稻米产业供应链的发展提供强有力的支持和保障。

总之，我国农业经济的数字化发展对稻米产业供应链具有重要的启示作用。通过数字经济技术的应用，可以推动稻米产业供应链的信息流动和物流管理的数字化改造，加快数字农业的发展，提高稻米产业供应链的决策效率和竞争力，加强农产品的销售和营销能力，从而促进农业产业链的协同发展。因此，深入研究我国稻米产业供应链数字化发展的路径，对于促进农业经济的可持续发展和稻米产业供应链的创新发展具有重要意义。

综上所述，数字经济对农业经济产生了深远的影响，通过改变农业经济模式和应用数字农业技术，农业经济得以实现高效率、高质量和可持续发展。我国应该抓住数字经济的机遇，加快农业经济的数字化发展进程，在稻米产业供应链中引领数字农业的转型和创新，为农业经济的可持续发展贡献力量。

第三章
我国稻米产业供应链发展现状

随着全球数字经济时代的来临,我国稻米产业供应链的发展正面临新的机遇与挑战。本章将对我国稻米产业供应链的发展现状进行深入的探究和分析,旨在为我国稻米产业供应链的持续健康发展提供科学的指导和建议。

第一节 我国稻米产业发展生命周期

一、稻米产业的地位及发展历史

(一) 稻米产业的地位

1. 稻米作为重要粮食作物的地位和价值

稻米作为重要的粮食作物，在全球范围内扮演着重要的角色。作为世界主要粮食作物之一，稻米不仅是人类主要的食物来源，还是农村经济的重要支柱。稻米的高营养价值和广泛适应性使得其在各个地区都具有巨大的市场需求和消费潜力。稻米不仅提供了人类所需的能量和营养，还是食品工业的重要原料之一，例如米饭、米粉、米糕等。此外，稻米还在各个方面发挥着重要的经济和社会作用，如稻米的出口贸易、农村就业以及农村经济的发展等。

稻米作为重要的粮食作物，在全球具有重要的地位和价值。首先，稻米是人类主要的食物来源之一。稻米属于主食类，是世界许多国家和地区人民的主要粮食之一，尤其在亚洲地区，稻米是主要的食物原料。稻米富含碳水化合物、蛋白质、维生素和矿物质等营养物质，可以提供人体所需的能量和营养，对人体健康具有重要作用。

2. 稻米在食品工业中也扮演着重要的角色

稻米可以加工成多种食品，如米饭、米粉、米糕等。这些稻米加工产品是人们日常生活中必不可少的食品材料，稻米在食品工业中的广泛应用也带动了相关产业的发展。

3. 稻米在经济和社会方面具有重要作用

稻米产业的发展创造了大量就业机会，尤其对农村地区的农民就业起到了重要的推动作用。在稻米的收购、加工、流通和销售过程中涉及的产业链环节为许多相关行业提供了广阔的发展空间，促进了农村经济的繁荣。此外，稻米的出口贸易也为国家带来了丰厚的经济收入，提升了我国的国际地位。

总之，稻米作为重要粮食作物，其地位和价值不容忽视。无论是作为人类主食的主要来源，还是在食品加工、经济发展和社会稳定等方面都扮演着重要的角色。在数字经济时代，通过数字化技术的应用，可以进一步提升稻米产业的效率，激发其创新能力，从而推动我国稻米供应链的发展和优化。

（二）稻米产业在我国的发展历史

稻米作为中国的重要粮食作物之一，对于保障国家粮食安全和农民生计起着至关重要的作用。稻米产业的发展历史可以追溯到史前时代，经过多个阶段的演变和发展，在数字化经济时代也面临着新的机遇和挑战。

1. 古代种植方式和商业交流

我国是水稻的起源地之一，拥有悠久的稻作历史，在粮食生产中一直占据着重要地位。稻作不仅曾是我国古代社会制度的基础，还在我国及亚洲地区的宗教与习俗中扮演重要角色。农村地区，稻谷有时被用作借贷抵押物、工资支付和租赁的标的物。

20世纪70年代，在浙江余姚河姆渡发现了7 000年前的稻作遗址，是当时世界上最早的稻作遗存，这对之前栽培水稻起源于印度的说法产生了极大的冲击。之后，中国陆续发现了更早的稻作栽培遗址，比较重要的包括1988年发现的湖南澧县彭头山稻作遗址，距今已有9 100年；1995年发现的湖南道县玉蟾岩稻作遗址，距今已有12 000年；江西万年仙人洞稻作遗址，同样距今12 000年。这些都是我国比较古老的稻作证据。根据初步统计，中国史前时代的稻谷遗存超过100处，数量之多、年代之久远在世界上独树一帜。

可以想象，距今万年前的中国原始氏族人正生活在北方亚热带的环境中，他们因渔猎和采集食物的不足而面临巨大生存压力。为了维持生计，他们开始采集野生稻谷粒来补充食物。在此过程中他们看到稻粒自然脱落入土到发芽成熟，于是他们将野生稻谷粒撒播在附近，开始重复着收获和播种的过程。经过数代人漫长的驯化和选择，普通野生稻逐渐演化为栽培稻。

古籍中对水稻的记载也非常丰富。早在《管子》《陆贾新语》等古籍中，就有公元前27世纪神农时代播种"五谷"，其中稻被列为五谷之首。

由于中国水稻原产于南方，稻米一直是长江流域及以南地区人民的主食。自魏晋南北朝以后，经济重心南移，大量北方人口南迁，进一步推动了南方水稻生产的迅速发展。唐宋以后，南方的一些稻区发展成为全国稻米的供应基地。唐代韩愈曾称江南为"赋出天下，江南居十九"，民间也有"苏湖熟，天下足"和"湖广熟，天下足"之说，充分展现了江南水稻生产对于满足全国粮食需求和保障政府财政收入的重要性。根据《天工开物》的估计，明末时，粮食供应中约有7/10的大米，3/10的麦类、粟、黍等来自南方的稻米。

黄河流域虽早在新石器时代晚期已开始种稻，但水稻种植面积时增时减，其比重始终低于麦类和粟、黍等。

在商业交流方面，早期的稻米贸易主要集中在沿海地区，通过海陆之间的物流运输，稻米得以运输到内陆地区。

2. 农业改革与现代化种植方式

20世纪，中国进行了农业改革，实行了社会主义集体所有制经济体制，推动了农业现代化进程。在稻米种植方面，开始大规模使用农药、化肥以及机械化种植方式，提高了产量和质量，并增加了农民的收入。此外，灌溉设施的改善和水稻新品种的引进也对稻米产业发展起到了重要的促进作用。

3. 数字经济时代的客观需求

随着经济的发展和科技的进步，中国进入了数字化经济时代，这为稻米产业带来了新的机遇和挑战。首先，信息技术的发展为供应链管理提供了新的工具和方法，可以通过数字化技术实现供应链各环节的信息共享，提高效率的同时降低成本。其次，消费者对食品的安全、质量和可追溯性的要求日益提高，数字化技术可以提供全程追溯、溯源和检测的手段，增强了消费者对稻米产品及其品牌的信任度。

4. 数字经济时代的发展趋势

面对数字经济时代的机遇和挑战，稻米产业在我国的发展呈现出以下几个趋势。首先，农业生产将更加数字化和智能化，通过传感器、无人机、人工智能等前置技术的应用，可以提升农业生产效率和资源利用率。其次，物流和供应链管理将更加高效和透明，通过物联网和区块链等先进技术，可以实现供应链的可追溯性和实时共享信息。再次，稻米产业将更加注重品牌建设和市场开拓，通过电商、社交媒体等渠道拓展销售渠道和消费者群体。

综上所述，稻米产业在我国的发展历史可以追溯到史前时代，经历多个阶段的演变和发展。未来，随着数字经济时代的到来，我国稻米产业将迎来新的发展机遇和挑战。如何利用数字化技术和供应链管理理念，对我国稻米产业进行深度优化和创新，将是我国稻米产业发展的关键问题。

二、我国稻米产业的起步阶段：高产阶段

（一）我国稻米产业起步阶段的主要发展特点

高产阶段指的是我国稻米产量在 20 世纪 80 年代以后快速增长的阶段。在此之前，我国稻米产量一直较低，长期不能满足国内人口的需求，严重依赖进口。高产阶段的起点可以追溯到改革开放初期，特别是自 1978 年我国农村改革开始以来，农业生产逐步实行家庭联产承包责任制，政府加大投入对农业生产的力度并积极推动技术进步。

在高产阶段，我国稻米产量的快速增长主要得益于以下几个因素的推动：

1.农业科技进步

农业科技进步以及新品种的引进在高产阶段发挥了至关重要的作用。通过良种选育和优化栽培技术，稻米产量大幅提升。高产田块增多，耕种面积扩大，种植业效益跃升，为稻米产业创造了良好的生产环境。

2.水利设施的改善

高产阶段也得益于水利设施的改善。中国是稻米主要种植国，稻米生长需要大量水分。随着灌溉设施的不断完善和优化，水资源得到合理利用，为稻米生产提供了坚实基础。

3.化学农药和化肥的广泛应用

随着农药技术的不断进步和化肥的广泛使用，农民能更好地保护稻米免受病虫害的侵害，并提高产量。尽管这种方式也引发了环境和食品安全等问题，但在高产阶段确实对稻米产量的增长有所贡献。

4.农民收入的提高

随着农村改革的深入和政府对农业的支持，农民收入逐渐增加，激发了农民对稻米生产的热情。农民有了更多的资金和资源投入，进一步提高了稻米产量。

在这一阶段，农业经营主体逐渐转变为新型经营主体，推动了水稻种植模式的转变。规模化种植、绿色生态种植和科技种植逐渐取代了传统的种植方式，极大地提高了水稻的产量和品质。我国稻米产业起步阶段的另一个发展特点是注重降低种植成本和提升性价比。通过实施"公司＋合作社＋农户"的产业化经营模式，农民的种植技术和管理水平得到提升，并且实现了资源的共享和优化配置。

这一模式不仅提高了水稻的质量，还有效地控制了生产成本，使得水稻的综合性价比逐年提升。

（二）我国稻米产业起步阶段的发展路径和主要措施

我国稻米产业在起步阶段的发展路径和主要措施包括政府的政策支持、产业链的协同发展以及技术创新的推动。

1. 政府在发展过程中发挥了重要作用

在我国稻米产业起步阶段的发展中，政府扮演了重要的角色。政府通过出台一系列针对稻米产业发展的政策措施，如制定相关的产业发展规划和法律法规，给予稻米产业税收优惠和补贴等，为企业提供了良好的发展环境和政策支持。政府还加大对农民的扶持力度，如提供种子、农资、技术培训等方面的支持，帮助农民提高种植技术，从而提高了稻米的产量和质量，推动稻米产业良性发展。

2. 产业链上下游环节协同发展

在我国稻米产业起步阶段的发展中，产业链的协同发展十分重要。不仅要加强种植环节的管理，提高稻米的生产效率和质量，还要加强加工环节的技术创新和设备更新，以提高大米加工的效率和品质。同时，要加强流通环节的管理，建立完善的供应链体系，从而确保稻米能够及时流通到市场，满足消费者的需求。通过产业链上下游环节的协同发展，提高稻米产业的整体效益和竞争力。

3. 技术创新和科技支撑是我国稻米产业起步阶段的重要推动力

在我国稻米产业起步阶段的发展中，技术创新和科技支撑起着重要的推动作用。通过对种植技术、农药、肥料等方面的创新，提高了稻米的生产效率和品质，降低了生产成本。同时，加强大米加工技术的研发和应用，提高加工效率和产品质量，满足消费者对大米品质的需求。龙头大米企业在产品研发、生产工艺改造和质量追溯等方面加大投入，引进农业科技成果，推动了稻米产业的技术升级和创新发展。同时，农民也通过适宜的技术培训和示范推广，提高了水稻的种植技术和管理水平。

总结起来，我国稻米产业起步阶段的发展路径包括政府的政策支持、产业链的协同发展以及技术创新的推动。这些主要措施共同促进了我国稻米产业的高产发展，为后续的产业生命周期奠定了坚实的基础。

三、我国稻米产业的成长阶段：优质阶段

（一）我国稻米产业成长阶段的主要特点

在优质阶段，我国稻米产业呈现以下主要特点：

1. 品质提升

我国稻米产业通过完善品种选择、种植技术以及农药施用等措施，大幅度提升了稻米的品质。优良的生产技术和管理水平确保了稻米的外观、口感、营养价值等指标得到有效保障。

2. 市场需求稳定增长

随着居民收入水平的提高，对优质稻米的需求逐渐增加。稳定的市场需求成为推动我国稻米产业发展的主要动力。同时，稻米进入高端市场的需求也呈上升趋势，我国稻米产业在不断拓展高端市场份额的同时，也需要满足中低端市场的需求。

3. 产业链协调发展

在优质阶段，我国稻米产业逐渐形成了完整的供应链体系，包括从种子、农田管理、种植、生产、加工、销售到物流等环节的协调发展。各环节之间的协同合作，使得产业链各环节的效率得到提升，整体产业竞争力得到增强。

（二）我国稻米产业成长阶段的发展路径和主要措施

在优质阶段，我国稻米产业的发展路径和主要措施主要包括以下几个方面：

1. 优化品种选择策略

我国稻米产业应与科研机构密切合作，积极引进和培育适应当地气候条件的高质量稻米品种，并通过科学的品种选择策略，提高稻米的产量和品质。

我国农业科研单位将水稻品种选育的重点从单纯追求产量转变为追求优质。如，吉林省农业科学院水稻研究所选育的吉粳511和吉粳528分别在"全国优良食味粳稻品评"中获得一等奖。吉粳511还在中日优良食味品评中获得了"最优秀食味奖"荣誉。同时，优质和抗病性双重特点的吉粳809也获得了我国科技进步一等奖，而早熟、优质和高效的水稻新品种吉粳113也获得了吉林省科技进步二等奖。另外，吉粳515以总分第一的成绩获得了"第八届我国优质米品种"的称号。

优质水稻品种的选育为水稻种植和优质稻米加工奠定了坚实的基础。农业科研作为农业供给侧结构性改革的重要组成部分，其育种科研人员对于品种的需求预判至关重要。只有提前至少10年预测市场需求并育成相应品种，才能符合市场需求。我国水稻育种研究始终居于世界领先地位，从20世纪50年代末的"绿色革命"，到70年代的"杂种优势利用"，再到1996年启动的"超级稻研发"，都取得了举世瞩目的成就。在水稻育种科研方面，我国率先进入了品质化时代，并已为湖南省的稻农、大米加工企业以及消费者提供了优质的品种和配套栽培技术。

优质稻米的"四好"原则，即好种、好看、好吃、好卖，是稻农们追求的目标。随着我国大米品牌建设工作的积极推进，提升大米品质成为全国各大米产区的重要任务之一。如长春市于2014年全面启动了大米品牌建设工作，统一了商标，并成立了大米协会，从选种到加工环节全面提升大米品质。2015年，长春市荣获"中国优质粳米之都"的称号。2016年，长春市被农业农村部和国家绿色食品发展中心授予"全国绿色有机农业示范市"的称号。2017年，长春市根据本地品种优势和国际优质稻米发展趋势，提出了长春大米"小粒化"发展的策略。

我国小粒米的特点非常适合优质米的"四好"原则，特别是其加工品质和食味品质。长春市大力推进长春大米"小粒化"发展，并且农户和企业也对高品质品种进行选择，这说明我国稻米产业正在朝着高质量发展迈进。

2. 加强农田管理和生产技术培训

通过加强对农田管理和技术培训的支持，提高农民的种植技术和管理水平，确保稻米的质量和产量的稳定提高。同时，推广先进的农业技术和管理模式，提高农田资源的利用效率和农田环境的可持续性。

3. 发展农产品加工与品牌建设

我国稻米产业应加大对稻米加工技术和设备的研发和引进力度，以推动优质稻米的加工能力不断提升。同时，加强品牌建设和市场营销，从而提升稻米的附加值和市场竞争力。

4. 完善物流与供应链体系

我国稻米产业应进一步加强物流与供应链管理，优化物流布局，提高物流效率和服务质量。通过建立冷链运输和保鲜技术，确保稻米在运输过程中品质的稳定和保持，为稻米的远程销售提供保障。

5. 强化产业协同创新

我国稻米产业应积极促进各产业链环节之间的协同创新，打破各个环节的壁垒，共同解决产业发展中遇到的问题。同时，加强与相关政府部门和行业协会的合作，共同制定和完善稻米产业的相关政策和标准。

传统的种植模式正在被规模化种植、绿色生态种植和科技种植所取代。通过采用"公司＋合作社＋农户"的产业化经营模式，吉林省水稻的品质得到大幅提升，同时成功地控制了种植成本，使得水稻的性价比逐年提高。

6. 加强质量安全控制

在优质阶段，我国稻米产业应加强质量安全控制，建立健全的质量标准体系和检测体系，严格执行农药使用规范，确保稻米的食品安全和无公害生产；建立稻米的全程质量追溯体系，强化对稻米质量的监管和控制；加大对稻米市场的监管力度，打击假冒伪劣稻米，保护消费者权益。

7. 开拓国际市场

在优质阶段，我国稻米产业应积极开拓国际市场，通过参加国际农产品展览会、推动农产品出口等方式，提升稻米的品牌知名度和国际竞争力。同时，加强与国际稻米产业组织的合作，学习先进经验，拓宽合作渠道。

8. 增强供应链可持续竞争力

我国稻米产业在优质阶段应注重提升供应链的可持续竞争力，包括加强与供应商和经销商的合作，建立长期稳定的合作关系；推动绿色包装和包装材料的环保可持续发展；推行可回收、可再利用等环保措施。

此外，为了促进我国稻米产业的提质增效，各地政府也加大了相关工作的力度。例如，长春市提出了长春大米中高端路线，以确保产品不贴牌、不散卖。德惠市则致力于打造"德惠小町"大米品牌，并筹备成立产业园区，还在2017年8月获得了"中国优质小町米之乡"的称号。此外，长春市九台区成立了"九台贡米协会"和"九台贡米集团"，将市场定位在中高端大米上，并鼓励稻米企业进行合作发展。在生产加工方面，我国一些龙头大米企业如"松江佰顺"越来越重视新产品研发，同时还进行了低温冷藏库和生产工艺改造，并加强产品质量追溯系统建设，全面提升大米的品质。在销售方面，我国整合了基地、加工和销售网络资源，推动了"互联网＋吉林大米"与直营直销的深度融合，进一步确保了大米从田间到餐桌的品质。

通过以上措施的实施，我国稻米产业在优质阶段能够进一步提升稻米品质，满足市场需求,并在数字经济时代实现供应链的高效运作,实现可持续发展和打造卓越竞争力。这将为稻米产业在全国乃至国际市场上的发展提供重要支撑,并为其他农产品物流与供应链的研究提供借鉴和思路。

四、我国稻米产业的成熟阶段：品牌化阶段

(一)我国稻米产业成熟阶段的主要特点

在我国稻米产业的成熟阶段,品牌化成为主要特点。品牌化是指企业通过建立品牌形象,提升产品在市场上的认可度和美誉度,从而获得竞争优势的过程。在这一阶段,经过前期积累我国稻米企业已经在生产、加工和销售等方面具备了较强的实力和竞争优势,在市场规律作用下,开始注重品牌建设,以提高产品附加值和市场竞争力。

1. 品质优良是我国稻米产业成熟阶段的重要特点之一。在这一阶段,稻米企业在种植和加工过程中不断提升技术水平和管理水平,确保产品具备优质的口感、营养价值和安全性。通过优质稻米的生产和加工,企业能够建立起一定的品质高度,提供给消费者多样化的选择,并与市场上其他品牌形成差异化竞争。

2. 品牌塑造是我国稻米产业成熟阶段的重要特点之一。在品牌化阶段,我国稻米企业积极进行品牌策划与推广,通过建立具有特色和优势的品牌形象,提高产品的知名度和美誉度。企业借助各种营销手段,如广告宣传、推广活动和线上线下渠道拓展,加强品牌与消费者的互动,吸引更多的消费者选择我国稻米品牌。

(二)我国稻米产业成熟阶段的发展路径和主要措施

在我国稻米产业成熟阶段,为了进一步发展和提升品牌价值,需要规划一系列的发展路径并采取主要措施。

在产粮大省浙江省、福建省、黑龙江省等省区的带动之下,我国从培育大米地理标志品牌入手,采取区域品牌整合企业品牌的方式,推动形成了具有地区特色的大米标志品牌[2]。考虑到吉林西部盐碱地较多的实际情况,吉林省率先提出了"弱碱大米"的健康理念,并编制了地方质量标准《弱碱性粳米》。该标准经国家质检总局审定并颁布实施,为吉林西部大米产业后续发展奠定了基础。品牌战略的实施进一步推动了各地核心企业的快速发展。我国各地围绕打造大米地理

标志品牌，集中现有资源向核心企业聚集。一批具有影响力和带动力的大米加工企业迅速崛起，在当地的大米品牌建设中发挥了重要的引领作用。

其中，松粮集团以"查干湖大米"品牌为纽带，整合了周边大米加工企业，成立了查干湖大米产业联盟。吉林东福米业、柳河国信米业、德惠佰顺米业、永吉宇丰米业、舒兰永丰米业、梅河大米公司等企业也积极承担起当地大米品牌建设的重要任务，成为大米品牌建设的核心企业。这些核心企业的形成加快了当地土地流转、种植结构调整以及稻谷收储加工能力的提升，有效优化了当地大米产业结构[3]。

为了应对竞争激烈的市场环境，我国采取了一系列措施来推动稻米产业供应链向上游的生产领域和下游的销售领域延伸。

1. 重视标准化水稻种植基地的建设

首先，通过积极发展订单农业，各地政府引导农民根据企业的要求优化水稻种植品种，以提供稳定、优质的粮源。其次，积极拓展大米销售市场。结合地理区域大米品牌的宣传工作，政府组织大米企业通过展会等方式建立销售网络，推介产品在各地拓展市场。

2. 注重整合大米品牌

在这方面，鼓励各地注册地理证明商标，并制定了地理区域品牌大米的地方质量标准和使用管理办法。通过统一的地理区域品牌形象设计，由当地政府组织符合条件的大米企业统一使用地理区域品牌标识。如吉林省着力打造"吉林大米"品牌形象，充分利用其特有的生态优势，致力于塑造其"好吃、营养、更安全"的整体形象。在推进各地培育大米地理标志品牌、整合区域内大米品牌的同时，吉林省还针对东部火山岩、西部弱碱土、中部松花江流域的地域特点，重点培育那些具备良好品牌基础、政府支持力度大、企业实力强、销售数量大且价格高的大米品牌，最终形成能够代表吉林大米整体形象的大米品牌。

3. 促进龙头企业发展

以推进大米品牌建设为契机，细化相关政策，对大米加工产业化龙头企业在水稻育种育苗、基地建设、流通设施、品牌宣传、资金供给以及基金设立等方面予以扶持，帮助企业做大做强，使之成为具有一定带动作用的大米品牌建设核心企业。

4. 支持水稻育种育苗

为了加强龙头企业的技术实力和水稻品种的优化，政府加大对水稻育种育苗工作的扶持力度。通过资金和技术支持，帮助龙头企业在水稻育种育苗方面取得突破性进展，提高水稻品种的产量和品质。

5. 优化基地及流通设施建设

政府鼓励龙头企业加大对稻米基地的建设投入，提供基础设施建设的资金和技术支持。同时，为了优化供应链的流通环节，政府还通过完善流通设施和提高物流效率来降低企业成本，增强竞争力。

6. 增强品牌宣传

政府提供相应的品牌宣传支持，帮助龙头企业打造具有影响力和竞争力的大米品牌。通过加大品牌宣传力度，可以提高消费者对产品的信任度和认可度，进一步增加企业的销量和市场份额。

依托各地的生态资源优势，深入挖掘大米文化内涵。通过公共信息平台、媒体推广、文化展会等多种形式，全方位展示地方大米文化，深入宣传大米地理区域品牌的整体形象。以此方式，提高品牌大米在市场中的知名度和认可度，进而促进我国稻米产业供应链的持续发展。

7. 设立资金供给和基金

为了确保龙头企业稳定发展，政府应该提供资金供给和基金设立的支持。通过向龙头企业提供低息贷款和股权投资等，可以解决企业发展中的资金瓶颈问题，保障其资金充足。

8. 建设产业联盟

针对我国稻米产业供应链的发展，本研究提出了建立产业联盟的措施。通过引入"互联网+"新兴产业发展模式，依托国家粮食交易中心，搭建起一个具有稳定供销渠道和多种功能的电商平台，该平台包括信息查询、委托采购、拍卖招标、网上结算、物流管理和第三方仲裁等功能。该平台吸纳了各地具有规模化生产和自有基地的大米加工企业作为生产商会员，销区的零售（批发）商作为销售商会员，形成了"销售商（B）+电商平台（A）+生产商（B）"三者合一的利益共同体，组建了大米产业联盟。在保留地理标志品牌和企业品牌的前提下，通过建立和完善相关标准和规则，统一使用大米地理区域品牌标识，统一组织宣传和营销。同时，逐步吸纳符合条件的大米加工企业，进一步壮大产业联盟实力，不断提高大米地理区域品牌的影响力。

9. 拓展销售渠道

在巩固现有销售渠道的基础上，政府支持企业进一步推进线上线下联动，以提升销售渠道的覆盖范围和效果。其中，一项重要措施是支持大米企业在各地设立直营店，通过电视报道、举办展会、设置平面广告等方式积极开展品牌宣传活动，旨在提高大米地理区域品牌的知名度和影响力。

总之，在我国稻米产业的成熟阶段，品牌化成为发展的主要方向。通过提升品质、塑造品牌形象，我国稻米企业可以在数字经济时代下实现供应链的发展和路径优化，提高竞争力和市场份额，推动稻米产业的可持续发展。

五、我国稻米产业的现阶段及未来发展趋势：供应链优化整合

（一）我国稻米产业现阶段的发展现状分析

1. 尚存在一些问题

当前，我国稻米产业已初步形成了完整的供应链体系，这一体系包括农田种植、种子供应、农药农机销售、稻米加工、物流运输和销售等环节。随着稻米生产技术水平和产量不断提高，稻米的品质和安全性得到保障，市场销售呈现稳定增长的态势。

然而，供应链中仍存在一些问题。首先，信息流通仍然存在瓶颈，农户和生产企业之间的信息交流滞后，供需消息无法及时有效地传递，这导致了供需不平衡和农产品流通效率低下等问题。在现代数字经济时代，信息的快速流通对供应链的顺畅运作至关重要，而我国稻米产业在这方面还有待改进。

此外，稻米产业链中的各个环节缺乏协同和合作，这也成为现阶段该产业发展的瓶颈。农田种植、种子供应、农药农机销售、稻米加工、物流运输和销售等环节的协同合作不仅可以提高资源的利用效率，还可以减少浪费，增强产业的整体竞争力。

2. 可采取优化策略

为了解决我国稻米产业供应链中的问题并推动其发展，需要采取一系列的措施对供应链进行优化整合。首先，应推动信息技术在稻米产业中的应用，加强农户和生产企业之间的信息交流，提高信息的准确性和时效性。可以通过建立数字化平台，提供实时的市场需求信息和生产指导，帮助农户和生产企业更好地应对市场变化。

其次，为了实现供应链中的协同和合作，我国稻米产业应建立起强有力的合

作机制。通过发挥稻米产业联盟或协会的作用，提供交流合作的平台，可以促进不同环节的企业之间的互动和共同发展。此外，政府可以起到引领和协调作用，推动各环节的合作，提高整个供应链的效率。

最后，稻米产业供应链的优化整合需要依靠各方的共同努力。政府、农户、生产企业以及相关机构应共同合作，充分发挥各自的优势，形成强大的合力，共同推动稻米产业供应链的优化整合。只有通过这样的合作与协同，我国稻米产业才能在数字经济时代中不断发展壮大，实现持续创新和增长。

（二）我国稻米产业未来发展趋势的预测和建议

我国稻米产业的未来发展可分为三个阶段：结构优化阶段、网络整合阶段和转型升级阶段。在未来几年内，我国稻米产业有望进入成熟期。以下是对我国稻米产业未来发展趋势的预测和相关建议：

1. 适应市场需求和优化产业结构

在成长期阶段，我国稻米产业应重点关注市场需求和产品质量。需要通过优化产业结构，加大对优质稻米的培育和推广力度，提高产品附加值和市场竞争力。另一方面还需要加强科技创新和人才培养，提高稻米生产技术水平和管理能力。

2. 供应链整合和流通网络优化

在成熟期阶段，我国稻米产业应加强供应链整合，建立完善的物流网络，进而提高生产、流通和销售环节的协同效率和服务水平。同时，积极引入数字技术和物联网等新兴技术，提升供应链的可视性和反应速度，确保信息的准确传递和时间的迅速回应。

3. 转型升级和价值链延伸

在稻米产业进入衰退期前，我国应积极探索新的发展方向，如发展稻米加工业和特色农产品的销售渠道，从而提高稻米产品的附加值和差异化竞争力。此外，还应加强农产品与其他产业的深度融合，进而延伸农产品的价值链，提高产业的经济和社会效益。

综上所述，我国稻米产业未来发展的关键在于供应链的优化整合。通过优化产业结构、整合供应链、引入新兴技术和拓展产业价值链，我国稻米产业将能够在数字经济时代充分发挥自身优势，实现可持续发展。

第二节 我国稻米产业供应链的结构

一、我国稻米产业的产业链条分析

我国各稻米产区拥有优质的土壤肥力和地理环境优势，生产了大量的优质稻米产品，成为世界重要的稻米生产大国。近年来，尽管我国的粮食产量持续丰收，却面临着产量高、收购量高和库存量高的叠加问题，稻米供需总量紧与部分品种阶段性过剩同时存在，形成了一定的供需矛盾。随着收储政策的变化和供给侧结构性改革的推进，我国的稻米种植结构发生了一定的变化，稻米产业发展也进入了一个需要深度调整的新阶段。

在2019年，我国积极加快了稻米生产功能区的划定，并建设了重要农产品生产保护区，有效地完成了稻米"生产功能区"的划定任务。具体来说，我国稻米产业的供应链的运行现状可以从生产环节、加工环节和营销管理环节三个方面进行分析。

在生产环节，我国稻米产业的生产量较大，但同时也面临着收购量大、库存量高的问题。这在一定程度上导致了稻米供需总量紧平衡的局面。此外，土地利用变化和农民种植结构的调整也对稻米的生产仓储环节产生了一定的影响。

在加工环节，我国稻米产业的加工环节主要由大型稻米加工厂和小型家庭式加工作坊组成。大型稻米加工厂采用机械化加工流水线，能够高效地生产大规模的稻米产品。小型家庭式加工作坊则更注重传统加工工艺和手工操作，以生产具有特色的稻米产品。

在流通环节，我国的稻米产品流通渠道主要包括批发市场、零售商店和电商平台等。批发市场是稻米产业链中的重要环节，农民或加工企业将生产的稻米以批发的方式出售给批发商或经销商，然后再通过批发商或经销商将稻米分销给各个零售商店和超市。与传统流通渠道相比，随着数字经济时代的发展，电商平台在稻米产业链中正在扮演着越来越重要的角色，为消费者提供了更方便的购买渠道。

综上所述,我国稻米产业的供应链运行现状可以通过生产环节、加工环节和流通环节来进行分析。了解这些环节的现状和存在的问题,对于推动我国稻米产业供应链的发展和优化具有重要的意义。

(一)稻米生产环节

在我国稻米产业的产业链条中,稻米生产环节是起始环节。稻米生产主要包括耕种、播种、管理、收割等一系列农业活动。

稻米种植是农民的主要经济收入来源之一。农民根据土地的利用情况选择合适的土地进行水稻种植。他们需要耕种土地、选择优质的稻种、进行合理的施肥和农药使用,并控制病虫害的发生。这些步骤需要科学技术和专业知识的支持。

稻米生产环节还涉及农业机械的使用,例如耕种机、收种机等,以提高生产效率。此外,农民还需要进行田间管理,包括排水、灌溉、除草等,以确保作物的生长和发育。

我国稻米产业近几年的生产环节的发展趋势如下:

1.播种面积总体减少

近年来,受国家保障粮食安全政策的影响,我国水稻生产面积在大约4.5亿亩附近波动。如图3-1所示,从2012年至2021年的数据显示,我国稻谷播种面积总体呈现稳中略降的趋势,从2012年的4.57亿亩减少到2021年的4.49亿亩,减少了0.08亿亩,降幅约为1.75%。尽管如此,2021年全国水稻播种面积依然占据了全国粮食总播种面积的25.44%。具体来看,2012年至2015年期间,中国稻谷播种面积整体呈现波动增长的态势,并达到了峰值4.62亿亩;而2017年至2019年受农业产业结构调整影响,中国稻谷播种面积连续三年下降至最低点4.45亿亩,但2020年有所回升,达到4.51亿亩,同比增加0.06亿亩,增幅约为1.35%。至于2021年,我国稻谷播种面积相较于2020年有所减少,减少了约0.02亿亩,降幅约为0.44%,降至4.49亿亩,但仍占中国粮食总播种面积的25.44%。

2012-2021年我国稻谷播种面积（亿亩）

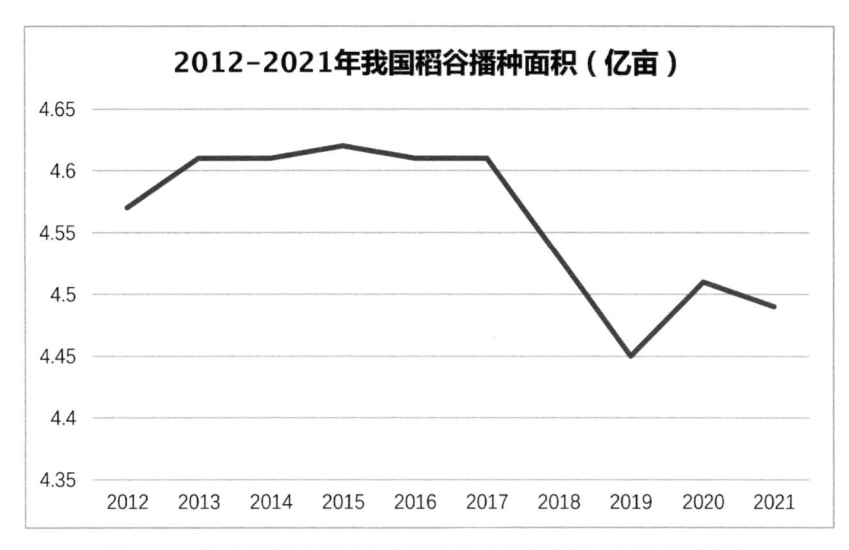

图 3-1　我国稻谷播种面积变化趋势（数据来源：国家统计局）

2. 产量整体上升

①总产量

作为全球最早成功研发和推广杂交水稻的国家，我国稻谷育种及栽培管理水平的日渐提升，与播种面积稳中略降的趋势不同，近年来稻谷产量波动增长，且增长态势较为明显。具体来看，稻谷总产量从2012年的20 653.23万吨增加至2021年的21 284.24万吨，增长了631.01万吨，增幅约为3.05%，年均复合增长率约0.334%，如图3-2所示。

稻谷产量（万吨）

图 3-2　我国稻谷总产量变化趋势（数据来源：国家统计局）

②单位面积产量

如图 3-3 所示，2012 至 2021 年间，我国稻谷单位面积产量整体呈波动增长趋势，从 2012 年 451.79 公斤/亩波动增长至 2021 年的 474.25 公斤/亩，增加了 22.46 公斤/亩，增幅为 4.97%，年均复合增长率约 0.54%。与 2020 年相比，2021 年全国稻谷单位面积产量同比增长 4.63 公斤/亩，同比增长率为 0.98%。对比来看，2020 年中国稻谷单位面积产量为 469.62 公斤/亩，较全球平均水平 307.26 公斤/亩高出 162.36 公斤/亩，我国稻谷生产规模和单产水平在全球范围内具备领先优势。

稻谷单位面积产量（公斤/亩）

年份	产量
2012	451.79
2013	447.82
2014	454.21
2015	459.42
2016	457.72
2017	461.13
2018	468.44
2019	470.61
2020	469.62
2021	474.25

图 3-3 我国稻谷单位面积产量变化趋势（数据来源：国家统计局）

3. 正逐步形成生态立体农业生产模式

目前，我国正在逐步实施种养结合的生态立体农业生产模式，以推动农业生产方式的转型升级。该模式采用科技手段预防害虫和除虫，探索无害化和资源化途径，主要生产绿色农产品，包括绿色稻米、绿色家禽、绿色肉牛和生猪等。在我国的许多地区，已经初步形成了具有地方特色的绿色农业，如绿色食品"鱼稻"等种养融合技术。

近年来，中粮集团积极推动稻米生态种植基地建设与稻米产品开发相结合的发展模式。他们打造了鸭稻共生、蟹稻共生种植模式，通过将鸭子或蟹类与稻田生态相结合，实现了生态系统的协同发展。这种种养结合的模式不仅可以提高稻米的产量和品质，同时也为农户创造了更高的经济效益。据统计，采取鸭稻共生或蟹稻共生种植模式的稻田，每亩经济效益可以达到普通稻谷的几倍，为农业生产带来了可喜的突破和增长。

我国正在逐步形成生态立体农业生产模式,通过科技手段的运用和种养结合的发展模式,实现了绿色农产品的生产和供应。这种模式不仅符合生态建设的要求,同时也为农业发展提供了新的方向和机遇。随着数字经济时代的到来,我国稻米产业供应链的发展路径将进一步加强数字化技术的应用,提高供应链的效率和可持续性,为我国稻米产业的发展注入新的活力和动力。

(二)稻米加工环节

稻米加工环节是将稻谷加工成成品大米的过程。该环节涉及稻谷清理、脱壳、去糠、研磨、筛分、脱水、蒸煮等一系列工序。

稻米加工是稻米产业中非常重要的环节,对稻米的品质和附加值的产生有着直接影响。在我国稻米产业中,加工场地主要包括大型稻米加工厂和小型家庭式加工作坊。大型稻米加工厂采用机械化加工流水线,能够生产大规模的稻米产品。小型家庭式加工作坊则更加注重传统加工工艺和手工操作,主要生产具有特色的稻米产品。

近年来,我国稻米加工业呈现出稳步上升的趋势。

1. 我国稻米的加工能力逐年提高

从市场规模看,2021年我国稻米深加工市场规模达1 313.1亿元,较上年同比增长9.42%;2022年我国大米深加工市场规模达1 394亿元,较上年同比增长6.39%,如图3-4所示。

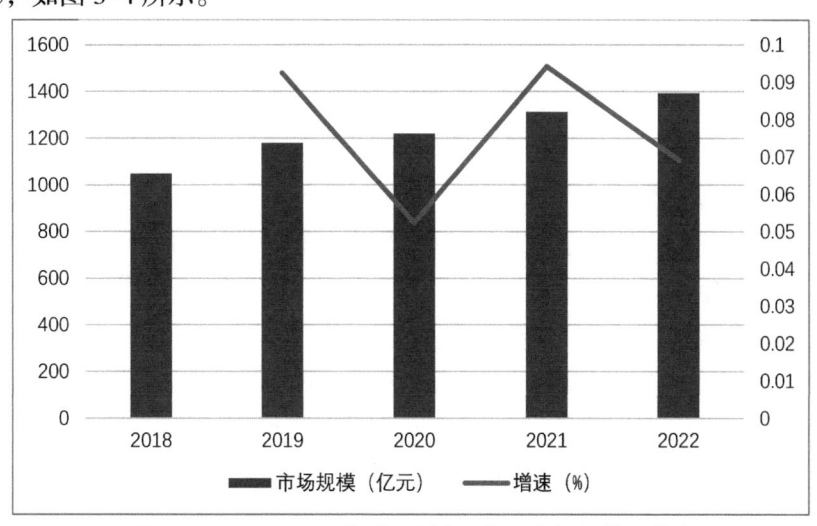

图3-4 2018—2022年我国稻米深加工市场规模及增速

数据来源:观研天下数据中心整理

从产值看，2021年我国大米深加工产值达1 355.7亿元，较上年同比增长9.28%；2022年我国大米深加工产值达1 444.4亿元，较上年同比增长6.54%，如图3-5所示。

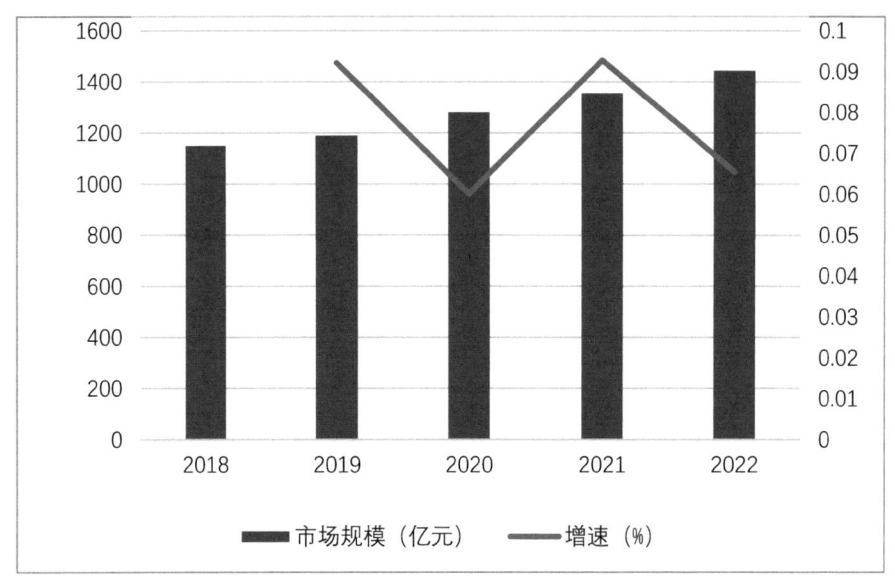

图3-5　2018-2022年我国大米深加工产值及增速

数据来源：观研天下数据中心整理

2. 我国稻米加工业呈现出集群化发展的趋势

随着我国新兴业态的崛起，稻米加工业也逐渐形成了集群化发展的格局。考虑到稻米产品的季节性和不稳定性等特点，全产业链的各个环节需要动态地进行整合，以促进资源的整合和集群化发展，提高专属资产的利用率，减少供应周期，提高综合效益。在乡村振兴战略不断深化的背景下，我国的稻米加工企业围绕稻米产品展开了生产、加工、流通和销售等方面的集群化发展。随着中粮集团、东福米业、松粮集团等龙头企业不断增多，它们对其他产业的带动和辐射作用共同促进了集群化发展。

3. 我国稻米加工产品的种类越来越丰富

中国是世界上水稻品种有文字记录的最早国家。《管子·地员》中记载了10个水稻品种的名称和它们适宜种植的土壤条件。之后，历代农书和一些诗文作品中也常有水稻品种的描述。宋代出现了专门描述水稻品种及其生育、栽培特性的著作《禾谱》，各地地方志开始大量记录水稻的地方品种，区分了籼、粳、糯等品种，实现了早、中、晚稻的全面发展。到明、清时期，这方面的记述更加详细，尤以明代的《稻品》较著名。历代通过自然变异和人工选择等途径，陆续培育了具有特殊性状的品种，如具有香味的香稻，特别适合酿酒的糯稻，早熟品种可一年两熟或用于灾后补种，耐低温、旱涝和盐碱的品种，以及再生力特强的品种等。

据不完全统计，全球仅亚洲栽培稻就有14万份稻种资源，我国已收集编入国家稻种资源目录的栽培稻资源达69 179份（2003年）。丰富多样的稻种资源，为我国水稻品种的遗传改良和水稻生产，提供了不可替代的物质基础。我国栽培稻资源分地方品种、选育品种、国外引进品种、杂交稻"三系"资源和遗传标记资源共5部分。截至2003年，我国已收集编入国家稻种资源目录的栽培稻资源已达69 179份。其中，地方品种52 421份，杂交稻"三系"（不育系、保持系、恢复系、杂交稻组合）资源1 065份，国外引进品种9 734份，遗传标记材料120份。

通过加工，我国的稻米主要可以产生出四类衍生产品，包括大米、碎米、米糠和稻壳。其中，大米是最主要的稻米产品之一，可作为人们的主食，还可以通过包装加工成为具有地理品牌和产品品牌的稻米产品。碎米可以用于制作小食品、米淀粉、发泡粉、米蛋白、色素粉等产品。米糠可以制作米糠油、米糠蛋白、米糠饼干等产品。稻壳可以用于制作建筑材料、稻壳灰、环保餐具等，同时也可以用来发电或为其他稻米食品加工提供能源。另外，随着农业新技术服务、农业信息服务、现代金融服务以及人才服务等方面的创新，我国正在逐渐促进"三产"有机融合。目前，我国稻米的加工产品种类也在向新科技和新服务方向延伸，形成了更多样化的品牌，进一步丰富了产品种类。

（三）稻米流通环节

稻米流通环节涉及稻米产品的销售、存储、运输等多个环节。在我国的稻米产业链中，稻米的销售渠道主要包括批发市场、零售商店和电商平台等。

批发市场是稻米产业链中的重要环节，农民或加工企业将生产的稻米以批发的方式出售给批发商或经销商，然后再通过批发商或经销商将稻米分销给各个零售商店和超市。

除了传统的销售渠道，随着数字经济时代的到来，电商平台也在稻米产业链中发挥着越来越重要的作用。消费者可以通过电商平台直接购买稻米，并将其配送到家。这种新型的销售模式提高了消费者购买稻米产品的便利程度。

1. 我国稻米的销量稳定性趋势明显

我国是全球最大的稻谷消费国，拥有巨大的消费市场和稳定的消费者群体。

尽管受近年来我国人口增速放缓并有转向下行趋势，且随着我国社会经济的发展，人民生活水平逐渐提高，膳食结构有所改善，但是近年来，我国稻谷表观消费量维持稳定的同时有所增长，如图3-6所示，2015—2018年，稻谷表现消费量常年维持在21 000万吨左右。截至2021年我国稻谷表观消费量为21 536万吨，同比增长1.35%，与2015年的21 523.19万吨相比，我国稻谷表观消费量增长了12.81万吨，增长幅度为0.06%。

图3-6　2021年中国稻谷表观消费量变化趋势

数据来源：国家统计局、农小蜂

2. 我国稻米的流通渠道包括线上和线下两种模式

我国稻米的流通主要包括商流和物流两类市场。商流粮食批发市场主要从事大宗粮食竞价交易业务，包括国家粮食交易中心、省级和地方商流粮食批发市场，它们承担着政策性粮食交易任务。物流粮食批发市场主要从事大批量粮食集散业务，包括大中城市成品粮批发市场、带有粮油批发业务的城镇农贸市场和粮食中转批发市场。在这些市场中，大中城市成品粮批发市场为主要的流通渠道，它们主要向机关团体、餐馆饭店以及超市提供粮食和油品。此外，我国的大米联盟企业已与阿里巴巴达成战略合作，成功进驻天猫旗舰店，分享线下生鲜渠道。同时，这些企业借助直营店、商超市、电商平台等多种渠道，实现了供应链、价值链和产业链的共建、共融和共赢。目前，我国许多稻米产品营销主体利用大米网、天猫旗舰店等线上资源，在线查询信息、销售产品并进行网络结算，逐渐形成了"线上注册发展会员，线下体验配送大米"的"线上到线下"（O2O）营销模式。O2O营销模式的兴起为我国稻米全产业链的发展提供了技术保障，在相当程度上推动了产业链的转型升级和整体增值。我国的一些地区还成立了供销电子商务股份有限公司，通过整合系统资源、打造电商线下实体，积极与总社的"供销e家"对接，在县域供销合作社建立电商实体，依托统一的线上平台，实现线上和线下的有效联动。

总之，我国稻米产业链条涵盖了稻米生产、加工和流通的各个环节。深入了解和研究这些环节的发展路径，对于优化我国稻米产业供应链的发展具有重要意义。特别是在数字经济时代，如何整合信息技术与稻米产业链的各个环节，提高生产效率和质量，同时满足消费者对稻米产品的多样化需求，是未来的研究重点。

二、我国稻米产业的供应链网络结构

（一）我国稻米产业的供应商

在我国稻米产业的供应链网络结构中，供应商是指向稻米产业提供原材料、农业技术支持、农业设备和农药等产品的企业或个人。在稻米产业中，主要的供应商包括种子公司、农药公司、农业机械生产商和农业专家等。

种子公司负责提供高质量的稻米种子，以确保农民能够种植出高产量、高品质的稻米。农药公司提供农药和肥料等农业化学品，用于防治病虫害，促进稻米的生长和发育。农业机械生产商提供用于耕种、收割和其他农业操作的农业机械设备，这些设备能够提高生产效率，降低人力成本。农业专家提供农业技术指导和咨询服务，帮助农民解决种植过程中的技术问题，并提供合理的农业管理建议。

除了这些传统的供应商，随着数字经济时代的到来，我国稻米产业的供应链也逐渐涌现了新的供应商类型。例如，农业科技公司和数据服务提供商开始在稻米产业中扮演着重要的供应商角色。

农业科技公司致力于研发和推广先进的农业科技，如遥感技术、精准农业技术、无人机技术等，以提高农田的管理效率和精准农业生产水平。这些公司通过提供先进的农业技术产品和解决方案，为种植者提供了更多的农业数据和决策支持，有助于优化农田资源利用、提高农作物产量和质量。

数据服务供应商则通过收集、分析和整理各类与稻米产业相关的数据，提供决策支持和业务咨询服务。它们运用大数据和人工智能等技术手段，帮助农民和各个环节的农产品供应链参与者更好地了解市场需求、预测市场趋势,并提供定制化的市场营销策略。

此外,供应链金融机构也成为稻米产业供应链中的重要角色。它们通过为农民和其他供应链参与者提供金融服务,如供应链融资、农业保险和贸易融资等,降低供应链上的金融风险,并促进供应链的流畅运作。

综上所述,我国稻米产业的供应链中的供应商不仅包括传统的种子公司、农药公司、农业机械生产商和农业专家,还包括农业科技公司、数据服务提供商和供应链金融机构等新兴的参与者。这些供应商的角色和作用为稻米产业的供应链发展提供了新的思路和路径。

(二)我国稻米产业的分销商

我国稻米产业的分销商在供应链中起着至关重要的作用。他们在生产和消费环节之间承担着产品转移和分销的责任,将稻米从生产地区运送到消费者手中。

首先,批发商在这个过程中发挥着桥梁的作用。他们以大宗形式购买稻米产品,通过规模效应和批量采购来获得更低的价格。然后,他们以较低的价格将稻米产品转售给经销商。批发商通常在城市的批发市场设立摊位,与各个零售商建立起密切的合作关系。他们承担着供应稻米产品的中间环节,为经销商提供所需的货源和多样化的产品选择。批发商的存在使得产地的农民能够将产品快速转移到市场上,促进了农产品的流通。

而经销商则负责将稻米产品分销给小型零售商或直接向终端消费者销售。他们从批发商那里获取稻米产品,并通过各种渠道将其进一步分销至各个市场和角落。经销商是连接批发商和零售商之间的纽带,他们面向终端消费者,将稻米产品推广和销售给最终用户。他们在市场中的角色不仅仅是简单的产品分销,还包括了市场营销和品牌建设。经销商通过与零售商和消费者的紧密合作,提供产品的附加价值,满足消费者的多样化需求。

综上所述,我国稻米产业的分销商通过批发渠道和经销网络,有效地连接了生产和消费环节。他们通过对稻米产品的采购、分销和宣传等环节的专业化操作,为稻米流通提供了强有力的支持。他们的存在和发展对于促进我国稻米产业的发展,提高农民收入,满足消费者需求,推动数字经济时代下的农产品物流与供应链的发展都具有重要的意义。因此,稻米产业的供应链管理中需要重视分销商的角色和地位，建立起稳定、高效的分销网络体系，提升整个供应链的运作效率和竞争力。

（三）我国稻米产业的零售商

零售商是指将稻米产品直接销售给终端消费者的企业或个人。我国稻米产业的零售商包括超市、农贸市场和便利店等。

我国稻米产业的零售商在供应链中起着连接生产和消费的重要作用。他们是稻米产品最后一个销售环节的关键参与者，直接面向终端消费者提供稻米产品。

首先，超市是我国稻米产业中重要的零售商渠道之一。超市通常位于城市和人口密集区域，并通过大型的销售场所和完善的供应链网络为消费者提供稻米产品。超市的规模经济和专业化经营使得稻米产品能够以广泛且可靠的方式供应给消费者。超市通过建立与供应商的紧密合作关系，确保了稻米产品的及时补充和货架管理。此外，超市经常利用促销活动和展示方式来吸引消费者，提高产品的知名度和销售额。

其次，农贸市场也是我国稻米产业中传统的销售场所之一。农贸市场是农产品销售的重要渠道，农民和小型零售商直接将稻米产品销售给消费者。农贸市场通常位于城市的中心区域或农村集市，为稻米产品的销售提供了更加便捷和灵活的环境。农民可以直接将自己种植的稻米带来销售，并与消费者进行面对面的交流和沟通。这种直接的销售方式不仅减少了中间环节的成本和时间，还能够增加消费者对产品的信任和满意度。

最后，便利店作为一种小型零售商，也在我国稻米产业中发挥着重要的作用。便利店一般设立在人员流量较大的地区，如商业街、居民区等。便利店的特点是销售速度快，便于消费者随时随地购买到稻米产品。便利店通常提供小包装的稻米产品，以满足个人和家庭的实际需求。它们还可以通过灵活的运输和分销方式，及时调整供应量和产品种类，以满足消费者的个性化需求。

综上所述，我国稻米产业的零售商在供应链中发挥着重要作用，通过不同类型的销售渠道将稻米产品提供给消费者。超市、农贸市场和便利店等零售商为稻米产业的销售提供了多样化的选择，并且通过不断创新和改进提供更加便利和高品质的服务。随着数字经济时代的发展，零售商还可以利用技术和数据等手段来提升销售效率和用户体验，进一步推动我国稻米产业供应链的发展。

（四）我国稻米产业的消费者

消费者是稻米产业供应链中的最终环节，他们是购买和消费稻米产品的个人或家庭。我国稻米产业的消费者包括城市居民、农村居民和餐饮服务行业。

我国稻米产业的消费者在供应链中起着至关重要的作用。他们是稻米产品的最终购买和使用者，直接影响着我国稻米产业的发展和持续增长。

首先，城市居民是我国稻米产业的重要消费群体。他们通常通过超市、电商平台等现代零售渠道购买稻米产品。城市居民在购买稻米产品时，更加注重品质、包装和服务等因素。他们对稻米的品种、产地、口感和营养成分有着更高的要求。对于消费者来说，稻米不仅仅是一个基本的食物需求，更是健康、品质和生活方式的代表。因此，我国稻米产业需要通过品牌建设、质量认证和营销活动等手段来满足城市居民对高品质稻米产品的需求。

其次，农村居民是我国稻米产业的重要消费群体之一。他们通常通过农贸市场或直接从农民处购买稻米产品。农村居民对稻米产品的需求主要是满足基本的生活需要。他们更加注重价格、口感和产地等因素，对稻米产品的性价比有较高的要求。稻米产品作为农产品的重要组成部分，对农民的收入和生活质量有着直接的影响。因此，我国稻米产业需要通过合理的定价和良好的销售渠道，满足农村居民对稻米产品的实际需求。

此外，餐饮服务行业也是我国稻米产业的重要消费者之一。饭店、餐馆和食堂等餐饮服务场所需要大量的稻米产品来满足消费者的需求。餐饮服务行业对稻米的品质、口感和供货的稳定性有着较高的要求。他们通常与稻米供应商建立长期的合作关系，确保稻米产品的供应和品质可靠。稻米产品对于餐饮服务行业来说，不仅仅是食材的一部分，更是餐厅形象、菜品创新和消费者满意度的重要组成部分。因此，我国稻米产业需要深入了解餐饮服务行业的需求，提供定制化的产品和服务，以满足其多样化和个性化的需求。

综上所述，我国稻米产业的消费者在供应链中具有重要作用。城市居民、农村居民和餐饮服务行业都是我国稻米产业的重要消费群体。通过满足不同消费者的需求和偏好，我国稻米产业可以进一步发展壮大，促进供应链的持续改进和创新。数字经济时代的农产品物流与供应链管理需要以消费者为中心，通过数据分析和技术应用等手段，提供个性化、便捷和优质的稻米产品和服务，推动供应链的数字化转型和升级。[4]

了解我国稻米产业供应链网络结构中的供应商、分销商、零售商和消费者的角色和相互关系，有助于我们深入了解稻米产业链的运作方式，并对其发展路径进行研究。特别是在数字经济时代，通过整合信息技术和创新的供应链模式，可以进一步提高稻米产业供应链的效率和竞争力，满足消费者对稻米产品的多样化需求。

（五）我国稻米产业供应链网络结构

我国稻米产业供应链的网络结构，根据构成企业的功能分工、运营管理模式，可以分成单链式、双链式和网链式三种稻米供应链网络模式。

1. 单链式发展模式

单链式发展模式是指我国稻米供应链发展过程中，各环节经营主体通过协议形式组合成一条单向链条，包括产前投入、稻米生产、加工、流通和消费主体，如图3-7所示。

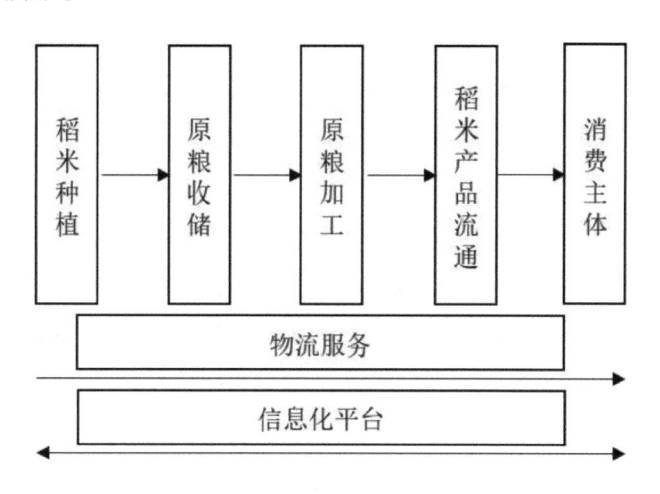

图3-7 稻米产业单链式网络结构

根据稻米产业单链式发展模式框架图，可以观察到该模式借助供应链纵向服务能力和平台的链接作用来产出价值，并依赖于各环节核心主体的增值来提高供应链的整体竞争力。举例来说，我国稻米加工主体为了回避单个经济主体在原材料、仓储和销售方面的制约，选择将链条延伸到生产和消费环节，以降低收购成本并提高经济效益。在这一延伸过程中，各经营主体通过一系列博弈来实现供应链收益的合理分配。单链式发展模式需要监督主体的扶持和一定程度的政策干预，以促进各环节主体的发展和实力增强，同时确保消费主体的利益不受影响。

此外，这种博弈通常会受到一定条件的限制。如果参与成员仅考虑自身利益，无法达成合理的契约关系，就会导致供应链整体劣势，表现为规模较小、各成员之间联系匮乏、无法满足消费主体需求。因此，单链式发展模式中的每个环节对供应链产出都具有重要影响，每个环节中的不确定性事件出现都可能引发供应链断链风险。

我国的稻米加工企业中，部分企业以单链条模式为主，其日处理量可达200吨。这些企业利用区域资源优势，平均掌控2-3个链条，通过对生产主体、仓储主体和销售主体等资源的配置与整合，实现了产能平衡、生产效率与经济收益的同步提升，并以此提高市场竞争力。然而，经过调研发现，采用单链式发展模式对这些企业的资金需求量较大，同时存在一些制约因素。

首先，这些企业存在产品结构单一、创新能力不足、同质化竞争加剧以及成本管理能力较弱等问题。这些问题源于单链式发展模式的单一性所带来的局限性。

其次，单链式发展模式在提升企业竞争力方面也存在一些限制。由于单链式发展模式的特点，这些企业在供应链的不同环节之间缺乏有效的协调和合作，并且缺乏外部资源的支持和依赖。这导致了创新能力的限制以及产品同质化竞争的加剧。

因此，为了克服这些问题，这些企业需要考虑采用多链条模式来拓展其供应链发展路径。通过建立更广泛的合作网络，吸纳更多的资源和技术，他们能够增加产品的多样性和创新能力，并提高成本管理能力。此外，他们还应该加强与相关产业链的合作与协调，促进资源共享和优势互补，以进一步提升市场竞争力。

综上所述，尽管单链式发展模式对于我国的稻米加工企业来说具有一定的优势，但其局限性和制约因素也不可忽视。通过采用多链条模式，并加强合作与协调，这些企业可以充分利用数字经济时代的机遇，实现稻米产业供应链的可持续发展。

目前，吉林省松原市的吉林松粮集团是一家应用单链式发展模式的典型龙头企业。松粮集团位于环境优良且自然资源丰富的松原市，是国家重要的商品粮基地。通过实地调研数据，松粮集团年产粮约800万吨，年稻谷加工能力约30万吨，仓储能力50万吨。集团目前拥有3个生态农场和26个专业合作社生产基地。作为龙头企业，松粮集团以优质资源为基础，在农村建立种植基地，并通过

"订单农业"，向下延伸供应链条，利用单链式发展模式传导市场需求，整合当地中小企业和合作组织，实现产、购、加、储、销等环节的一体化模式，并协同发挥相互依托和优势互补的作用。松粮集团在稻米种植、仓储和加工环节都有制定的标准，并建立了"来源可查明、流向可追踪、信息可查询、责任可追究"的系统，在生产、加工、包装环节执行规范的生产标准，实现了稻米全程可追溯的生态闭环，保证了稻米质量可控。

此外，近年来，松粮集团通过实施"品牌+"战略，以"查干湖"品牌为旗帜，创造了"三产"融合的附加值。在组织构成方面，松粮集团组建了覆盖松原市和白城市的"查干湖大米产业联盟"，目前加盟户数已经接近30户，年加工能力约为70万吨。然而，松粮集团产品结构相对单一，这使得其供应链网络模式容易受到风险干扰，因此集团正在寻求模式的创新与发展。

综上所述，吉林松粮集团作为我国应用单链式发展模式的典型龙头企业，以其资源优势和供应链整合能力，实现了稻米产业供应链的一体化模式，并通过"品牌+"战略创造了附加值。然而，须注意到松粮集团产品结构相对单一的问题，因此集团需要在供应链模式方面进行创新与发展，以增强其供应链网络的稳定性和可持续发展能力。

2. 双链式发展模式

稻米全供应双链式发展模式包括了稻米产品供应链、其他相关农产品供应链以及相关环节的农业服务链。该模式的核心在于通过同时拓展供应链的横向与纵向，将其融合成一种智能盒子模式，构建出"双链族群"（见图3-8）。该双链式发展模式可以使我国的链条成员进行稻米相关产品或服务的流通，以共同面对族群的战略利益和风险冲突。因此，为了提高系统的长期运行效率，双链式发展模式需要建立风险共担、利益共享的长期机制。

如图3-8所示，稻米供应双链式发展模式主要通过整合分散的经营主体，加强信息流、资金流与物流的融合，并与市场需求对接以实现快速的反应和互动，进而实现稻米相关族群供应链规模的扩大，从而最大化整体收益。随着双链族群相关产品销量与订单量的不断增加，双链式供应链各经营主体的经营规模与集群化组织也逐渐壮大。然而，伴随着发展壮大，双链式发展模式也面临着一些问题，例如链条较长、环节较多，导致收购资金不足、仓储能力不足等，这些问题成为制约经营主体发展壮大的主要难题。

目前，我国典型的龙头企业吉林市东福米业有限责任公司采用了以双链式发展模式为主的供应链形式。该企业成立于2003年，位于吉林市大荒地村。作为一家国家级重点龙头企业，东福米业拥有7万亩的稻米种植基地，并通过双链式发展模式实施集团的土地流转、集约化生产与规模经营，形成了稻米全供应双链式发展模式，涵盖科技研发、稻米种植、农机服务、稻米加工、销售及服务等方面。东福米业通过农场化、标准化的种植管理模式，实现了从育苗、施肥、翻耙地、插秧、田间管理、收割到运输的全程机械化、标准化作业，并通过秸秆还田、种养结合等方式实施供应链生态循环发展。近年来，东福米业借助低温仓储设施和先进的稻米专业烘干设备，保持了谷物的新鲜度和高质量。该企业采用了"公司+基地+农户"的订单生产模式，种植绿色有机稻米，其产品受到市场的广泛欢迎。

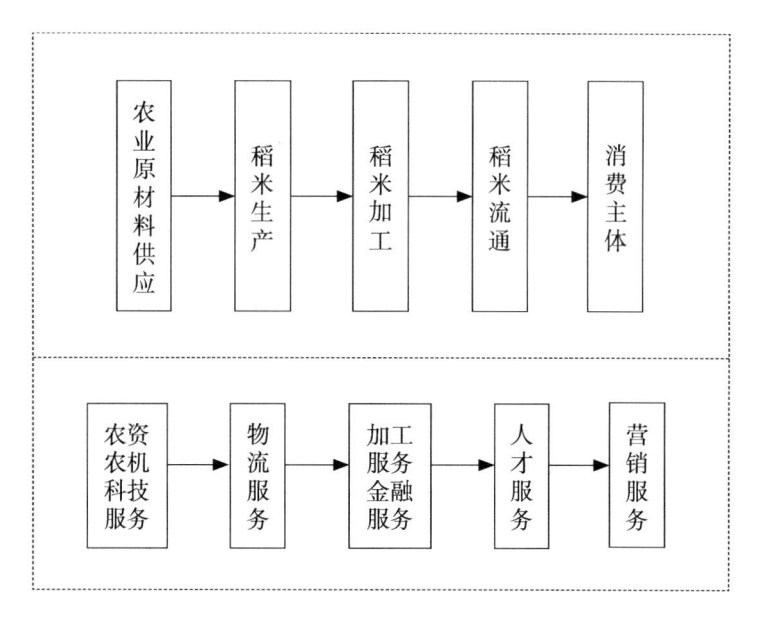

农业原材料供应 → 稻米生产 → 稻米加工 → 稻米流通 → 消费主体

农资农机科技服务 → 物流服务 → 加工服务金融服务 → 人才服务 → 营销服务

图3-8 稻米产业双链式网络结构

此外，在加工流通方面，东福米业实现了稻米的精深加工，覆盖了高、中、低端不同层次的产品，构建了"核心企业+中小企业集群"的供应链模式。通过调整产能结构和布局，依托"米、糠、壳"三大核心技术开发路线以及科技创新的驱动力，东福米业促进了稻米供应链的转型与增值。该企业配备了近10万平方米的工厂化育苗基地、70余台太阳能无线监控设备和一个信息化监控大厅，以确保全程追溯系统的顺利构建，从源头上提高产品质量。东福米业通过我国名牌产品"大荒地"牌优质有机米的规模化经营，已远销省外。

此外，该企业通过合资合作等方式实现了产权的多元化发展，通过现代化农业服务链的构建，从种子、农机等科技服务到仓储、物流服务，再到加工、金融、品牌和售后服务等方面，东福米业增强了全供应双链式发展模式的核心竞争优势与影响力，从投资推动向创新推动的发展格局转变。东福米业实现了供应链模式从"链条"向"双链族群"转变，在这个过程中，公司逐渐减小了对资本的需求，而更加注重拓展更广泛的服务范围和创新成本运营模式，并通过优化价值分配，形成更紧密联系的利益共同体，以此实现资源的互补与整合。这种模式带来了共生关系，但在促进协同增值的过程中，由于链条不够丰富，风险承担能力虽相较单链式模式有所提升，但风险程度仍较高，容易引发"牛鞭效应"。因此，东福米业需要建立适宜的预警系统，并优化链条的深度和广度，以提高整个供应链的运行能力。

3. 网链式发展模式

网链式发展模式是单链式和双链式发展模式的改进。与单一的封闭式和开放式创新不同，网链式的创新注重供应链在横向和纵向上的发展，并丰富了供应链的内涵，形成了一个更加多元的结构。如图3-9所示，信息化平台模块在链网模式中扮演着重要角色，通过我国稻米供应链间的信息传递与共享，在内部和外部服务两个方面促进链条的延伸和资源的整合。这有助于降低"牛鞭效应"，提高全链条环节的效率，并促进各主体实现规模经济和范围经济的模式发展，加快提升综合运营能力和现代农业服务能力，构建以稻米为主的立体产业生态系统。通过提高管理和服务效率，最终提升供应链的综合竞争优势和可持续增值能力。

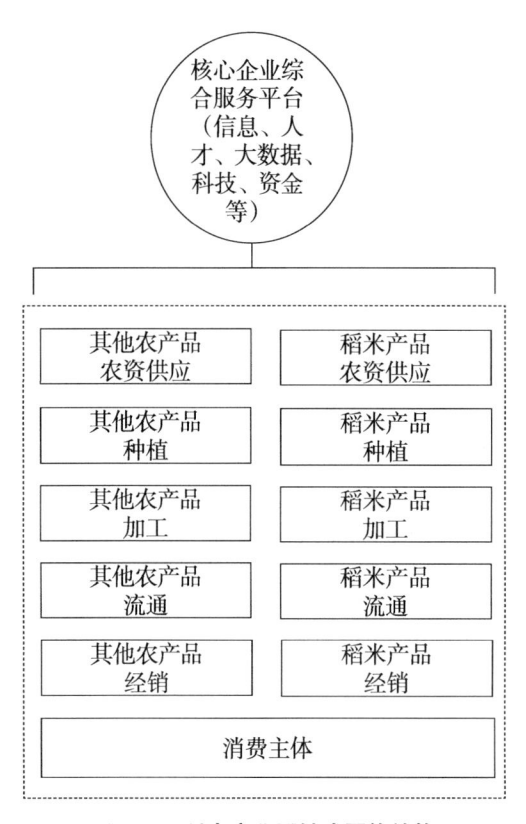

```
                    ┌──────────────┐
                    │ 核心企业综   │
                    │ 合服务平台   │
                    │（信息、人    │
                    │ 才、大数据、 │
                    │ 科技、资金   │
                    │     等）     │
                    └──────────────┘
```

其他农产品农资供应	稻米产品农资供应
其他农产品种植	稻米产品种植
其他农产品加工	稻米产品加工
其他农产品流通	稻米产品流通
其他农产品经销	稻米产品经销
消费主体	

图 3-9　稻米产业网链式网络结构

从我国稻米全供应网链式发展模式的框架图 3-9 来看，相比于单链式和双链式发展模式，链网模式在供应链发展中涵盖了更多的产业、产品和服务，打破了传统的行业和环节限制，呈现出更加多样化的特点。链网模式不仅关注供应链的拓展和延伸，还注重丰富供应链的内涵，使其形成更为综合和多元化的结构。随着产业集聚的加强和现代农业服务业的兴起，链网模式已成为我国稻米供应链增值的必然趋势。只有通过资源整合和产业集聚的丰富，才能在日益复杂的环境中优化稻米供应链的增值路径。然而，链网模式的稳定性容易受到政策风险、市场风险和竞争风险的影响和冲击，因为该模式的内容丰富且复杂。为此，监管部门应制定相应的政策和法规，防范和应对潜在的风险。然而，这种干预方式忽视了市场自身的调节能力，在防范风险的同时，对供应链核心经营主体在市场中发挥自身能力产生了负面影响。

在链网模式下，供应链的核心经营主体需要注意与内部成员和其他相关涉农供应链成员之间的关系，适当利用宏观调控，建立科学、合理的合作关系和协作框架。通过集中管控平台，促进物流、资金流和信息流的互通和共享，形成较大的产业集群效应和网络平台效应，为供应链的价值放大提供有力支持。目前，我国主要应用网链式发展模式的典型龙头企业为中粮米业集团。中粮米业集团是中国最大的大米出口商，集团选取稻米的优质品种，从源头严格控制农药与化肥等指标，在东北三省省会城市均建立了稻米种植基地，在中国11个稻米黄金产地设有稻米加工厂，并构建了"公司+基地+标准化"的管理模式。集团以满足消费主体的多样化需求为主线，打造规模种植、贸易、物流、加工、营销多环节模式。

稻米产业的供应链发展在数字经济时代正经历着从单链式、双链式到更为完善的网链式模式转变。网链式的创新不仅包括产业链的横向拓展，也包括供应链的纵向延伸，同时丰富了供应链的内涵。该模式通过我国的稻米供应链中的信息传递与共享，重视链条的延伸与资源整合，以降低"牛鞭效应"并提高运输环节之间的衔接效率。而且，该模式还推动各主体实现规模经济和范围经济的发展，提高综合运营和农业服务能力，并构建以稻米为主的立体产业生态系统，从而提高供应链的综合竞争优势和增值能力。

具体来说，链网模式中的信息化平台模块扮演着重要角色，通过我国稻米供应链之间的信息传递与共享，实现内部服务和外部服务两个方面的促进，从而推动链条的延伸和资源的整合。通过这样的模式，可以降低供应链中的"牛鞭效应"，提高各环节的衔接效率。此外，该模式还推动了各主体实现规模经济和范围经济的发展，并加强了综合运营和现代农业服务能力。通过这种方式，可以构建以稻米为主的立体产业生态系统，提高供应链的综合竞争优势和可持续增值能力。

然而，网链式发展模式也面临着一些挑战。由于网链模式的复杂性，涉及的环节较多，运营风险和技术风险的概率增加。为了应对这些风险，监督管理主体制定了相应的政策与法规，并对供应链进行了优化。然而，这种干预可能忽视了市场自身调节能力，在防范风险的同时对供应链核心经营主体在市场中发挥其自身能力产生了负面影响。

因此，在网链模式下，供应链的核心经营主体需要做好与内部成员和其他相关涉农供应链成员之间的关系博弈，适当利用宏观调控，建立科学合理的合作关系，通过集约式的管控平台促进物流、资金流和信息流的互通与共享。这样的努力将产生较大的产业集群效应和网络平台效应，为供应链的价值放大提供有力支持。

综上所述,单链式、双链式和网链式是随着供应链的演化不断推进的三种发展模式。这三种模式的共同目标是确保稻米产品的质量和价值,并追求供应链价值的最大化。然而,不同的供应链发展模式对目标的侧重点和内涵有所不同,使得它们的特点和发展趋势也存在一定差异。其中,单链式发展模式侧重于追求效用价值目标,其产品结构相对单一。单链式发展模式主要通过某一核心环节向其他环节转移,链条环节之间的衔接关系类似于"寄生关系",共生模式可以促进协同增值,但是其风险承担能力较弱,风险程度较高。而网链式发展模式侧重于融合稳定价值目标和风险价值目标,链网模式下的经营主体通过产生新动力,实现能量的多向交流,在互惠互生的同时,获得更多的动力和势能。

第三节　我国稻米产业供应链的发展环境

一、我国稻米产业的产区划分及地理环境

(一)气候条件

中国的稻米产区划分广泛覆盖了全国各个地区,因为稻米种植对气候的要求相对较高。稻米是一种热带和亚热带作物,主要生长在温暖湿润的气候环境中。根据不同的气候类型,可以将我国的稻米产区大致分为南方湿润气候区和北方半湿润气候区。

南方湿润气候区位于长江流域以南,主要包括广东、广西、福建、台湾、江西、湖南、湖北等省份。这些地区的气候条件适宜稻米的生长,具有雨量充沛、湿润的特点。夏季炎热潮湿,冬季气温较低且较潮湿[5]。

北方半湿润气候区包括北方的山东、河南、河北、陕西、山西等省份以及东北的黑龙江、吉林、辽宁等省份。这些地区的气候条件相对较干燥,降水较少,

多依靠人工灌溉满足水源需求。夏季炎热，冬季寒冷。

（二）土壤条件

稻米的生长对土壤要求较高，需要肥沃、湿润且排水良好的土壤。在我国的稻米产区中，主要有以下几种土壤类型。

水稻海岸盐土区：主要分布在中国的沿海地区，如福建、广东等省份。这些地区的土壤富含盐分和矿物质，对于稻米的生长具有一定的限制，需要进行盐碱地改良。

水稻黄土高原区：包括陕西、山西等地区。这些地区的土壤主要是黄土，质地疏松，肥力低下。需要进行土壤改良，增加肥力和保水能力。

水稻河泽地区：主要分布在长江流域以及东北地区的湿地，如江苏、湖北、黑龙江等省份。这些地区的土壤蓬松、富含有机质，适合水稻的生长。

（三）水资源状况

稻米是水田作物，对水资源要求较高。在我国稻米产业的发展中，稻田灌溉是一个关键环节。中国的稻米产区主要分布在江南水乡和西南山区，这些地区的水资源相对丰富，适合水稻的生长。而在北方地区，由于水资源短缺，多依靠人工灌溉和节约用水措施来解决水资源问题。

（四）农业生态环境状况

稻米作为农产品，其生产中的农业生态环境也是一个重要因素。稻米的种植需要合理的农作物轮作、土壤保护和病虫害控制等措施。农业生态环境的改善和保护对于稻米的质量和产量都具有重要意义。在我国，一些稻米产区已经采取了绿色种植、有机种植等环保的农业生产方式，以保护农业生态环境。

总结起来，我国稻米产业的地理环境和自然条件各异，形成了多样化的稻米产区。南方地区的湿润气候和富饶土壤为稻米的生长提供了有利条件，而北方地区则需要通过人工灌溉和水资源管理来满足稻米生长的需求。此外，农业生态环境的改善和保护也是稻米供应链发展中需要关注的重点。对于我国稻米产业的研究和发展，我们需充分考虑这些地理环境因素，采取相应的管理措施，以推动稻米供应链的可持续发展。

二、我国稻米产业的政治环境

在政治环境方面,中央政府对稻米产业的发展给予了高度重视,并采取了一系列政策措施来支持和促进该行业的发展,如表3-1所示。

表3-1 2019-2022年中央一号文件与稻谷相关的政策内容

年度	文件名称	内容
2022	《2022年中央一号文件》	全力抓好粮食生产和重要农产品供给,确保粮食播种面积稳定、产量保持在1.3万亿斤以上。合理保障农民种粮收益。2022年适当提高稻谷、小麦最低收购价,稳定玉米、大豆生产者补贴和稻谷补贴政策,实现三大粮食作物完全成本保险和种植收入保险主产省产粮大县全覆盖。
2021	《2021年中央一号文件》	完善粮食安全省长责任制和"菜篮子"市长负责制,确保粮、棉、油、糖、肉等供给安全。坚持并完善稻谷、小麦最低收购价政策,完善玉米、大豆生产者补贴政策。
2020	《2020年中央一号文件》	粮食生产要紧字当头,稳政策、稳面积、稳产量;调整完善稻谷、小麦最低收购价政策,稳定农民基本收益。推进稻谷、小麦、玉米完全成本保险和收入保险试点。
2019	《2019年中央一号文件》	稳定粮食产量,确保粮食播种面积稳定在16.5亿亩。稳定完善扶持粮食生产政策举措,挖掘品种、技术、减灾等稳产增产潜力,保障农民种粮基本收益。将稻谷、小麦作为必保品种,稳定玉米生产,确保谷物基本自给、口粮绝对安全。

数据来源:农业农村部

首先,中央政府通过制定粮食安全战略,明确了保障国家粮食安全的重要性。稻米作为我国主要的粮食作物之一,其产业的发展直接关系到国家粮食安全的保障。中央政府制定了一系列的政策和措施,包括加强稻米产业的科技创新、提高农民种植稻米的技术水平和产量、加强粮食储备等,以保障国家粮食安全。

其次,中央政府提出了乡村振兴战略,将农业农村发展放在优先位置。稻米产业是农村经济的重要支柱,也是实施乡村振兴战略的重点领域之一。中央政府通过优化农村产业结构、提高农业现代化水平、加强农村基础设施建设等措施来推动稻米产业的发展。此外,中央政府还提出了农业供给侧结构性改革的政策,鼓励农产品生产向高品质、特色化方向发展,以适应国内消费升级的需求。

在地方政府层面,各地优化稻米产业规划布局,促进稻米产业供应链的优化。地方政府在稻米产业的规划和布局方面,根据当地的土地资源、气候条件和市场需求等因素，制定出针对性的政策和措施，推动稻米产业的发展。地方政府还加强了对农民的培训和指导，提高农民种植稻米的技术水平和管理能力。此外，地方政府还注重推动稻米产业与其他相关产业的协同发展，促进供应链上游和下游环节的优化。

此外，政治稳定对稻米供应链发展也有着重要影响。政治稳定是维护供应链运作的重要保障，稳定的政治环境有利于各方面资源的有效整合和协调，促进稻米供应链的高效运作。在我国，政府对稻米产业的政策支持和稳定的政治环境为供应链的稳定运作提供了保障。同时，政治稳定也为稻米产业的投资和创新提供了良好的发展环境，吸引了更多的资金和人才参与到产业链中。

总结来说，政治环境对于我国稻米产业的发展起到了重要的影响。中央政府通过制定粮食安全战略和乡村振兴战略，明确了保障国家粮食安全和农业农村发展的重要性，地方政府优化稻米产业规划布局，促进供应链的优化。稳定的政治环境为稻米供应链的高效运作和产业的发展提供了保障。未来，政府应进一步加强对稻米产业发展的政策支持，提高政策的可持续性和针对性，推动我国稻米供应链的持续发展。

三、我国稻米产业的经济环境

（一）市场总体波动不定

2021年，全球大米产量超过5亿吨。其中，中国以148 300千吨大米产量位居全球第一，占比接近30%；其次为印度，以124 370千吨大米产量排名第二，占比接近25%，中印两国占据了全球一半的大米产量。全球大米消费量国别分布中，中国以150 293千吨消费量排名第一；其次为印度，消费量为101 071千吨。2022年，全球大米产量、消费量、结存量都有所上升。

2022年初，我国稻米市场经历了季节性淡季之后，新冠疫情的加重导致购销活动几乎停滞，市场面临阻力增加的局面。3月份，国家储备粮拍卖开始，但下游需求的消化速度缓慢，成交率持续下降。随着疫情得到有效控制，市场购销活动略有回温，稻谷价格也得到提振上涨，但米价的涨幅相对较小。在5-6月份，国际市场传来一系列消息，印度禁止大米出口，泰国和越南计划提高大米价格。尽管我国对进口大米的依赖度较低，但这些突如其来的消息还是引发了市场的紧张情绪。进入7月，早稻上市，质量优良，价格也一度飙升，平均高于上一年的水平 0.1 元 / 斤。然而，市场需求仍然低迷，加工厂开机率一度下降。

随后几个月，市场逐渐迎来了新作稻米的上市，质量参差不齐。其间，印度实施了限制大米出口的政策，国内农户由于农资价格较高而选择保持谨慎售粮，价格因此出现短期波动。随着市场进一步紧张，下游零售商开始囤货以满足一定需求，从而刺激了大米的销量提升。

到了 12 月份，由于防控政策放宽，感染者数量增加，并且解封后下游市场的紧张情绪消退，大米的销量出现了收缩。在节前备货不及预期的情况下，市场参与者陆续进入假期，导致市场购销活动减少，市场更加冷清。节后，市场依然面临着压力，参与者更多持观望态度。

总体来说，2022 年的稻米市场并不理想，受多重因素影响，市场走势波动不定。

（二）价格下滑

近年来，为了保障国家粮食安全、保护农民利益，稳定粮价，各级政府出台一系列惠农补贴政策，例如：最低收购价政策，使稻谷种植收益得到保障。但由于我国粮食常年丰产，稻谷，特别是水稻去库存压力大，稻谷价格近几年呈现波动下降趋势，使得稻谷成为玉米、小麦等饲料原料的替代品，在饲料消费方面逐年增长如图 3-10 所示。

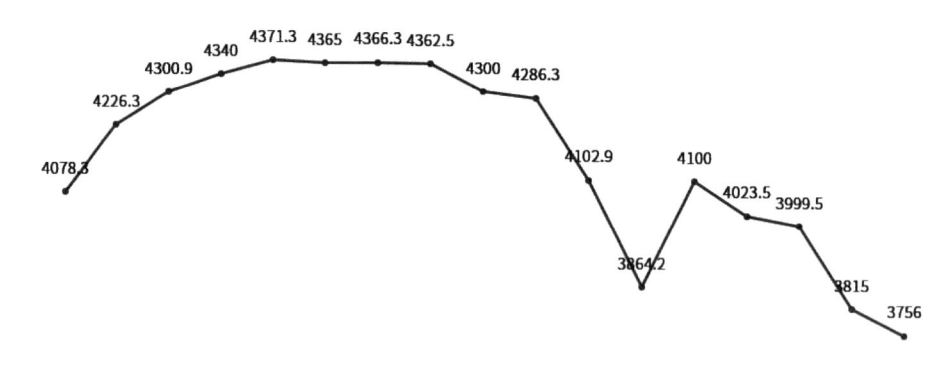

图 3-10 历年稻米价格变化趋势

数据来源：中华粮网，农小蜂

（三）稻米消费结构稳定

稻米的消费结构主要以口粮消费、饲料消费、工业消费为主。其中口粮消费在总消费量中占比最大，其次是饲料消费。

1. 口粮消费

随着疫情得到有效控制，餐饮行业刚性采购需求恢复，同时考虑到人口的增加，目前口粮消费在总消费量中占比依然最大，稻谷加工的产品是糙米或大米，副产品有碎米、米胚、稻壳、米糠等，可用于食品企业生产米制营养主食品、休闲食品。米糠保鲜处理后，是良好的健康食品配料，可提取、生产天然 VE、IP6（肌醇六磷酸，亦称六磷酸肌醇，俗称植酸，具有抗癌作用）等功能性产品。

2. 饲料消费

近年来，玉米价格一直高位运行，但畜禽产品价格却持续下跌，饲料厂和养殖场为降低原料成本，逐步以稻谷、稻谷副产物等谷物原料替代价格日益高涨的玉米。随着稻谷产量的增加，稻谷在饲料中使用比例将越来越大。

有资料显示稻谷粗蛋白在 8.5% 左右，糙米粗蛋白在 10% 左右。稻谷营养价值与玉米相近，采用库存稻谷及其加工副产物部分替代畜禽饲粮中的玉米和豆粕，可以减轻玉米和豆粕进口的压力，应用潜力巨大，且大米蛋白粉可以按一定比例替代早期断奶仔猪饲粮中的乳清蛋白粉。

3. 工业消费

工业用粮主要集中在米粉等食品、酿酒、酿醋、制糖等方面。另外，稻壳是良好的可再生的生物质原料，通过气化转化为稻壳煤气、直接燃烧产生蒸汽或热量，用于发电、供热等，稻壳还可以制作高品质活性炭、吸附剂、炭黑、二氧化硅、碳化硅、硅酸钾等化工产品。

总之，受疫情影响，近几年我国稻米市场较为波动，也影响了价格的走势，但消费结构较为稳定。

四、我国稻米产业的社会环境

我国稻米产业对社会经济的发展和农村居民的生计具有重要而积极的影响。稻米产业供应链的发展，将会带来一系列积极的社会环境效应。

（一）稻米产业供应链的发展将促进就业机会的增加

农业生产和加工环节的不断优化，将需要更多的劳动力参与其中，从而为农村居民提供稳定的就业机会。这不仅能够帮助农村居民增加收入，提高生活水平，还能有效减少农村劳动力的流失，促进农村社会的稳定。我国依托互联网等新型模式，在快递配送、外卖送餐、移动出行、知识技能培训和生活服务等领域，培育并提供具有一定专业知识和技能的自由职业者，确保各地城镇新增就业。此外，各地政府通过建设返乡创业基地和农民工返乡创业示范县，并通过为农民工返乡创业提供担保贷款、提供创业补贴等措施，吸引农民工返乡创业。

（二）稻米产业供应链的发展将增加农村居民的收入

通过提高稻米的品质和附加值，加强品牌建设和营销，农村居民参与稻米产业供应链中的各个环节也能够从中获得更多的收益。这将带动农村居民的经济收入增长，改善其生活质量，并进一步推动农村社会经济的发展。同时，我国退休人员养老保险待遇正常调整机制进一步健全，企业退休人员基本养老金实现连续调整，退休人员每月补贴有所增加。困难残疾人生活补贴和重度残疾人护理补贴"两项补贴"制度上线运行，残疾人权益得到进一步保障。

（三）稻米产业供应链的发展还将助力于改善农村社会经济状况

稻米产业的水平提升和技术进步，不仅可以提高农民种植和加工的效率，也能够为农村地区带来更多的经济效益和发展机会。这将促进农村社会经济结构的调整和优化，提高农村地区的综合竞争力和吸引力，进而增强农村社会经济发展的可持续性。我国统筹推进中东西"三大板块"建设，发挥各区域比较优势，推动区域互动、产业联动与协调发展。目前，我国稻米全产业链的发展涉及土地改革、科技改革、"放管服"改革、农业农村经营体制创新、城市流通消费体制创新等，改革的快与慢、深与浅等直接关系着稻米供应链每个节点的活力与效益。

综上所述，我国稻米产业供应链的发展对当地社会环境具有重要而积极的影响。通过增加就业机会、提高农村居民收入和改善农村社会经济状况，稻米产业供应链发展将促进我国农村社会的稳定和可持续发展。

五、我国稻米产业的技术环境

如今，现代农业科技的进步已逐渐成为经济增长的重要来源之一，以及除劳动力和资本要素之外的主要驱动力。我国在种子科技创新和农业高新技术产业建设等方面取得了一定的成就，尤其在"互联网+"的背景下，稻米产业的供应链运行需要转变传统思维，灵活结合全球资源的特点，以提供广大消费主体所需的各种交流手段。

除此之外，我国越来越注重将"产、学、研"相结合，重视与高校和科研院所分享成果，创新稻米产业生产经营模式，并利用信息资源优势。基于农业的多功能性，形成了战略联盟，建立了利益共同体，以转化真正符合市场需求的成果。同时，我国近年来培养了一批科技创新和转化能力强的相关人才队伍，促进稻米种子和产品技术研发机构与市场应用组织之间的资源共享和应用，推动科技成果的转化和增值。

从科技金融的角度来看，我国的科技金融发展仍处于起步阶段，但有关政府部门已经认识到，大力发展科技金融有利于激发科技创新活力，并推动产业实现转型升级。目前，尽管我国的科技金融发展已取得一定成就，但由于地理位置、环境气候等多种因素的影响和制约，各地农业技术市场的发育参差不齐。农业新技术的供需存在一定的脱节现象，使得农业新技术信息难以及时准确地传递给稻米全产业链各环节的需求方。各环节主体的诉求也难以及时反馈给上游企业，导致农业新科学技术的供给和需求不匹配。

从智慧农业技术应用角度来看，我国稻米产业借助物联网技术来实现农田的智能化管理。通过在农田中布设传感器和监控设备，可以实时监测土壤湿度、养分含量、病虫害情况等数据，为农民提供科学有效的种植管理建议。这样可以提高农田的利用效率和产量稳定性，进而提高稻米供应链的稳定性和可持续发展能力。云计算技术可以提供稻米供应链的信息共享平台和决策支持系统。通过云平台，各个环节的参与者可以实时共享生产调度、物流配送、库存管理等信息，减少信息不对称和沟通成本。同时，云计算技术还可以提供供应链的决策支持系统，通过模型预测和优化算法，帮助农民和企业进行供需匹配和资源配置，进一步提高供应链的效率和灵活性。

综上所述，作为世界第二大经济体，我国在政治和经济体制方面保持稳定，并且人民生活水平不断提高。在这个背景下，我国积极致力于维护稻米产业供应链系统的稳定性、政策的连续性以及市场属性的发展，同时根据市场规律逐步优化稻米供应链的发展。近年来，我国结合"一带一路"倡议规划，积极改善稻米供应链的发展环境，推动流通产业的转型升级，促进农业、农村和农民的融合发展。

面对我国重化工业比重高、产业结构单一、结构性污染较重、环境保护历史欠账多等问题，我国正不断深化农村集体产权制度改革和农垦改革。此外，我国还积极推进国家农村金融综合改革试验，并推动粮食收储制度的改革，扩大了"粮食银行"的试点范围，并逐步实现了产粮市县的全覆盖，以实现生产要素在供给侧的最优配置。

然而，由于我国现有的农业组织模式存在一定程度的权力不平衡，小农户分散、低效率的经营与企业组织化、高效率运作之间存在矛盾，这使得小农户很难享受全球化社会分工所带来的优势资源共享。虽然稻米产业供应链的生产经营主体的综合素质在不断提高，但在生产管理过程中仍需要摆脱盲目应用传统经验的弊端。此外，我国现代农业科技创新在提高稻米产量和农业机械化程度的同时，也为稻米产业供应链带来潜在的风险因素。由于农业新技术的应用需要粮食生产经营主体具备一定的科技知识和管理实践能力，稻米产业供应链的生产经营主体在面对种子等技术创新的风险承受能力方面存在不确定性，容易引发稳定性风险隐患。

在这些环境的基础上，我国稻米产业供应链应充分利用资源优势和政策支持，通过技术创新和加强管理，实现供应链的协同运作和高效发展。

第四节　数字经济时代对我国稻米产业供应链发展的影响

一、数字经济时代背景下我国稻米产业供应链面临的机遇

（一）电子商务的渗透和发展

电子商务的渗透和发展为我国稻米产业的供应链带来了多重机遇。

首先，电子商务平台提供了一个便捷的交流和销售渠道，让我国稻米企业和农民可以直接与消费者进行沟通和交易。传统的供应链中存在着许多中间环节，如批发商、零售商等，而通过电子商务平台，这些中间环节被大大简化甚至省略，从而提高了市场流通效率，缩短供应链的长度。

其次，电子商务为我国稻米产业提供了更广阔的市场机会。通过电子商务平台，我国的稻米企业可以更容易地拓展销售渠道，不再受限于地理位置和传统市场渠道。利用电子商务平台的全球覆盖性，稻米产业可以将产品远销到国内外各地。这种市场机会的拓展不仅可以增加销量和收入，还能够提升我国稻米的品牌竞争力。

此外，电子商务平台还为我国稻米产业提供了更多的销售和宣传渠道。通过线上平台，稻米企业可以进行精准地营销和推广，吸引更多的消费者关注和购买稻米产品。同时，电子商务平台还提供了在线支付和物流配送服务，让交易变得更加便捷和快速。这种数字化的供应链管理方式有助于优化供应链流程，提高供应链的运转效率。

综上所述，电子商务的渗透和发展为我国稻米产业的供应链发展带来了重要机遇。借助电子商务平台，稻米企业和农民可以直接与消费者进行交流和销售，提高市场流通效率。同时，电子商务平台还为稻米产业提供了更广阔的市场机会和销售渠道，增加了销量和收入。此外，电子商务还为稻米产业提供了传播和宣传的渠道，提升了品牌竞争力。因此，我国稻米产业应善于抓住这一机遇，积极发展和应用电子商务，推动供应链的数字化转型和发展。

（二）数据分析和智能化技术的应用

在数字经济时代，数据分析和智能化技术作为数字经济的核心要素，对我国稻米产业的供应链发展产生了积极影响。通过收集和分析大数据，可以实现对供应链各环节的精准管理和优化决策，提高供应链的运作效率和响应能力。同时，智能化技术如物联网、人工智能等的应用，可以实现稻米生产、仓储、运输等环节的自动化和智能化，提高生产效率和质量控制水平。

在数据分析方面，通过收集和分析我国稻米产业供应链的相关数据，可以深入了解各个环节的运作情况，包括农田管理、种植技术、农药和肥料的使用情况、收获和加工过程等。通过对这些数据的分析，可以发现潜在的问题和改进的空间，为供应链的优化提供科学依据。同时，数据分析也可以预测市场需求和趋势，帮助我国稻米产业做出精准的生产和销售计划，减少库存和浪费。

在智能化技术方面，物联网的应用可以实现对农田的自动化管理，通过传感器和设备的互联，实时监测土壤湿度、温度、光照等因素，为农民提供精确的种植指导。同时，物联网还可以实现农机设备的远程监控和维护，提高生产效率和减少故障停机时间。人工智能的应用可以对稻米产量和质量进行预测和控制，通过深度学习算法和大数据分析，可以快速识别稻米的品种、杂质和质量问题，实现精细化的质量控制。此外，人工智能还可以帮助优化运输路线和运输车辆的调度，提高物流效率和减少成本。

综上所述，数据分析和智能化技术在我国稻米产业的供应链发展中发挥着重要的作用。通过运用这些技术，可以实现供应链各环节的精准管理和优化决策，提高供应链的运作效率和响应能力。同时，智能化技术的应用也可以实现稻米生产、仓储、运输等环节的自动化和智能化，提高生产效率和质量控制水平。这些技术的应用将为我国稻米产业的发展注入新的动力，推动其向数字经济时代迈进。

二、数字经济时代背景下我国稻米产业供应链面临的挑战

（一）信息不对称问题

在数字经济时代，信息不对称问题在我国稻米产业供应链发展中成为一个重要的问题。信息不对称指的是供应链各方之间在信息获取、传递和利用方面存在差异和不平衡，导致信息的不准确、不完整和不可靠。这会对供应链的效率和效果产生负面影响。

首先，由于信息的快速传播，各种信息泛滥，使得供应链各方难以辨别真伪。我国稻米产业涉及多个环节，包括农民、农业机构、种植合作社、加工企业、物流公司等。每个环节都需要获得准确的信息来做出决策，但存在信息真实性和准确性的问题。比如，农民在种植过程中需要了解最新的农业技术和市场需求，但他们可能受到信息不对称的影响，无法及时获得准确的信息，从而影响了他们的决策。

其次，信息不对称也导致供应链各方之间信息的共享和交流不足。我国稻米产业供应链的各个环节之间相互依赖，信息共享和交流对于提高供应链的协同性

和效率至关重要。然而，由于信息不对称，供应链各方往往不愿意或难以将自有的信息进行共享，这导致信息无法在供应链中流通，限制了供应链的整体效能。

为了解决信息不对称问题，我国稻米产业供应链需要采取一些措施。首先，加强信息采集和筛选能力。通过建立信息采集系统和采用技术手段，可以及时准确地获取到优质信息。同时，提高信息筛选和分析的能力，能够筛选出真实、准确的信息，为供应链决策提供有力支撑。

其次，加强供应链内部信息共享和交流。我国稻米产业供应链的各个环节应通过信息共享平台、协同工具和实时通信等手段，实现信息的共享和交流。这样可以减少信息不对称的情况，提高供应链的协同和响应能力。

此外，建立信任机制也是解决信息不对称问题的重要途径。通过构建可信的合作关系和建立信任机制，可以加强供应链各方之间的信息共享和交流，减少信息不对称的情况。

综上所述，数字经济时代带来的信息不对称问题对我国稻米产业供应链发展构成了挑战。解决信息不对称问题需要加强信息采集和筛选能力，促进供应链内部的信息共享和交流，以及建立可信的合作关系和信任机制。这些措施将有助于提高我国稻米产业供应链的效率和效果，推动其在数字经济时代的发展。

（二）供应链管理的数字化转型带来的挑战

数字化转型对我国稻米产业的供应链管理具有重要意义。在数字经济时代，供应链管理需要更加注重数据的采集、分析和利用，以提高运营效率、降低成本、增加竞争力。通过采集和分析相关数据，供应链中的各个环节可以更加精确地进行规划和决策，从而提高产业的整体效益。

为了实现供应链管理的数字化转型，我国稻米产业需要引入新的技术手段和管理模式。物联网技术可以帮助我国稻米产业实现设备的信息化和智能化，提高物流运作的效率和准确性。大数据分析技术可以帮助我国稻米产业更好地洞察和理解市场需求，通过数据挖掘和模型分析优化供应链中的各个环节。人工智能技术则可以应用于供应链中的预测、规划和优化等方面，提升供应链管理的智能化水平。

然而，我国稻米产业供应链中的企业和农民在数字化转型方面可能存在一些挑战和不足。许多农产品企业和农民对数字化转型的意识和理解不足，缺乏相关的技术知识和经验。加强技术培训和支持将是推动数字化转型的重要举措。同时，政府和相关机构还应提供资源和支持，帮助企业和农民引入新的技术和管理模式，提高数字化转型的能力和效果。

在数字化转型的过程中，我国稻米产业的供应链管理需要重视数据安全和隐私保护。数字化转型将涉及大量的数据收集和处理，因此必须制定加强信息安全和隐私保护的措施，保障消费者和企业的利益。

总之，数字化转型对我国稻米产业的供应链管理提出了新的要求和挑战。通过引入新技术和管理模式，加强技术培训和支持，保障数据的安全和隐私，可以促进我国稻米产业供应链的数字化转型，提高管理效率和竞争力，为产业的可持续发展提供有力支持。

综上所述，数字经济时代为我国稻米产业的供应链发展带来了机遇和挑战。电子商务的渗透和发展为稻米产业提供了更广阔的市场机会，数据分析和智能化技术的应用为供应链的精细化管理和优化决策提供了支持。然而，信息不对称问题和供应链管理的数字化转型仍然是需要解决的难题。因此，我国稻米产业的相关企业和农民需要加强技术研发和创新，积极应对数字经济时代的挑战，促进稻米产业供应链的可持续发展。

第四章
我国稻米产业供应链发展评价

本章将对我国稻米产业供应链的发展进行评价，旨在通过科学的方法和客观的指标，全面衡量供应链的发展水平，为我国稻米产业供应链的优化与改进提供有效的指导和建议。

这一章的评价研究，将为我国稻米产业供应链的优化与改进提供客观的评估和有效的改进方法。同时，本书的研究还将为农产品物流与供应链领域的学术研究和实践提供新的思路和方法，为数字经济时代下农产品供应链的发展提供有益的经验和借鉴。

第一节　我国稻米产业供应链发展评价指标体系的构建

本节将从一系列关键的指标出发，构建一个科学合理的关于我国稻米产业供应链发展评价指标体系。通过对供应链各环节的综合考量，建立评价指标体系，以客观、全面地衡量我国稻米产业供应链的发展水平。这个指标体系将涵盖供应链运作能力、成本管控能力、价值创造能力、创新发展能力和可持续发展能力等关键领域。

一、评价指标体系的概述

评价指标体系是用于评估我国稻米产业供应链发展水平的一种工具，通过对成本管控能力、供应链运作能力、价值创造能力、创新发展能力和可持续发展能力等方面的评估，可以客观地衡量和评价我国稻米产业供应链的发展状况。

第一，成本管控能力是评价供应链管理的关键因素之一，对于稻米产业而言也是重要的考虑因素。稻米产业供应链中涉及的诸多环节（如种植、加工、物流等）都会带来一定的成本，评价成本管控能力有助于识别成本高低、成本分配的公平性等问题。

第二，价值创造能力是其他评价指标体系中不可忽视的一项指标。供应链中的价值创造能力包括供应链整体产出价值、向客户提供的产品质量价值，形成的客户忠诚度，以及供应链整体竞争力等。评价价值创造能力的高低有助于发现提升供应链整体产出价值的需求和问题。

第三，可持续发展能力是当前社会发展的重要目标之一，评价稻米产业供应链的可持续发展能力有助于了解供应链对环境、社会和经济的影响程度，以及是否与可持续发展目标相符合。

第四，供应链运作能力是指供应链中各个环节的运作效率，包括生产周期、交货时间、库存管理、信息传递等方面。评价供应链运作能力可以揭示供应链运作的流畅程度和效率，有助于发现问题和改进空间。

第五，创新发展能力是衡量供应链在数字经济时代的发展水平的重要指标。在数字化时代，稻米产业供应链需要具备创新发展能力来应对技术的更新换代、市场需求变化等。评价创新发展能力的水平有助于认识供应链对数字化转型的适应能力和发展方向。

通过选取这五个评价指标，可以全面而综合地评估我国稻米产业供应链的发展水平。这些指标既涵盖了运营效率和成本方面，也考虑到了对客户和整体社会效益的关注，有助于形成全面的评价和指导意见。

二、评价指标体系构建原则

在构建评价指标体系时，应遵循以下原则：

（一）全面性原则

评价指标体系的构建涵盖我国稻米产业供应链发展的各个方面。全面考量了从种植、生产、物流、加工到销售等环节，确保能够全面评估供应链的发展水平。只有全面考虑供应链各个环节，才能够获取到全面和准确的评价结果。

（二）权威性原则

构建评价指标体系依据可靠的数据和科学的方法。选择的指标建立在充分的研究和数据支持的基础上，并经过专业学者的评审和验证。评价结果应具有权威性和可信度，以确保可以为我国稻米产业供应链的发展提供有效的参考和指导。

（三）实用性原则

评价指标体系具备一定的实用性，能够在实际应用中发挥指导作用。评价结果具备可操作性，能为我国稻米产业供应链的管理者和决策者提供有益的建议和方向。构建的指标体系易于使用和理解，以便能够有效地指导供应链的发展和优化。

（四）动态性原则

评价指标体系具备动态调整的能力，能够随着供应链的发展和变化进行适时的调整和更新。供应链是一个动态的系统，随着时间推移和外部环境变化，其各个环节和指标的重要性和表现也会发生变化。因此，评价指标体系应具备灵活性，以适应变化和持续优化。

（五）合理性原则

评价指标体系的建设合理有效，即选择的指标具备合理性和相关性。它们与我国稻米产业供应链的特点和目标密切相关，并能够真实反映供应链的运营状况和发展需求。评价指标具有较高的敏感性和预警能力，能够及时发现问题和提供改进方向。

（六）可持续性原则

评价指标体系的建设考虑到我国稻米产业供应链的可持续发展因素。这包括环境保护、社会责任和经济可持续性等方面的考虑。评价指标体系能够评估供应链的可持续发展水平和潜力，并提供可持续性相关的指导建议。

（七）科学性原则

评价指标体系的构建基于科学的理论框架和方法，确保评估结果科学合理。评价指标与我国稻米产业供应链的实际情况相匹配，能够准确反映供应链的发展状况和问题，避免主观性和任意性。

（八）系统性原则

评价指标体系的构建采用系统思维和综合性的方法。将我国稻米产业供应链各个环节和要素进行有机整合，形成一个完整的评价体系，能够综合评估整个供应链的绩效和发展水平。评价指标具备相互关联和相互影响的特点，能够反映供应链的协同效应和整体效能。

这些原则将确保评价指标体系在建立时具备科学性、准确性和实用性。以以上原则为基础，构建的评价指标体系将能够全面、权威、可比、实用地评估我国稻米产业供应链的发展水平，为制定科学合理的供应链发展路径提供有力的支持和指导。同时，秉持这些原则可以使评价指标体系具备较高的专业性和可操作性，为我国稻米产业供应链的发展路径研究提供坚实的基础。

三、评价指标体系的建立

评价指标体系的建立是一个复杂而综合的过程。评价指标体系的建立需要经过以下步骤：

（一）确定评价目标

明确评价指标体系的目标，即评价我国稻米产业供应链发展水平。明确所关注的方面，如成本、价值、可持续发展、运作和创新等。此外，还考虑到数字经济时代的特点，如信息技术的应用、数据驱动决策、物联网的影响等。评价目标是在充分了解我国稻米产业供应链的特点和现状的基础上确定的，同时考虑到数字经济时代对供应链的影响和要求。

（二）指标筛选和确定

根据评价目标，筛选和确定相关的指标。在确定指标时，考虑指标的可度量性、可操作性、代表性和权威性。本书结合我国稻米产业供应链的实际情况，筛选出与目标相关的指标，并确保这些指标具有可度量性和可操作性。指标的代表性和权威性也是评价指标体系建立过程中要考虑的重要因素。借鉴已有的研究成果和指标体系，同时结合我国稻米产业供应链的特点，灵活确定适合本地实际的指标。本书从产业链、供应链发展水平评价的相关研究出发，在评价我国稻米产业供应链发展水平方面选取了成本管控能力、价值创造能力、可持续发展能力、供应链运作能力和创新发展能力五个一级指标。

结合我国稻米产业供应链的特点和数字经济时代的背景，筛选出与评价目标相关且具有可度量性的二级指标。例如，对于成本管控能力方面，选择成本控制、成本管理、成本预算等指标；对于价值创造能力方面，选择供应链产值、产品质量价值、客户忠诚度和竞争力等指标；对于可持续发展能力方面，选择环境影响、社会责任、生态效益等指标；对于供应链运作能力方面，选择生产周期、交货时间、库存控制、信息传递等指标；对于创新发展能力方面，选择技术研发投入、创新产出、人才培养等指标，如表4-1所示。

表4-1 我国稻米产业供应链发展水平（能力）评价指标体系

序号	一级指标	序号	二级指标
1	成本管控能力（F_1）	1	成本控制（F_{11}）
		2	成本管理（F_{12}）
		3	成本预算（F_{13}）

续表

序号	一级指标	序号	二级指标
2	价值创造能力（F_2）	4	供应链产值（F_{21}）
		5	产品质量价值（F_{22}）
		6	客户忠诚度（F_{23}）
		7	竞争力（F_{24}）
3	可持续发展能力（F_3）	8	环境影响（F_{31}）
		9	社会责任（F_{32}）
		10	生态效益（F_{33}）
4	供应链运作能力（F_4）	11	生产周期（F_{41}）
		12	交货时间（F_{42}）
		13	库存控制（F_{43}）
		14	信息传递（F_{44}）
5	创新发展能力（F_5）	15	技术研发投入（F_{51}）
		16	创新产出（F_{52}）
		17	人才培养（F_{53}）

（三）指标权重确定

本研究拟通过专家咨询、问卷调查、层次分析等方法来进行。邀请农业部门、乡村振兴产业相关部门、粮食主管部门等政府主管部门专家，农科研究机构、粮食产业联盟、高校相关专业领域的专家和相关从业者，根据其经验和专业知识，赋予各个指标相应的权重。运用问卷调查的方法收集利益相关方的意见和偏好，据此进行权重的确定。在权重的确定上运用层次分析法，通过构建判断矩阵和计算特征向量来确定指标的权重。层次分析法（Analytic Hierarchy Process，AHP）将复杂的多目标决策问题视为一个系统。通过定量研究和定性研究相结合的方法，建立层次结构模型，将总目标分解为从最高层到最低层的子目标。AHP适用于评价指标交错、目标值难以定量描述的多目标决策问题。本研究邀请了40位相关领域的专家，对我国稻米产业供应链发展水平指标的权重分值进行1—9级评分。通过专家判断中出现频率较高的观点，列出我国稻米产业供应链的层次分析判断矩阵。通过一致性检验后，逐一确定各指标的权重值，并使用SPSS统计软件对每一项指标进行进一步分析。

在确定权重时，考虑到各个指标对我国稻米产业供应链发展的重要性和影响程度。综合考虑各个指标在实际应用中的重要性，并根据实际情况进行权衡和折中。权重的确定经过反复论证和调整，确保权重的准确性和可信度。

（四）指标计算和评价

在确定了指标和权重后，根据层次分析法，运用 SPSS 软件分析，对各个指标进行计算和评价。根据指标和权重的数值，计算出各个指标的得分或综合指标的得分。

运用多层次模糊综合评价的方法，对我国稻米产业供应链的发展水平进行综合评价。

模糊综合评价法是以模糊数学理论为基础，根据各评价因素的特点，结合 AHP 分析得到的权重。它通过模糊线性变换确定评语集与评价因素位置之间的隶属函数关系，将多指标问题转化为单指标结果，实现综合评价。本研究应用模糊综合评价法，结合专家打分法给出的评分值，构建数学模型，综合各因素对稻米产业供应链发展水平的影响程度，得出稻米产业供应链发展水平的评价结果。多层次综合评价法基于模糊综合评价法，将所有指标因素分为若干层次。按照从低到高的顺序，依次对各组指标进行综合评价，得出评价结果。确切地说，多层次模糊综合评价法的应用主要包括五个步骤。

第一步，计算一级指标和二级指标的权重。利用 AHP，通过 1-9 标度法分别构建一级指标和二级指标的判断矩阵。稻米产业供应链发展水平模糊判断矩阵的最大特征根 λ_{max} 和特征向量 W 采用平方根计算方法进行近似计算，从而计算出该指标量化方法的层次排序和权重。为了得到更科学的结果，还要进一步对计算结果进行一致性检验。如果通过了一致性检验，得到的结果就可以直接应用；如果没有通过一致性检验，则需要进行多轮评分来修正一致性，最终得到具有一致性的结果。由于本研究在多层次模糊综合评价过程中，只需选择单层次排序的结果作为因素重要性的模糊集合，因此没有进行 AHP 总排序。

第二步，确定因子集和评语集。针对本研究评价指标体系中的每一个指标，构建一级指标的因子集，即由五个子集组成的整个指标集为 $F=\{F_1, F_2, F_3, F_4, F_5\}$。相应地，二级指标的因子集也由其对应的子因子组成，即 $F_1=\{F_{11}, F_{12}, F_{13}\}$，$F_2=\{F_{21}, F_{22}, F_{23}, F_{24}\}$，$F_3=\{F_{31}, F_{32}, F_{33}\}$，$F_4=\{F_{41}, F_{42}, F_{43}, F_{44}\}$，

$F_5=\{F_{51}, F_{52}, F_{53}\}$。

本研究将模糊评价指标评价对象的具体发展能力评语集设置为五个等级，即 $v=\{v_1, v_2, v_3, v_4, v_5\}=\{$很高，高，中，低，很低$\}$，以此来表示代表从高到低的发展水平。根据这些指标因子集，可以对不同的评语集进行相应的描述，形成相关指标因子的评分标准组。本研究采用专家问卷调查的方式，得出我国稻米产业供应链发展水平的评语集结果。

第三步，计算隶属度，并构建模糊矩阵。根据专家对评分标准集的评价结果，计算每个指标对应的隶属度。设评价对象在评语集中的第 n 个要素的隶属度为 n_i。其值由评价对象的具体评价指标 v_i 在第 n 层的出现频率与参与评价的专家总数之比来衡量，对于隶属度对应的每个指标，构建第 j 个指标在第 i 个评价层的模糊评价矩阵。

其中，矩阵 R_{ij} 中的每一行 $R_i=(r_{i1}, r_{i2}, \cdots, r_{im})$ 为第 i 个指标的评价结果，而 r_{ij} 表示第 1 个评价指标与第 j 个评价等级的隶属度，隶属度反映了评价指标与评价等级之间的模糊关系。

第四步，进行多层次模糊运算。从最底层到最高层，依次将指标的归一化权重向量 W_{ij} 与模糊评价矩阵 R_{ij} 合并形成二级综合评价向量 $F_i=W_{ij} \times R_{ij}$，可表示为：

$$F_i=(W_1, W_2, \cdots, W_i) \times R_{ij}=(W_1, W_2, \cdots, W_i) \times R$$
$$=\{E(F_1), E(F_2), E(F_3), E(F_4), E(F_5)\}$$

由此，自下而上对上一级进行综合评价。由五个二级综合评价向量 F_i 组成一个 5×5 矩阵 S。然后将一级指标权重向量 W_k 与一级指标模糊矩阵 S 合并，得到一级综合评价结果向量 $F=W_k \times S$，直接对整体进行模糊综合评价。

第五步，结果处理与综合评价。结合各指标的指标集、隶属度和综合评价结果向量，根据最大隶属度原则，求出其评语集结果对应的指标。另外，用 $E(F_1)$ 表示当前我国稻米产业供应链发展水平各一级指标所得值，由各一级指标对应的二级指标加权后的指标加总组成，根据稻米产业供应链发展水平评价指标的平均值组成。根据指标的平均值和权重，得出供应链整体发展水平和一级指标发展水平的平均得分。因此，我国稻米产业供应链发展水平 E 可用公式进行评估。

$$E=E(F_1) \times W_1+E(F_2) \times W_2+E(F_3) \times W_3+E(F_4) \times W_4+E(F_5) \times W_5,$$

以评价各二级指标对应的水平和总体发展水平评价结果。

（五）结果分析和总结

最后，通过对评价结果进行分析和总结，得出对我国稻米产业供应链发展的评价和建议。评价结果结合实际情况，提出具体的改进方向和措施，以指导我国稻米产业供应链的进一步发展。这将为后续的研究和决策提供重要的参考依据，推动我国稻米产业供应链的优化和升级。

第二节 我国稻米产业供应链发展水平评价实证分析

在本节中，将通过实证分析，对我国稻米产业供应链的发展水平进行评价。由于与产业供应链发展水平指标相对应的定量数据的获取具有一定的难度，因此，本书采取层次分析法与多层次模糊综合评价法对我国稻米产业供应链发展水平进行测算与评价。

层次分析法是一种常用的指标权重科学分析方法，在评估我国稻米产业供应链发展水平时非常有价值。该方法通过收集、整理和分析大量影响我国稻米产业供应链发展水平相关因素的相关数据，通过发放问卷，由专家对影响因素的重要程度进行打分、综合排序，并运用SPSS软件定量分析，确定各因子的权重，进一步通过多层次模糊综合评价法测定发展水平，以客观地评估供应链的发展水平和效果。

一、基于AHP的权重确定

AHP是一种定量分析方法，它可以通过对广泛意见的调查来确定指标的权重，从而对各个指标的重要性进行排序。

（一）一级指标判断矩阵构建与权重确定

1. 构建一级指标判断矩阵

一级指标判断矩阵是由专家对各个一级指标两两比较得到的矩阵，矩阵中的元素表示一个指标相对于另一个指标的重要性程度。

2.计算特征值与特征向量

通过对一级指标判断矩阵进行特征值分解，可以得到各个指标的特征值和对应的特征向量。特征值反映了指标的重要性程度，而特征向量则表示了各个指标在整体中的权重。

3.计算一级指标权重并进行一致性检验

最后，通过归一化特征向量，可以得到各个一级指标的权重，从而确定各个指标在评价我国稻米产业供应链发展水平时所占的重要比例。

请专家对各评价指标的相对重要性和所属的发展能力等级进行判断并评分。利用判断矩阵基于相互比较来确定发展能力指标之间的影响程度。采用1–9标度法来量化相对重要程度的结果。当两个发展能力指标具有相等重要性时，标分为1；如果一个发展能力指标稍微重要于另一个，则标分为3；如果明显重要于另一个，则标分为5；如果非常重要于另一个，则标分为7；如果极其重要于另一个，则标分为9。反之，如果一个发展能力指标比另一个略微不重要，则标分为1/3；如果比另一个明显不重要，则标分为1/5；如果比另一个非常不重要，则标分为1/7；如果比另一个极其不重要，则标分为1/9。在对比两个发展能力指标时，如果结果偏向于介于中间的情况，则将标分取为2、4、6、8；反之，如果结果侧重于较小的情况，则将标分取为1/2、1/4、1/6、1/8。具体示例如表4–2所示。

表4–2 相对重要程度1到9标度法打分标准

标度值	含义	
1	两个指标对比，前者与后者同等重要	反之，亦取1
3	两个指标对比，前者比后者稍微重要	反之，则取1/3
5	两个指标对比，前者比后者明显重要	反之，则取1/5
7	两个指标对比，前者比后者非常重要	反之，则取1/7
9	两个指标对比，前者比后者极其重要	反之，则取1/9
2，4，6，8	两个指标对比，前者比后者相邻判断的中间值	反之，则取1/2、1/4、1/6、1/8

由此，通过一对一比较形成AHP判断矩阵，再根据专家对各评价指标发展能力重要性的打分，建立我国稻米产业供应链发展水平评价一级指标的判断矩阵，如表4–3所示。

第四章　我国稻米产业供应链发展评价

表4-3　我国稻米产业供应链发展水平评价一级指标的判断矩阵

一级指标	成本管控能力	价值创造能力	可持续发展能力	供应链运作能力	创新发展能力
成本管控能力	1	1/2	1	2	3
价值创造能力	2	1	5	5	3
可持续发展能力	1	1/5	1	5	3
供应链运作能力	1/2	1/5	1/5	1	1
创新发展能力	1/3	1/3	1/3	1	1

根据判断矩阵，利用层次分析法中的方根计算法近似求解稻米产业供应链发展水平的模糊判断矩阵最大特征根 λ_{max} 与特征向量 W。

方根计算法求解的主要步骤包括：

第一步，计算判断矩阵（设为矩阵 F）的每一行元素（设元素为 F）的乘积，得到：

$$M_i = \prod_{j=1}^{n} F_{ij}, \; i=1, 2, \cdots, n$$

第二步，计算 M_i 的 n 次方根，得到 $\overline{W}_i = \sqrt[n]{M_i}$，如果 $\overline{W}_i$ 通过标准化计算得到 W_i 的值为 $\overline{W}_i = \dfrac{\overline{W}_i}{\sum_{j=1}^{n}\overline{W}_j}$，那么 W_i 就是相应的特征向量。再通过公式 $\lambda_{max} \approx \sum_{i=1}^{n} \dfrac{(FW)_i}{nW_i}$ 能够计算出其中最大特征根 λ_{max}，其中 $(FW)_i$ 代表向量 FW 的第 i 个分量。通过对其分量 $W=\{W_1, W_2, W_3, W_4, W_5\}$ 进行归一化处理，以此来表示产业供应链发展各项指标的权重值。

表4-4　一级指标AHP分析结果

分析结果 一级指标	特征向量	权重值（归一化）	最大特征值 λ_{max}	CI值
成本管控能力	0.979	0.196		
供应链运作能力	2.155	0.431	5.342	0.086
价值创造能力	1.059	0.212		

续表

分析结果 一级指标	特征向量	权重值（归一化）	最大特征值 λ_{max}	CI 值
创新发展能力	0.382	0.076		
可持续发展能力	0.425	0.085		

数据来源：专家打分结果与 SPSS 软件运行计算结果

从表 4-4 可知，针对成本管控能力、供应链运作能力、价值创造能力、创新发展能力、可持续发展能力因素构建 5 阶判断矩阵，通过 AHP 法计算得到特征向量为：

W_i =（0.979，2.155，1.059，0.382，0.425），进行归一化处理后对应的权重值分别为：0.196，0.431，0.212，0.076，0.085。

为保证调查问卷与判断矩阵的设计都具有合理性，需要对其进行一致性检验。根据公式 $\lambda_{max} \approx \sum_{i=1}^{n} \frac{(FW)_i}{nW_i}$，可以得出最大特征根 λ_{max}，并将最大特征根值，代入到一致性检验公式 CI=（λ_{max}-n）/（n-1）中，求解出 CI 的值。结合表 4-4 得出的一级指标最大特征根为 5.342，将其代入到一致性检验公式中，得到 CI=0.086，具体检验计算结果如表 4-5 所示。

表 4-5 一级指标的一致性检验结果

最大特征根 λ_{max}	CI 值	RI 值	CR 值	一致性检验结果
5.342	0.086	1.12	0.076	通过

由表 4-5 的一致性检验结果可以看出，针对我国稻米产业供应链发展评价一级指标 5 阶判断矩阵的计算，得出的 CI 值为 0.086，通过查表可得 RI 值为 1.120。据此，得出 CR=CI/RI=0.076，由于 CR=0.076<0.1，说明该判断矩阵符合一致性检验要求，计算所得权重具有一致性。

（二）二级指标判断矩阵构建与权重确定

在确定了一级指标的权重之后，需要进一步确定二级指标的权重。

通过类似的方法，构建二级指标判断矩阵，并进行特征值分解，可以得到各个二级指标的特征值和特征向量。再次通过归一化特征向量，可以得到各个二级指标的权重，从而确定各个二级指标在评价我国稻米产业供应链发展水平时所占的重要比例。

第四章 我国稻米产业供应链发展评价

再次利用上述方法计算出每个分量指标的权重值向量 $W_i = \{W_{11}, W_{12}, W_{13}\}$。基于稻米产业供应链发展的模糊判断矩阵与特征向量和特征值的计算结果，运用 SPSS 分析软件对其进行权重分析，得出 5 个我国稻米产业供应链发展评价二级指标的判断矩阵。

1. 成本管控能力指标的判断矩阵及权重

构建成本管控能力指标的判断矩阵，如表 4-6 所示。

表 4-6　成本管控能力指标的判断矩阵

成本管控能力指标	成本控制	成本管理	成本预算
成本控制	1	2	1/9
成本管理	1/2	1	1/7
成本预算	9	7	1

以表 4-6 判断矩阵为基础，利用层次分析法中的方根计算法近似求解成本管控能力指标判断矩阵的最大特征根 $\lambda_{\max}$ 与特征向量 W，如表 4-7 所示。

表 4-7　成本管控能力指标 AHP 分析结果

成本管控能力指标＼分析结果	特征向量	权重值（归一化）	最大特征值 $\lambda_{\max}$	CI 值
成本控制	0.384	0.128	3.103	0.051
成本管理	0.262	0.087		
成本预算	2.355	0.785		

数据来源：专家打分结果与 SPSS 软件运行计算结果

根据表 4-7 可知，针对成本控制、成本管理、成本预算因素构建 3 阶判断矩阵进行 AHP 分析，得到特征向量为：$W_{1i} = (0.384, 0.262, 2.355)$，相应的权重值分别是：0.128，0.087，0.785。

将前文得出的成本管控发展能力指标最大特征值 $\lambda_{\max}=3.103$，代入到一致性检验公式中，得出 CI=0.051，检验计算结果如表 4-8 所示。

表 4-8　成本管控能力指标的一致性检验结果

最大特征根 $\lambda_{\max}$	CI 值	RI 值	CR 值	一致性检验结果
3.103	0.051	0.520	0.099	通过

根据表 4-8 的一致性检验结果可知，针对成本管控能力指标的 3 阶判断矩阵的计算，得出 CI 的值为 0.051，通过查表可得随机一致性指标 RI 值为 0.520。据此可得 CR=CI/RI=0.099，因为 CR=0.099<0.1，说明该判断矩阵符合一致性检验，

计算所得权重具有一致性。

2.价值创造能力指标的判断矩阵及权重

表4-9 价值创造能力指标的判断矩阵

价值创造能力指标	供应链产值	产品质量价值	客户忠诚度	竞争力
供应链产值	1	1/2	4	1/3
产品质量价值	2	1	5	5
客户忠诚度	1/4	1/5	1	3
竞争力	1/3	1/5	1/3	1

以表4-9判断矩阵为基础,通过方根计算法近似求解价值创造能力指标判断矩阵的最大特征根 λ_{max} 与特征向量 W,如表4-10所示。

表4-10 价值创造能力指标的AHP分析结果

价值创造能力指标 \ 分析结果	特征向量	权重值(归一化)	最大特征值 λ_{max}	CI值
供应链产值	1.179	0.295	4.226	0.075
产品质量价值	1.985	0.496		
客户忠诚度	0.522	0.130		
竞争力	0.314	0.079		

数据来源:专家打分结果与SPSS软件运行计算结果

据表4-10可知,针对供应链产值、产品质量价值、客户忠诚度、竞争力构建4阶判断矩阵进行AHP分析,得到特征向量为 W_{2i}=(1.179,1.985,0.522,0.314),相应的权重值分别是:0.295,0.496,0.130,0.079。此外,结合特征向量可以得出最大特征值为4.226。

表4-11 价值创造能力指标的一致性检验结果

最大特征根 λ_{max}	CI值	RI值	CR值	一致性检验结果
4.226	0.075	0.890	0.085	通过

一致性检验CI值为0.075,通过查表得出RI值为0.890,CR值=0.085<0.1,说明该判断矩阵满足一致性检验,所得权重具有一致性。

3.可持续发展能力指标的判断矩阵及权重

表4-12 可持续发展能力指标的判断矩阵

可持续发展能力指标	环境影响	社会责任	生态效益
环境影响	1	1/5	1/9

续表

可持续发展能力指标	环境影响	社会责任	生态效益
社会责任	5	1	1/2
生态效益	9	2	1

以表 4-12 判断矩阵为基础,得到可持续发展能力指标的 AHP 分析结果如表 4-13 所示。

表 4-13 可持续发展能力指标 AHP 分析结果

可持续发展能力指标 \ 分析结果	特征向量	权重值(归一化)	最大特征值 λ_{max}	CI 值
环境影响	0.198	0.066	3.001	0.001
社会责任	0.956	0.319		
生态效益	1.846	0.615		

数据来源:专家打分结果与 SPSS 软件运行计算结果。

据表 4-13 可知,针对环境影响、社会责任、生态效益能力因素构建 3 阶判断矩阵进行 AHP 分析,可得特征向量为 W_{3i} = (0.198, 0.956, 1.846),相应的权重值分别为:0.066, 0.319, 0.615。

除此之外,根据特征向量可得出最大特征根值 3.001,查表可得随机一致性指标 RI 值,一致性检验结果汇总见表 4-14。

表 4-14 可持续发展能力指标的一致性检验结果

最大特征根 λ_{max}	CI 值	RI 值	CR 值	一致性检验结果
3.001	0.001	0.520	0.001	通过

4. 供应链运作能力指标的判断矩阵及权重

表 4-15 供应链运作能力指标的判断矩阵

供应链运作能力指标	生产周期	交货时间	库存控制	信息传递
生产周期	1	1/2	4	1/3
交货时间	2	1	5	5
库存控制	1/4	1/5	1	3
信息传递	1/3	1/5	1/3	1

以表 4-15 为基础,可得供应链运作能力指标 AHP 分析结果,见表 4-16。

表 4-16 供应链运作能力指标 AHP 分析结果

供应链运作能力指标 \ 分析结果	特征向量	权重值（归一化）	最大特征值 λ_{max}	CI 值
生产周期	1.682	0.420	4.237	0.079
交货时间	1.157	0.289		
库存控制	0.767	0.192		
信息传递	0.394	0.099		

数据来源：专家打分结果与 SPSS 软件运行计算结果

据表 4-16 可知，针对生产周期，交货时间，库存控制，信息传递再造指标构建 4 阶判断矩阵进行 AHP 分析，分析可得特征向量为：W_{4i}=（1.682，1.157，0.767，0.394），相应的权重值分别为：0.420，0.289，0.192，0.099。

除此之外，根据特征向量可以得出最大特征根值 4.237，利用最大特征根计算 CI 值，得到创新发展能力指标的一致性检验结果，见表 4-17。

表 4-17 供应链运作能力指标的一致性检验

最大特征根 λ_{max}	CI 值	RI 值	CR 值	一致性检验结果
4.237	0.079	0.890	0.089	通过

一致性检验的 CI 值是 0.079，查表可得 RI 值 0.890，进而得出 CR=0.089<0.1，因而，该判断矩阵满足一致性检验，计算所得权重具有一致性。

5. 创新发展能力指标的判断矩阵及权重

表 4-18 创新发展能力指标的判断矩阵

创新发展能力指标	技术研发投入	创新产出	人才培养
技术研发投入	1	1/3	1/9
创新产出	3	1	1/7
人才培养	9	7	1

据表 4-18 判断矩阵可以得到创新发展能力指标的 AHP 分析结果，见表 4-19。

表 4-19 创新发展能力指标 AHP 分析结果

创新发展能力指标 \ 分析结果	特征向量	权重值（归一化）	最大特征值 λ_{max}	CI 值
技术研发投入	0.206	0.068	3.082	0.041
创新产出	0.465	0.155		
人才培养	2.330	0.777		

数据来源：专家打分结果与 SPSS 软件运行计算结果

据表4-19可知，针对技术研发投入、创新产出、人才培养，构建3阶判断矩阵进行AHP分析，可得特征向量W_{5i}=（0.206，0.465，2.330），相应的权重值分别为：0.068，0.155，0.777。

此外，根据特征向量可得最大特征根3.082，结合最大特征根值计算出CI值，可持续发展水平指标的一致性检验结果如表4-20所示。

表4-20 创新发展能力指标的一致性检验

最大特征根 λ_{max}	CI值	RI值	CR值	一致性检验结果
3.082	0.041	0.520	0.079	通过

依据一致性检验计算可以得到CI值0.041，查表得出RI值为0.520，据此可得CR值为0.079<0.1，所以，该判断矩阵满足一致性检验，计算所得权重具有一致性。

6. 稻米产业供应链发展水平评价指标AHP分析综合结果

综上所述，针对我国稻米产业供应链发展能力的一级和二级评价指标，已确定了它们的权重集，同时对应的特征向量权重结果已经进行了归一化处理。具体的AHP分析结果详见表4-21。

表4-21 稻米产业供应链发展水平评价指标AHP分析结果

一级指标	权重值（W_i）	二级指标	权重值（W_{ij}）	平均分
成本管控能力（F_1）	0.196（W_1）	成本控制（F_{11}）	0.785	75.458
		成本管理（F_{12}）	0.087	70.157
		成本预算（F_{13}）	0.128	72.178
价值创造能力（F_2）	0.431（W_2）	供应链产值（F_{21}）	0.295	85.157
		产品质量价值（F_{22}）	0.496	86.378
		客户忠诚度（F_{23}）	0.13	81.157
		竞争力（F_{24}）	0.079	89.139
可持续发展能力（F_3）	0.212（W_3）	环境影响（F_{31}）	0.066	79.157
		社会责任（F_{32}）	0.319	78.847
		生态效益（F_{33}）	0.615	79.374
供应链运作能力（F_4）	0.076（W_4）	生产周期（F_{41}）	0.42	70.675
		交货时间（F_{42}）	0.289	71.341
		库存控制（F_{43}）	0.192	72.375
		信息传递（F_{44}）	0.099	70.427

续表

一级指标	权重值（W_i）	二级指标	权重值（W_{ij}）	平均分
创新发展能力（F_5）	0.085（W_5）	技术研发投入（F_{51}）	0.068	78.139
		创新产出（F_{52}）	0.155	76.687
		人才培养（F_{53}）	0.777	73.984

根据表4-21的结果显示，我国稻米产业供应链发展能力评价指标的AHP分析结果表明，5个一级指标的权重计算结果分别为0.196，0.431，0.212，0.076，0.085。对于17个二级指标，其特征向量归一化后的权重值分别为0.785，0.087，0.128，0.295，0.496，0.13，0.079，0.066，0.319，0.615，0.42，0.289，0.192，0.099，0.068，0.155和0.777。

二、我国稻米产业供应链发展水平综合评价的结果及分析

通过以上步骤，我们能够确定各指标的权重，并以此来量化评价我国稻米产业供应链的发展水平。

首先，要确定产业供应链发展能力指标的因素评语集。其次，结合前述AHP分析结果中得到的权重值和指标的平均得分，利用多层次模糊综合评价方法来衡量我国稻米产业供应链目前的发展能力。

在进行多层次模糊综合评价时，首先要确定发展能力因素集和评语集。根据前述5个一级指标和对应的17个二级指标构成的评语，将这些评语组成五个级别的评语集。对于当前的我国稻米产业供应链发展能力情况，使用多层次模糊综合评价方法进行评估，将一级模糊评价指标设为U_i，评价对象的具体发展因素评语集设为五级评语集。即$v=\{v_1, v_2, v_3, v_4, v_5\}=\{$很高，较高，中等，较低，很低$\}$。针对我国稻米产业供应链发展评价指标体系中的5项一级指标，将其整体发展因素集设置为由5个子集构成的总指标集合F，即$F=\{F_1, F_2, F_3, F_4, F_5\}=\{$成本管控能力，价值创造能力，可持续发展能力，供应链运作能力，创新发展能力$\}$。其子指标因素集$F_1=\{$成本控制，成本管理，成本预算$\}$，$F_2=\{$供应链产值，产品质量价值，客户忠诚度，竞争力$\}$，$F_3=\{$环境影响，社会责任，生态效益$\}$，$F_4=\{$生产周期，交货时间，库存控制，信息传递$\}$，$F_5=\{$技术研发投入，创新产出，人才培养$\}$。根据我国稻米产业供应链发展能力语集，我们可以描述不同层次的能力评价指标，并形成产业供应链发展水平综合评语集，以反映

第四章 我国稻米产业供应链发展评价

各个评语集指标的发展能力从高到低的级别。设评语集中第 n 项元素的隶属度为 δin。其中，δin = 评价对象的具体评价指标在第 n 层的频数 / 参加评价专家的总人数。由此，一级模糊评价集可表示为：$U_i = (W_{11}, W_{12}, W_{13}) \times \{\delta in\}$。其中，$W$ 表示特征向量。

同理，根据上文评价体系中的 5 项一级评价指标，将二级模糊评价指标设置为 U_{ij}，可以表示为：

$$U_{ij} = (W_1, W_2, W_3, W_4, W_0) \times \begin{Bmatrix} F_1 \\ F_2 \\ F_3 \\ F_4 \\ F_5 \end{Bmatrix}.,$$

并根据调研中打分的 40 位专家对稻米产业供应链从 v = { 很高，较高，中等，较低，很低 } 这五级发展能力评价的情况统计出评语集结果。

表 4-22 我国稻米产业供应链发展能力评语集

指标名称		发展能力评语集 v_i				
一级指标	二级指标	很高	较高	中等	较低	很低
成本管控能力（F_1）	成本控制（F_{11}）	6	8	12	10	4
	成本管理（F_{12}）	10	8	16	4	2
	成本预算（F_{13}）	8	7	16	2	7
价值创造能力（F_2）	供应链产值（F_{21}）	5	12	6	12	5
	产品质量价值（F_{22}）	5	10	9	7	9
	客户忠诚度（F_{23}）	5	8	6	11	10
	竞争力（F_{24}）	5	8	9	6	12
可持续发展能力（F_3）	环境影响（F_{31}）	13	10	15	2	0
	社会责任（F_{32}）	15	8	12	4	1
	生态效益（F_{33}）	11	11	13	3	2
供应链运作能力（F_4）	生产周期（F_{41}）	8	10	12	6	4
	交货时间（F_{42}）	7	8	11	8	6
	库存控制（F_{43}）	12	12	12	2	2
	信息传递（F_{44}）	9	10	13	4	4

续表

指标名称		发展能力评语集 v_i				
一级指标	二级指标	很高	较高	中等	较低	很低
创新发展能力（F_5）	技术研发投入（F_{51}）	8	7	9	10	6
	创新产出（F_{52}）	10	6	14	4	6
	人才培养（F_{53}）	11	10	12	5	2

数据来源：根据专家打分结果整理

（二）构建二级指标模糊评价矩阵 R_{ij}

根据表4-22中的评语集评价结果，通过评价对象的具体评价指标在第 n 层的频数/参加评价专家的总人数，计算我国稻米产业供应链发展能力二级指标的隶属度结果。针对这些结果构建模糊评价矩阵 R_{ij}，如表4-23所示。

表4-23 二级指标模糊评价矩阵表 R_{ij}

0.150	0.200	0.300	0.250	0.100
0.250	0.200	0.400	0.100	0.050
0.200	0.175	0.400	0.050	0.175
0.125	0.300	0.150	0.300	0.125
0.125	0.250	0.225	0.175	0.225
0.125	0.200	0.150	0.275	0.250
0.125	0.200	0.225	0.150	0.300
0.325	0.250	0.375	0.050	0.000
0.375	0.200	0.300	0.100	0.025
0.275	0.275	0.325	0.075	0.050
0.200	0.250	0.300	0.150	0.100
0.175	0.200	0.275	0.200	0.150
0.300	0.300	0.300	0.050	0.050
0.225	0.250	0.325	0.100	0.100
0.200	0.175	0.225	0.250	0.150
0.250	0.150	0.350	0.100	0.150
0.275	0.250	0.300	0.125	0.050

数据来源：根据隶属度计算结果整理

（三）多层次模糊运算

结合上述稻米产业供应链发展评语集，将我国稻米产业供应链发展能力二级指标权重集 W_{ij} 与二级指标模糊评价矩阵 R_{ij} 合并，可以得到二级综合评价向量 F_i。

$$F_1 = W_{1j} \times R_1 = [0.128 \ 0.087 \ 0.785] \times \begin{pmatrix} 0.150 & 0.200 & 0.300 & 0.250 & 0.100 \\ 0.250 & 0.200 & 0.400 & 0.100 & 0.050 \\ 0.200 & 0.175 & 0.400 & 0.050 & 0.175 \end{pmatrix}$$

$= [0.198 \ 0.180 \ 0.387 \ 0.080 \ 0.155]$

$$F_2 = W_{2j} \times R_2 = [0.295 \ 0.496 \ 0.130 \ 0.079] \times \begin{pmatrix} 0.125 & 0.300 & 0.150 & 0.300 & 0.125 \\ 0.125 & 0.250 & 0.225 & 0.175 & 0.225 \\ 0.125 & 0.200 & 0.150 & 0.275 & 0.250 \\ 0.125 & 0.200 & 0.225 & 0.150 & 0.300 \end{pmatrix}$$

$= [0.125 \ 0.254 \ 0.193 \ 0.223 \ 0.205]$

$$F_3 = W_{3j} \times R_3 = [0.066 \ 0.319 \ 0.615] \times \begin{pmatrix} 0.325 & 0.250 & 0.375 & 0.050 & 0.000 \\ 0.375 & 0.200 & 0.300 & 0.100 & 0.025 \\ 0.275 & 0.275 & 0.325 & 0.075 & 0.050 \end{pmatrix}$$

$= [0.310 \ 0.249 \ 0.320 \ 0.081 \ 0.039]$

$$F_4 = W_{4j} \times R_4 = [0.420 \ 0.289 \ 0.192 \ 0.099] \times \begin{pmatrix} 0.200 & 0.250 & 0.300 & 0.150 & 0.100 \\ 0.175 & 0.200 & 0.275 & 0.200 & 0.150 \\ 0.300 & 0.300 & 0.300 & 0.050 & 0.050 \\ 0.225 & 0.250 & 0.325 & 0.100 & 0.100 \end{pmatrix}$$

$= [0.214 \ 0.245 \ 0.295 \ 0.140 \ 0.105]$

$$F_5 = W_{5j} \times R_5 = [0.068 \ 0.155 \ 0.777] \times \begin{pmatrix} 0.200 & 0.175 & 0.225 & 0.250 & 0.150 \\ 0.250 & 0.150 & 0.350 & 0.100 & 0.150 \\ 0.275 & 0.250 & 0.300 & 0.125 & 0.050 \end{pmatrix}$$

$= [0.266 \ 0.229 \ 0.303 \ 0.130 \ 0.072]$

由此，通过 5 个二级综合评价向量 F_i 可以构成一个 5×5 的矩阵 S，

$$S = \begin{pmatrix} 0.198 & 0.180 & 0.387 & 0.080 & 0.155 \\ 0.125 & 0.254 & 0.193 & 0.223 & 0.205 \\ 0.310 & 0.249 & 0.320 & 0.081 & 0.039 \\ 0.214 & 0.245 & 0.295 & 0.140 & 0.105 \\ 0.266 & 0.229 & 0.303 & 0.130 & 0.072 \end{pmatrix}$$

再通过 $Wk \times S$ 的合并，得出一级综合评价结果向量 R，以此对我国产业供应链的整体发展能力进行一级模糊综合评判。

$$R = Wk \times S = \begin{pmatrix} 0.196 \\ 0.431 \\ 0.212 \\ 0.076 \\ 0.085 \end{pmatrix} \times \begin{pmatrix} 0.198 & 0.180 & 0.387 & 0.080 & 0.155 \\ 0.125 & 0.254 & 0.193 & 0.223 & 0.205 \\ 0.310 & 0.249 & 0.320 & 0.081 & 0.039 \\ 0.214 & 0.245 & 0.295 & 0.140 & 0.105 \\ 0.266 & 0.229 & 0.303 & 0.130 & 0.072 \end{pmatrix}$$

$= [0.197\ 0.236\ 0.275\ 0.151\ 0.141]$

由此，当前我国稻米产业供应链发展的一级模糊综合评判结果向量如表4-24所示，并设置五个评价等级从高到低依次得分区间为[90-100]、[80-90)、[70-80)、[60-70)、[50-60)。

表4-24 一级模糊综合评判结果

目标层	很高 v_1 [90-100]	较高 v_2 [80-90)	中等 v_3 [70-80)	较低 v_4 [60-70)	很低 v_5 [50-60)
稻米产业供应链综合评价	0.197	0.236	0.275	0.151	0.141

根据表4-23的模糊综合判断结果可得出，通过最大隶属度原则，R 中隶属度最高的得分为0.275，对应于评语集 v_3，表示我国稻米产业供应链的发展能力评价结果为"中等"。这表明我国稻米产业供应链目前正处于由成长期迈入成熟期的过渡阶段，总体来看其发展能力为"中等"，但仍存在较大的发展空间，需进一步优化发展路径。同样的方式，根据二级综合评价的五个 F_i 向量结果，通过最大隶属度原则得知，我国稻米产业供应链的成本控制能力（F_1）评价结果为"中等"、供应链运作能力（F_2）评价结果为"较高"、服务能力（F_3）评价结果为"中等"、创新能力（F_4）评价结果为"中等"、可持续发展能力（F_5）评价结果为"中等"。综合评价结果表明，无论是从产业供应链整体角度还是各项分指

标角度来看，我国稻米产业供应链的发展能力都未达到"很高 v_1"的水平，还需进一步挖掘新的发展机会，通过优化发展路径来增强发展效果。

根据专家对各指标的评分平均值，可以计算各项一级指标的发展能力评分，以判断各一级指标在当前我国稻米产业供应链整体发展能力为"中等"的背景下的高低程度，以便找到需要重点优化和改善的环节。用 $E(F_i)$ 表示当前我国稻米产业供应链发展的各项能力一级指标所得值，通过加权后的二级指标的指标加总得出，各项指标的发展能力评价结果分别为：$E(F_1)$，$E(F_2)$，$E(F_3)$，$E(F_4)$，$E(F_5)$。W_i 表示一级指标的权重值，W_{ij} 表示每项指标的权重值。根据稻米产业供应链发展能力评价指标的平均得分值与权重值，计算出我国当前产业供应链整体发展能力得分与各一级指标发展能力的得分如下所示。

$$E(F_1) = (W_{11}, W_{12}, W_{13}) \times \begin{pmatrix} F_{11} \\ F_{12} \\ F_{13} \end{pmatrix} = 72.421$$

$$E(F_2) = (W_{21}, W_{22}, W_{23}, W_{23}) \times \begin{pmatrix} F_{21} \\ F_{22} \\ F_{23} \\ F_{24} \end{pmatrix} = 85.554$$

$$E(F_3) = (W_{31}, W_{32}, W_{33}) \times \begin{pmatrix} F_{31} \\ F_{32} \\ F_{33} \end{pmatrix} = 79.192$$

$$E(F_4) = (W_{41}, W_{42}, W_{43}, W_{43}) \times \begin{pmatrix} F_{41} \\ F_{42} \\ F_{43} \\ F_{44} \end{pmatrix} = 71.168$$

$$E(F_5) = (W_{51}, W_{52}, W_{53}) \times \begin{pmatrix} F_{51} \\ F_{52} \\ F_{53} \end{pmatrix} = 74.687$$

由各项指标发展能力得分值，可以计算出当前我国稻米产业供应链整体发展水平的综合评价得分（E），即：

$$E=E(F_1)×W_1+E(F_2)×W_2+E(F_3)×W_3+E(F_4)×W_4+E(F_5)×W_5=79.614$$

由计算结果可知，整体发展水平的综合评价得分值属于[70–80）的"中等"水平，且各项指标的发展能力综合评价结果与其得分值所在区域等级吻合。价值创造能力 $E(F_2)$ 的得分最高，说明价值创造能力在产业供应链运行过程中发展能力最强，其得分为85.554；排名第二位的是可持续发展能力 $E(F_3)$，其得分为79.192；排名第三位的是创新发展能力 $E(F_5)$，其得分为74.687；排名第四、第五位的指标，分别是产业供应链的成本管控能力 $E(F_1)$ 与供应链运作能力 $E(F_4)$，其得分分别为72.421和71.168。

综上所述，通过计算结果的比较可知，$E(F_2)>E(F_3)>E(F_5)>E(F_1)>E(F_4)$，表明现阶段我国稻米产业供应链下游环节的价值创造能力展现出最强的发展能力，特别是在竞争力与产品质量价值方面，说明目前我国稻米产品在市场上逐渐被消费主体认可，能够给客户带来更好的产品质量体验，竞争力逐渐提升；其次，可持续发展能力也表现出强有力的发展势头，说明各经营主体在响应我国稻米产品需求的基础上，逐渐重视起生态农业环境保护服务，发展稻米与旅游相结合的农业生态经济，取得了良好的效果，展现出了一定的发展能力，同时也获得更好的生态效益；另外，创新能力排名中下等，主要源于人才培养能力与创新产出能力相对不足；目前稻米生产与仓储成本刚性提升，给成本控制与管理带来一定的难度，影响了成本因素的带链竞争力，从而造成成本管控能力得分不高；而产业供应链运作能力排名最后，尤其是生产周期比较长与信息沟通传递不畅，影响了供应链运作效率，仍存在较大的发展优化空间。

此外，当前我国稻米产业供应链的整体发展能力（E）的综合评价结果得分为79.614，与其5项一级指标的发展能力得分对比，只有价值创造能力 $E(F_2)$ 得分（85.554分）超过了整体发展能力得分，说明价值创造能力指标的发展能力超过了产业供应链的整体水平，价值创造能力是全链发展的主导发展因素，这与我国政府近年来注重发展优质化稻米产品，大力促进品牌提升的相关政策密不可分。在后文发展路径优化策略的提出中，应对价值创造能力相关的领先主体及影响因素予以强化、创新，以最大程度扩大其发展效果及其对"中板"的带动作用；而成本管控能力 $E(F_1)$、可持续发展能力 $E(F_3)$ 与创新发展能力 $E(F_5)$

及供应链运作能力 $E(F_4)$，其得分均低于我国稻米产业供应链的整体发展能力（E）的综合得分，说明这几个环节的指标仍存在待优化的方向。

综上，在实证分析的结果中，我们可以看到不同指标的权重大小，从而了解到各个指标对于供应链发展水平的影响程度。通过对各个指标的实际情况进行评估和分析，可以帮助我们了解我国稻米产业供应链的发展情况，发现其中存在的问题和改进的方向。

总而言之，通过评价实证分析方法，能够科学地评估和衡量我国稻米产业供应链的发展水平。这将为我国稻米产业的进一步发展和改进提供重要的参考依据。

第五章
数字经济时代国外稻米产业供应链发展经验借鉴

在数字经济时代，供应链数字化转型成为各行业的关键课题，稻米作为农产品的重要组成部分，同样需要通过数字化手段来提升供应链的效率和竞争力。本章将从国外经验借鉴方面探讨我国稻米产业供应链在数字经济时代的发展路径。

第五章　数字经济时代国外稻米产业供应链发展经验借鉴

第一节　数字经济时代国外稻米产业供应链发展概述

在当前数字经济时代，全球农产品供应链正经历着前所未有的转型升级，稻米产业作为其中的一个重要组成部分也不例外。我国作为全球重要的稻米生产和消费大国，如何在数字经济时代下实现稻米产业供应链的发展和优化，成为亟待解决的问题。

本节将通过分析国外数字经济时代稻米产业供应链的发展概况、优化方案，为我国稻米产业供应链的发展路径提供宝贵的借鉴和参考。

首先，我们将概述国外数字经济时代稻米产业供应链的整体发展状况。通过对各国稻米供应链的分析，我们可以了解到不同国家在数字化转型方面取得的成果、面临的挑战以及未来的发展趋势。这将为我们对我国稻米产业供应链的数字化升级提供宝贵的经验参考。

其次，将深入探讨国外稻米产业供应链的优化方案。这包括先进的物流管理技术和系统、数据驱动的智能决策与预测分析、供应链信息共享和协同优化，以及移动互联网和物联网技术在供应链中的应用等方面。通过对这些方案的研究和分析，我们可以了解到国外在供应链优化方面的创新实践，并将其成功因素运用到我国稻米产业供应链的发展中去。

通过对国外经验的借鉴，将为我国稻米产业供应链的数字化发展提供重要的启示。

一、国外数字经济时代稻米产业供应链发展概况

在国外，数字经济时代为稻米产业供应链发展带来了新的机遇。随着科技和信息技术的迅速发展，数字化转型已成为稻米供应链发展的一个重要趋势。通过引入数字技术和创新系统，国外稻米供应链能够实现更高的效率、准确性和可追溯性。

（一）数字技术在国外稻米供应链中的应用已经取得了显著的成效

通过采用信息化技术，国外稻米供应链实现了各个环节的数据和信息实时共享，极大地提高了流程的协调和效率。例如，通过使用智能化的种植管理系统，农民可以实时监测稻米田地的生长情况、施肥量和病虫害情况，从而使种植过程更加科学和精确。此外，通过物联网和传感器技术的应用，稻米加工环节的自动化程度也得到了提升，提高了加工过程的效率的同时提升了产品的质量。

（二）数字化转型显著提升了稻米供应链的准确性

数字化系统能够实时收集和分析供应链中的各种数据，从而帮助企业准确预测市场需求、商品流通情况以及库存情况。通过对数据的分析和挖掘，供应链中的各个环节可以更好地配合和协调，确保了产品的时效性并满足了消费者的需求。

（三）数字经济时代促进了稻米供应链的可追溯性

由于稻米供应链涉及多个环节和参与方，传统的追溯方法往往局限于点对点的信息传递。然而，利用数字技术，稻米供应链中的每个环节都可以实现信息的追溯和记录，确保产品的来源、加工过程和质量都能够被准确地跟踪和证明。消费者可以通过扫描产品上的二维码或使用手机 APP 来获得关于产品的详细信息，增强了消费者对产品的信任感，提高了购买的满意度。

总的来说，国外数字经济时代的稻米产业供应链发展已经取得了显著的进展。通过应用先进的技术和系统，稻米供应链的效率、准确性和可追溯性得到了显著提升。这为我国稻米产业供应链的发展提供了积极的借鉴和经验，同时也为我国数字化转型提供了一个重要的参考。

二、国外稻米产业供应链优化方案分析

（一）先进的物流管理技术和系统

先进的物流管理技术和系统在国外稻米产业供应链优化中发挥着重要作用。这些技术和系统有助于企业实现供应链中的物流流程的优化与协调，从而提高效

第五章　数字经济时代国外稻米产业供应链发展经验借鉴

率、降低成本、减少资源浪费，并增强企业的竞争力。

首先，通过引入物流管理系统，企业可以实时监控和管理稻米的运输进程。这些系统通常具有全球定位系统（GPS）跟踪功能，可以准确了解货物的位置和状态。通过监控货物的实时位置和运输状态，供应链管理者可以更好地协调运输资源，合理安排运输计划，提高货物的及时性和准确性。

其次，物流管理系统还能够帮助企业进行仓库管理和库存控制。通过系统的信息交互和数据分析，企业可以实时了解稻米库存量、库存周转率和库存分布情况。这有助于企业合理规划仓储资源，提高库存周转效率，降低库存积压和过期损失的风险。

再次，先进的物流管理技术还可以通过交通路线优化来降低运输成本和货物损耗。通过系统分析和调度，可以选择最佳的运输路线和模式，减少运输距离和时间，降低运输成本。同时，系统还可以实时监测运输中的温湿度等环境因素，以便及时采取措施确保货物的质量和安全性，减少货物的损耗。

最后，利用先进的物流管理系统，企业还可以进行统计分析和数据挖掘，获得有关运输效率和质量的数据指标。通过对大量运输数据的分析，企业可以全面深入地了解供应链各环节的瓶颈和问题，以及如何进一步提高物流流程的效率和质量。这些数据指标为供应链的优化提供了重要的依据和参考。

总的来说，先进的物流管理技术和系统在国外稻米产业供应链优化中起到了重要的作用。通过引入物流管理系统，企业能够实时监控货物的运输和库存情况，进行交通路线优化和资源调配，降低成本和损耗，并通过数据分析提供决策支持。这为我国稻米产业供应链的发展提供了宝贵的经验和借鉴。

（二）数据驱动的智能决策与预测分析

在数字经济时代，数据驱动的智能决策和预测分析在我国稻米产业供应链的发展中扮演着重要的角色。通过采集和分析供应链中的各类数据，企业能够实时了解供求关系、市场需求以及物流情况，从而能够做出精确的决策和进行准确的预测。

1. 数据驱动的智能决策在国外稻米供应链中的应用

数据驱动的智能决策是指基于数据和信息的深度分析和挖掘，为企业提供决策支持，使得决策过程更为有效和科学。在国外稻米供应链中，数据驱动的智能决策主要体现在以下几个方面：

①需求预测：通过对历史销售数据、气候因素、市场趋势等多源数据的分析，实现对稻米需求的预测，从而为库存管理、生产计划等提供决策支持。

②优化运输路径：运用大数据和人工智能技术，对运输路径进行优化，降低运输成本，提高运输效率。

③预测市场趋势：通过分析全球稻米市场的供求信息、价格信息等，预测未来市场趋势，帮助企业制定更合理的销售策略。

2.预测分析在国外稻米供应链中的应用

预测分析是一种统计方法，通过对过去和现在的数据进行分析，来预测未来可能发生的事情。在国外稻米供应链中，预测分析主要应用于以下几个方面：

①价格预测：通过对稻米价格的变动进行预测，可以帮助企业制定合理的采购和销售策略。

②产量预测：通过对稻米产量的预测，可以帮助企业提前做好库存管理。

③需求预测：通过对稻米需求的预测，可以帮助企业制定合理的生产计划。

在国外稻米供应链中，数据驱动的智能决策和预测分析已经成为不可或缺的一部分。通过数据驱动的智能决策和预测分析的应用，可以帮助企业实现更科学、更准确的决策，降低运营成本和风险，提高企业竞争力和运营效率。同时，也需要注意到数据驱动的智能决策和预测分析在应用中面临的挑战和问题，例如，数据质量、数据安全等问题。因此，需要在实践中不断完善和优化数据驱动的智能决策和预测分析的方法和技术，以更好地服务于企业的运营和发展。

首先，通过应用数据分析和机器学习算法，可以对市场需求进行预测。通过分析历史销售数据、市场趋势以及相关经济因素，企业可以建立预测模型，预测未来的市场需求量和趋势。这样，企业就能够根据预测结果进行准确的采购计划和生产计划。例如，当预测出市场需求量将增长时，企业可以提前调整生产计划，增加产量以满足市场需求；而当预测出市场需求量将下降时，企业可以适度减少生产量，避免库存积压和产能过剩。

其次，数据驱动的智能决策还可以帮助企业预测供应链中的风险和瓶颈。通过分析供应链中的各个环节，包括原料采购、物流运输、仓储管理等，企业可以识别出可能存在的风险和瓶颈。例如，通过监测原料采购环节的供应稳定性和价格波动情况，企业可以预测原料供应的可靠性，并及时采取措施来应对潜在的供应中断风险。同时，通过分析物流运输过程中的运力利用率、交通拥堵情况等因素，企业可以预测物流运输的延迟风险，并采取措施来提高物流效率。这些预测和决策能够帮助企业降低供应链风险,并提供更高水平的供应链服务。

最后,通过数据驱动的智能决策,企业可以实现供应链的优化与改进。通过监测和分析供应链中的各类数据,企业可以发现并诊断供应链中的瓶颈和效率低下的环节。基于这些数据分析结果,企业可以制定和实施相应的改进措施,提高供应链的弹性和稳定性。例如,通过对供应链中各环节的时效性进行分析,企业可以识别出可能存在的滞后问题,并通过优化流程、提高信息传递效率等方式来解决。此外,企业还可以利用数据驱动的智能决策来优化库存管理,减少库存积压和资金占用,提高库存周转率和资金利用效率。

综上所述,数据驱动的智能决策和预测分析对于我国稻米产业供应链的发展具有重要意义。通过充分利用各类供应链数据,企业能够实时了解市场需求和物流情况,准确做出决策和预测。这将帮助企业优化供应链运作,提高供应链的效率和弹性,从而在数字经济时代取得竞争优势。

(三)供应链信息共享和协同优化

随着全球化和信息化的发展,供应链信息共享和协同优化在国外稻米供应链中的应用越来越广泛。国外的稻米供应链管理对于确保国内供应和满足全球各地的需求至关重要。通过信息共享和协同优化,可以提高供应链的效率、安全性和可靠性,降低成本并提高市场竞争力。

1. 供应链信息共享在国外稻米供应链中的应用

供应链信息共享是指供应链中的各个成员之间通过信息技术手段实现信息的实时交流与共享,以便更好地满足客户需求,优化库存,提高运营效率。在国外的稻米供应链中,信息共享主要体现在以下几个方面:

①市场需求信息共享:通过共享全球市场需求信息,国外的稻米出口商可以更好地预测市场需求,制订合理的生产和销售计划。

②生产计划信息共享:国外的稻米生产企业和农户共享市场需求信息和生产计划信息,以便更好地协调生产和采购计划。

③库存信息共享:通过实时共享库存信息,供应链中的各个企业可以更好地协调库存水平,避免库存积压和缺货等现象。

2. 供应链协同优化在国外稻米供应链中的应用

供应链协同优化是指供应链中的各个企业之间通过协同合作,共同优化整个供应链的性能指标,提高供应链的效率和竞争力。在国外的稻米供应链中,供应链协同优化主要体现在以下几个方面：

①生产计划协同优化：国外的稻米生产企业和农户根据市场需求信息协同制订生产计划和采购计划，有效避免生产过剩或供应不足的情况。

②库存协同管理：通过与农户和供应商建立库存协同管理机制，国外的稻米出口商可以更好地协调库存水平和补货计划，避免库存积压和浪费。

③销售协同策略：国外的稻米出口商与全球各地的进口商和经销商制定销售协同策略和价格调整方案，提高销售效率和盈利能力。

在国外稻米供应链中，供应链信息共享和协同优化已经成为提高竞争力、降低成本和提高效率的重要手段。通过信息共享和协同优化，国外的稻米生产商、出口商和进口商可以更好地协调生产和销售计划，降低市场风险和运营成本，提高市场竞争力。当然，实施供应链信息共享和协同优化也会面临一些挑战和问题，例如信息安全性、数据质量等问题。因此，需要在实践中不断完善和优化信息共享和协同优化的方法和措施，以更好地服务于企业的运营和发展。

首先，供应链信息共享可以帮助各个环节之间更好地配合和协调决策和操作。通过共享关键信息，如订单需求、库存状况、运输情况等，各个环节可以更加了解整个供应链的运作状况，从而能够根据实时信息做出更准确的决策。例如，当销售环节预测到市场需求的波动时，可以及时向生产环节传递这一信息，以便通过调整生产计划来满足市场需求，避免库存积压或供应短缺的情况发生。此外，物流环节通过了解订单的运输需求，可以提前安排合适的运力和运输路线，提高物流效率和降低运输成本。

其次，供应链信息共享可以减少信息的不对称现象，增强供应链的透明度和可信度。在供应链中，不同环节的参与方往往拥有不同的信息，导致信息不对称现象的出现。通过建立供应链信息平台和共享体系，各个参与方可以实时共享关键信息，消除信息不对称。这样一来，供应链中的各个环节可以更加准确地了解整个供应链的状况，增强对整个供应链的可信度。同时，通过信息共享，供应链中的信息流动更加透明，参与方能够更好地了解彼此的决策和操作，从而能够更好地协调合作，减少不必要的误解和冲突。

最后，供应链信息共享和协同优化还可以降低库存成本，提高供应链的响应速度和灵活性。通过共享关键信息，如订单需求和库存状况，供应链中的各个环节可以更加准确地进行规划和决策。例如，生产环节可以根据销售环节提供的订单需求信息进行生产计划的制定，从而避免因为库存积压而造成的资金和空间浪

第五章　数字经济时代国外稻米产业供应链发展经验借鉴

费。同时，通过实时的信息共享和协同优化，供应链可以更加及时地响应市场需求的变化，灵活调整供应链的运作方式和资源配置，提高供应链的响应速度和灵活性。

综上所述，供应链信息共享和协同优化对于我国稻米产业供应链的发展具有重要意义。通过建立供应链信息平台和共享体系，各个环节可以实现信息共享和协同优化，提高供应链的效率和效益。这将帮助我国稻米产业供应链降低成本、提高响应速度和灵活性，并增强供应链的透明度和可信度。因此，在研究和实践中，供应链信息共享和协同优化是我国稻米产业供应链发展中不可或缺的重要环节。

3. 移动互联网和物联网技术在供应链中的应用

在国外稻米产业供应链中，移动互联网和物联网技术的应用在优化供应链方面起到了关键作用。移动互联网的普及已经改变了传统的供应链管理方式。通过应用移动互联网技术，供应链信息可以实现即时传递和数据的实时更新。这使得供应链的运营更加高效和准确。传统的供应链过程中，信息传递和数据更新需要通过耗时的人工操作，而现在通过移动互联网技术，供应链管理者可以随时获取供应链的最新状态和情况，从而能够更好地进行决策和调整。

与此同时，物联网技术的应用也对稻米产业供应链进行了革新。物联网技术通过传感器和智能设备实时监测供应链中的各个环节和节点，确保信息的及时收集和共享。传统的供应链监控往往是依靠人工巡查和日常记录，而物联网技术可以实现无人值守的监控，精确地检测供应链中可能出现的问题或异常。例如，通过在稻田中安装传感器，可以实时监测土壤湿度和温度等数据，从而更好地调整灌溉和施肥等农作物管理措施。这种实时监测和数据收集的方式极大地提高了供应链的可靠性和可持续性。

移动互联网和物联网技术的应用还可以推动稻米供应链的数字化转型。通过建立数字化平台和信息系统，可以实现供应链信息的可追溯性和可控性。在农产品供应链中，追溯能力非常重要，能够追溯到每个环节和节点的信息源头，可以确保产品的质量和安全。通过数字化平台，农业生产者、供应链管理者和消费者都可以实时获取稻米产品的信息，包括生产地点、生产过程、物流过程等。这种透明度和可追溯性可以有效地提高消费者的信任度和产品的市场竞争力。

总之，移动互联网和物联网技术在国外稻米产业供应链的优化中发挥了重要作用。它们实现了供应链信息的即时传递和数据的实时更新，提高了供应链的实时性和准确性。通过传感器和智能设备，物联网技术实现了供应链中各个环节和节点的实时监测，确保了信息的及时收集和共享。同时，移动互联网和物联网技术的应用推动了供应链的数字化转型，提高了供应链的可追溯性和可控性。这些成功的案例和经验值得我国稻米产业供应链中借鉴和运用，推动其发展和优化。

4. 移动互联网在国外稻米产业供应链中的应用

①移动终端设备的应用

在国外稻米产业供应链中，移动终端设备可以发挥重要作用。例如，在种植环节，农户可以使用移动终端设备来监测土壤湿度、温度等参数，实现精准农业。在加工环节，工作人员可以使用移动终端设备来实时监测生产线的运行状态和产品质量，提高生产效率和质量。在储存环节，工作人员可以使用移动终端设备来实时监测仓库的环境参数，确保稻米的存储质量。

②在线平台的运用

通过移动互联网，稻米生产者、加工者、销售者等可以建立一个在线平台，实现信息的实时共享和交流。例如，生产者可以在平台上发布生产计划和销售需求等信息，与供应商和买家建立联系，实现更精准的市场营销。加工者可以在平台上获取稻米供应信息，与生产者和销售者建立联系，实现更高效地采购和销售。销售者可以在平台上发布销售需求和采购需求等信息，与生产者和加工者建立联系，实现更精准地采购和销售。

5. 物联网在国外稻米产业供应链中的应用

①传感器技术的应用

物联网技术可以通过传感器来实时监测稻米的生长环境和生长状态。例如，在种植环节，传感器可以监测土壤湿度、温度等参数，为农户提供精准农业的决策支持。在加工环节，传感器可以监测生产线的运行状态和产品质量，提高生产效率和质量。在储存环节，传感器可以监测仓库的环境参数，确保稻米的存储质量。

②数据传输和分析

物联网技术可以实现数据的实时传输和分析，为稻米产业供应链提供科学决策支持。例如，通过物联网技术实时传输稻米的生长环境和生长状态数据，并进行分析，可以预测稻米的产量和品质，为生产者和加工者提供决策依据。同时，通过物联网技术实时传输稻米的运输状态数据，可以实现对运输过程的实时监控和优化，提高运输效率和质量。

第五章　数字经济时代国外稻米产业供应链发展经验借鉴

移动互联网和物联网技术在国外稻米产业供应链中具有广泛的应用前景。通过这些技术的应用，可以实现对稻米产业供应链各个环节的紧密连接和高效运营。未来随着技术的不断进步和应用范围的不断扩大，移动互联网和物联网技术在国外稻米产业供应链中的应用将会更加成熟和完善。

总结而言，国外稻米产业供应链优化方案的成功需要结合先进的物流管理技术和系统、数据驱动的智能决策与预测分析技术、供应链信息共享与协同优化技术以及移动互联网和物联网技术的应用。这些方面的综合应用可以极大地提升稻米供应链的效率、准确性和可持续性，为我国稻米产业供应链的优化提供有益的经验和启示。

第二节　数字经济时代国外稻米产业供应链发展经验启示

本节通过国外稻米产业供应链的发展案例分析，深入了解日本、泰国和美国等国家在稻米供应链数字化转型方面的成功经验。这些国家已经在供应链管理方面进行了先行探索和实践，他们的案例将为我国稻米产业供应链的数字化升级提供宝贵的借鉴。

一、日本稻米产业供应链发展的经验

（一）日本稻米产业概况

日本水稻是日本最重要的农作物之一，有着悠久的历史和传统文化。在日本，水稻不仅是国民的主要粮食之一，也是日本料理中不可或缺的食材之一。

日本水稻的种植面积非常广泛，主要分布在以本州岛为主的地区。由于日本的气候和土壤条件非常适合水稻的生长，因此日本的水稻产量高，品质优良。日本水稻的品种多样化，从早熟到晚熟的品种都有，而且每个品种都有其独特的特点和用途。

日本水稻的种植方式也很有特色。传统的种植方式是采用手工插秧,随着现代农业技术的发展,越来越多的农民开始采用机械化的种植方式。在日本,水稻的种植过程非常注重环保和可持续性,农民们会采用科学的方法来保护土地和水资源,确保农业生产不会对环境造成负面影响。

除了作为粮食和食材,日本水稻还被用于制作清酒和其他传统的日本饮料。日本清酒是一种以米为主要原料制成的酒,其口感醇厚、芳香诱人,是日本饮食文化中非常重要的一部分。

总之,日本水稻不仅是日本人民的主要粮食和食材,也是日本传统文化中不可或缺的一部分。它的历史悠久、文化底蕴深厚、种植方式多样化、用途广泛,为日本农业和经济的发展做出了巨大的贡献。

(二)在数字经济时代,日本稻米产业供应链发展可以借鉴的经验

1. 农业技术创新和现代化

日本稻米产业在数字经济时代可以借助农业技术创新和现代化提高生产效率和产品质量。例如,利用无人机进行农田巡逻和监测,实现精准施肥和用药;利用智能农业传感器监测土壤湿度、温度等参数,为农户提供精准种植方案等。

2. 优化供应链流程

日本稻米产业供应链需要优化供应链流程,提高供应链的透明度和效率。例如,通过建立数字化平台,连接生产、加工、销售等各个环节,实现信息共享和业务协同。同时,利用物联网技术对稻米的运输和储存进行实时监控和管理,降低流通成本,提高运输效率和安全性。

3. 精准市场分析和营销

数字经济时代为日本稻米产业提供了更精准的市场分析和营销工具。通过大数据分析,可以了解消费者的购买行为和需求,为稻米生产者提供更精准的生产计划和市场销售策略。同时,稻米生产者还可以通过社交媒体等平台与消费者进行直接交流,提高产品的知名度和美誉度。

4. 农业保险和风险管理

数字经济时代为日本稻米产业提供了更多的风险管理工具和农业保险产品。通过购买农业保险和采用风险管理措施,可以降低自然灾害、市场波动等对稻米产业的负面影响,从而提高产业的稳定性和竞争力。

5. 农业人才培养和素质提升

数字经济时代对农业人才的要求也在不断提高。日本稻米产业需要加强农业人才培养和素质提升，通过培训和教育提高农户的数字化素养和技能水平，以满足产业发展的需求。

总之，数字经济时代日本稻米产业供应链发展需要结合实际，注重借鉴他国经验、推动农业现代化、优化供应链流程、精准市场分析和营销、加强农业保险和风险管理以及培养数字化农业人才等多方面的实际措施，以提高国际竞争力和实现可持续发展。

6. 物流技术广泛应用

物流技术是确保日本稻米在运输过程中保持高质量的关键因素之一。日本稻米以其高品质和独特的口感而著名，因此在运输过程中需要特别地注意。

首先，日本稻米的收获主要依靠手工和机械化的方式。收获后，稻米会经过严格的清洁和干燥后被打包成标准规格的袋子或集装箱。这些包装好的稻米可以通过各种运输方式，如船只、卡车和火车等，进行长距离或短距离的运输。

其次，物流过程中日本稻米采用了许多技术来确保其质量和安全。其中一项重要技术是温度控制，物流公司会在整个运输过程中保持稻米的恒温，以确保其质量稳定。此外，利用集装箱跟踪系统（Container Tracking System）可以实时追踪货物的位置和状态，物流公司可以更好地管理货物的运输过程。

再次，物流过程中日本稻米还注重包装设计。为了使稻米在运输过程中保持稳定，防止损失和污染，物流公司会采用防震和防潮的包装材料。此外，包装上的标签会注明稻米的品种、产地、收获日期等信息，以帮助消费者更好地了解产品的详细信息。

最后，日本稻米的销售也实现了数字化。消费者可以通过互联网或手机应用程序购买稻米，而送货服务则由物流公司或快递公司提供。数字化销售不仅提高了销售效率，还降低了成本，并为消费者提供了更加便利的服务。

总之，日本稻米物流技术是确保稻米在运输过程中保持高质量的关键因素之一，采用先进的物流技术能够提高效率、降低成本，并保证稻米的安全和质量。

7. 决策智能化

日本稻米以其高品质和独特的口感而闻名于世，因此其供应链管理显得尤为重要。近年来，随着科技的不断进步，数据驱动的智能决策与预测分析在日本稻米供应链中的应用越来越广泛，这为日本稻米的供应链管理带来了新的挑战和机遇。在日本稻米供应链中，数据驱动的智能决策主要体现在以下几个方面：

第一，生产计划。利用大数据和人工智能技术，根据市场需求、气候等因素，对生产计划进行优化，以提高生产效率和稻米的品质。

第二，库存管理。通过智能化的库存管理系统，实现稻米库存的实时监控和科学管理，从而避免库存积压和浪费。

第三，物流优化。通过对运输路径的优化，降低运输成本，提高运输效率，确保稻米在运输过程中保持高品质。

8. 精确预测分析

在日本稻米供应链中，预测分析主要应用于以下几个方面：

第一，市场需求预测。通过对市场需求的预测，可以帮助企业制定合理的生产计划和销售策略，确保稻米的供应与市场需求相匹配。

第二，价格预测。通过对稻米价格的变动进行预测，可以帮助企业制定合理的采购和销售策略，提高企业的盈利能力。

第三，产量预测。通过对稻米产量的预测，可以帮助企业提前做好库存管理，避免生产过剩或供应不足的情况。

在日本稻米供应链中，数据驱动的智能决策和预测分析已经成为不可或缺的一部分。通过数据驱动的智能决策和预测分析的应用，可以帮助企业实现更科学、更准确的决策，降低运营成本和风险，提高企业竞争力和运营效率。同时，也需要注意到数据驱动的智能决策和预测分析在应用中面临的挑战和问题，例如数据质量、数据安全等问题。因此，需要在实践中不断完善和优化数据驱动的智能决策和预测分析的方法和技术，以更好地服务于企业的运营和发展[6]。

9. 注重信息共享与协同优化

日本稻米供应链在世界上以其高效、安全和可靠而闻名。近年来，随着信息技术的不断发展和应用，供应链信息共享和协同优化已经成为日本稻米供应链中不可或缺的一部分。通过信息共享和协同优化，可以进一步提高供应链的效率、安全性和可靠性。

第一，生产计划信息共享与协同优化。生产计划的制定不再只是单个企业的行为，而是由供应链中的多个企业共同参与制定。通过信息共享，各个企业可以更好地了解整个供应链的生产计划情况，以便更好地安排自己的生产和采购计划。通过生产计划的协同优化，各个企业可以更好地协调生产计划和采购计划，避免生产过剩或供应不足的情况。

第二，库存信息共享与协同管理。通过库存信息的共享，各个企业可以实时了解整个供应链的库存情况，以便更好地安排自己的生产和销售计划。通过库存的协同管理，各个企业可以更好地协调库存水平和补货计划，避免库存积压和浪费。

第三，销售信息共享与协同策略。销售信息的共享可以让各个企业更好地了解市场需求和消费者行为，以便更好地调整自己的生产和销售策略。通过销售协同策略的制定，各个企业可以更好地协调销售策略和价格调整方案，提高销售效率和盈利能力。

在日本稻米供应链中，供应链信息共享和协同优化已经成为不可或缺的一部分。通过信息共享和协同优化，可以提高供应链的效率、安全性和可靠性，降低成本并提高市场竞争力。当然，实施供应链信息共享和协同优化也会面临一些挑战和问题，例如信息安全性、数据质量等问题。因此，需要在实践中不断完善和优化信息共享和协同优化的方法和措施，以更好地服务于企业的运营和发展。

移动互联网在日本稻米产业供应链中扮演着越来越重要的角色。移动互联网的快速发展为日本稻米产业提供了新的机遇和挑战。通过移动互联网的应用，日本稻米产业可以优化生产、流通和销售等环节，提高供应链的效率、安全性和可靠性，降低成本并提高市场竞争力。

10. 应用移动互联网

第一，移动终端设备的应用。在日本稻米产业供应链中，移动终端设备的应用越来越广泛。例如，在种植环节，农户使用移动终端设备可以监测土壤湿度、温度等参数，并据此调整灌溉和施肥方案，实现精准农业。此外，通过移动终端设备，农户还可以实时了解市场需求和价格信息，调整生产计划。在加工环节，工作人员可以使用移动终端设备来实时监测生产线的运行状态和产品质量，提高生产效率和质量。在储存环节，工作人员可以使用移动终端设备来实时监测仓库的环境参数，确保稻米的存储质量。

第二，在线平台的运用。移动互联网为日本稻米产业供应链提供了多样化的在线平台。这些平台包括电商、社群、小程序等，可以让稻米生产者、加工者、销售者等建立更紧密的联系。通过在线平台，生产者可以发布生产计划和销售需求等信息，与供应商和买家建立联系，实现更精准的市场营销。加工者可以通过在线平台获取稻米供应信息，与生产者和销售者建立联系，实现更高效的采购和销售。销售者可以通过在线平台发布销售需求和采购需求等信息，与生产者和加工者建立联系，实现更精准的采购和销售。

移动互联网在日本稻米产业供应链中具有广泛的应用前景。通过移动终端设备和在线平台的应用，日本稻米产业可以优化生产、流通和销售等环节，提高供应链的效率、安全性和可靠性，降低成本并提高市场竞争力。未来随着移动互联网技术的不断发展和普及，日本稻米产业供应链将迎来更多的机遇和挑战。

二、泰国稻米产业供应链发展的经验

（一）泰国稻米产业概况

泰国水稻是泰国最重要的农作物之一，也是该国主要的粮食来源。泰国拥有广阔的水稻种植面积，其独特的地理和气候条件，使得该国的水稻生产具有很高的产量和品质。

泰国水稻的种植历史可以追溯到古代，早在两千多年前，泰国人就开始种植水稻。随着时间的推移，泰国人逐渐发展出了独特的种植技术和水稻品种。在泰国，水稻的种植方式主要是手工种植和机械种植，而手工种植则更为常见。

泰国水稻的品种非常多样化，从早熟到晚熟的品种都有。其中，最受欢迎的品种是"Khao Dawk Mali"，这种水稻的产量高、口感好、营养价值也很高。此外，泰国还种植了许多其他品种的水稻，如"Khao Hlan On"和"Khao Pong"等。

除了作为粮食和食材之外，泰国水稻还被用于制作各种传统的食品和饮料。其中最著名的就是泰式米线和泰式炒河粉。此外，泰国人还会将稻米磨成米粉，用来制作各种糕点和零食。另外，泰国还有许多以稻米为主要原料的酒类饮品，如"Chang"和"Leo"等[7]。

总之，泰国水稻是该国农业的重要组成部分，也是该国人民的主要粮食来源。它不仅为泰国人民提供了丰富的食物来源，也为该国的经济发展做出了重要的贡献。

（二）稻米产业供应链发展经验

1. 农业信息化和数字化转型

泰国政府出台政策加快农业信息化和数字化转型，提高农业生产效率和产品品质。例如，利用物联网技术实现农田环境的实时监测和数据分析，为农户提供精准种植方案；利用智能农业机械提高生产效率，减少人力成本；通过数字化平台连接生产者、加工者、销售者等各个环节，实现信息共享和业务协同。

2. 大数据分析和市场预测

通过大数据分析技术，泰国稻米产业可以更准确地了解市场需求和消费者行为，从而制定更为精准的市场营销策略。例如，利用大数据分析消费者购买行为和喜好，为生产者提供更符合市场需求的产品；通过市场预测技术，为生产者提供更为准确的价格信息和市场需求预测，提高生产效率。

3. 农业保险和风险管理

泰国稻米产业加强农业保险和风险管理，降低自然灾害、市场波动等对稻米产业的负面影响。例如，通过购买农业保险和采用风险管理措施，为稻米生产者提供保障和支持，提高产业的稳定性和竞争力。

4. 创新农业经营模式

泰国稻米产业创新农业经营模式，提高生产效率和产品品质。例如，采用"公司+农户"模式，实现生产、加工、销售的一体化经营，提高产业链的协同效应；引入现代农业科技和管理模式，提高生产效率和管理水平，提高稻米产业的附加值和市场竞争力。

总之，数字经济时代泰国稻米产业供应链发展结合实际，注重借鉴他国经验、推动农业信息化和数字化转型、大数据分析和市场预测、农业保险和风险管理以及创新农业经营模式等方面的实际措施，以实现可持续发展和提高国际竞争力。

5. 注重物流自动化

泰国稻米物流技术是确保泰国稻米在运输过程中保持高质量的关键因素之一。泰国稻米在运输过程中需要经过多个环节，如收获、打包、运输、储存和销售等。为了确保泰国稻米在运输过程中不受到损坏或变质，需要采用一些先进的物流技术。

第一，泰国稻米的收获通常使用自动化机器来完成，这些机器能够快速、准确地收集和打包稻米。在打包过程中，稻米被装入标准的集装箱或袋子中，这些容器通常使用GPS进行追踪，以确保在运输过程中的位置和状态。

第二，泰国稻米的运输通常使用船只和卡车进行长距离运输，而在城市中心则使用卡车和电动车进行短距离运输。为了保证运输过程中的安全和质量，物流公司通常会采用温度控制技术，以确保稻米在整个运输过程中保持恒温。此外，物流公司还会使用集装箱跟踪系统（CTS）来追踪货物的位置和状态，以及在必要时对货物进行保险。

第三，在储存方面，泰国稻米通常会使用筒仓或仓库进行储存。这些仓库需要保持清洁、干燥和通风，以确保稻米的质量和安全。此外，一些仓库还采用了自动化技术，如机器人和无人搬运车等，以提高储存和搬运的效率和准确性。

第四，在销售方面，泰国稻米的销售已经实现了数字化，消费者可以通过互联网或手机应用程序来购买稻米，而送货服务则由物流公司或快递公司提供。数字化销售不仅提高了销售效率，还降低了成本，并为消费者提供了更加便利的服务。

总之，泰国稻米物流技术是确保稻米在运输过程中保持高质量的关键因素之一，采用先进的物流技术能够提高效率、降低成本、并保证稻米的安全和质量。

6.应用数据驱动的智能决策和预测分析

泰国是稻米生产和出口大国，其稻米供应链管理具有重要的意义。数据驱动的智能决策与预测分析在泰国稻米供应链中的应用，可以帮助企业提高决策效率和准确性，降低运营成本和风险，提高竞争力，具体体现在：

第一，采购决策。通过分析市场价格趋势、需求变化等因素，制定合理的采购计划和策略，确保稻米的供应稳定和成本优化。

第二，库存管理。通过智能化的库存管理系统，实现稻米库存的实时监控和科学管理，避免库存积压和浪费。

第三，销售决策。根据市场需求、价格趋势等因素，制定合理的销售策略和价格调整方案，提高销售效率和盈利能力。

第四，市场需求预测。通过对市场需求的预测，可以帮助企业制定合理的生产计划和销售策略，确保稻米的供应与市场需求相匹配。

第五，价格预测。通过对稻米价格的变动进行预测，可以帮助企业制定合理的采购和销售策略，提高企业的盈利能力。

第六,产量预测。通过对稻米产量的预测,可以帮助企业提前做好库存管理,避免生产过剩或供应不足的情况。

在泰国稻米供应链中,数据驱动的智能决策和预测分析已经成为不可或缺的一部分。通过数据驱动的智能决策和预测分析的应用,可以帮助企业实现更科学、更准确的决策,降低运营成本和风险,提高企业竞争力和运营效率。同时,也需要注意到数据驱动的智能决策和预测分析在应用中面临的挑战和问题,例如数据质量、数据安全等问题。因此,需要在实践中不断完善和优化数据驱动的智能决策和预测分析的方法和技术,以更好地服务于企业的运营和发展。

7. 推进信息共享与协同优化

泰国是稻米生产和出口的领导者,其稻米供应链管理对于确保国内供应和出口到全球各地的需求至关重要。在过去的几年里,随着全球化和信息化的发展,供应链信息共享和协同优化在泰国稻米供应链管理中的应用越来越广泛。

第一,市场需求信息共享。通过共享全球市场需求信息,泰国稻米出口商可以更好地预测市场需求,制定合理的生产和销售计划。

第二,生产计划信息共享。泰国的稻米生产企业和农户共享市场需求信息和生产计划信息,以便更好地协调生产和采购计划。

第三,库存信息共享。通过实时共享库存信息,供应链中的各个企业可以更好地协调库存水平,避免库存积压和缺货现象。

第四,生产计划协同优化。泰国的稻米生产企业和农户根据市场需求信息协同制定生产计划和采购计划,避免生产过剩或供应不足的情况。

第五,库存协同管理。通过与农户和供应商建立库存协同管理机制,泰国的稻米出口商可以更好地协调库存水平和补货计划,避免库存积压和浪费。

第六,销售协同策略。泰国的稻米出口商与全球各地的进口商和经销商制定销售协同策略和价格调整方案,提高销售效率和盈利能力。

在泰国稻米供应链中,供应链信息共享和协同优化已经成为提高竞争力、降低成本和提高效率的重要手段。通过信息共享和协同优化,泰国的稻米生产商、出口商和进口商可以更好地协调生产和销售计划,降低市场风险和运营成本,提高市场竞争力。当然,实施供应链信息共享和协同优化也会面临一些挑战和问题,例如信息安全性、数据质量等问题。因此,需要在实践中不断完善和优化信息共享和协同优化的方法和措施,以更好地服务于企业的运营和发展。

8.发展移动互联网技术

泰国是全球重要的稻米生产和出口国,其稻米产业供应链在国内外具有重要地位。随着移动互联网技术的发展,泰国稻米产业供应链也正在经历着巨大的变革。

第一,移动终端设备的应用。在泰国稻米产业供应链中,移动终端设备被广泛应用于生产、加工、储存和运输等各个环节。在种植环节,农户使用移动终端设备可以实时监测土壤湿度、温度等参数,根据这些数据调整灌溉和施肥方案,实现精准农业。此外,通过移动终端设备,农户还可以随时了解市场价格信息,以便合理安排销售。在加工环节,工作人员可以使用移动终端设备监测生产线的运行状态和产品质量,以便及时发现问题并进行调整。在储存和运输环节,通过使用移动终端设备,工作人员可以实时监测仓库的环境参数以及货物的运输状态,确保稻米的品质和安全运输。

第二,在线平台的应用。移动互联网为泰国稻米产业供应链提供了便捷的在线平台。这些平台包括手机App、网站、社交媒体等,使得稻米生产者、加工者、销售者等可以更方便地进行信息共享和业务交流。通过在线平台,生产者可以发布生产计划和销售需求等信息,与供应商和买家进行快速、精准的对接。加工者可以通过在线平台获取稻米供应信息,快速联系生产者和销售者,实现高效采购和销售。销售者则可以通过在线平台获取消费者的购买需求,与生产者和加工者进行协同,实现精准供应。

尽管移动互联网在泰国稻米产业供应链中的应用取得了一定的成效,但仍面临一些挑战。例如,部分农户对移动互联网技术的接受程度不高、技术水平和知识有限等问题需要得到解决。此外,还需要进一步完善相关的法规和政策,以促进移动互联网技术在泰国稻米产业供应链中的更广泛应用。相信在政府、企业和社会各方的共同努力下,移动互联网技术将在泰国稻米产业供应链中发挥更大的作用,推动泰国稻米产业的持续发展。

三、美国稻米产业供应链发展的经验

(一)稻米产业概况

美国水稻是位于北美洲的一种重要农作物,其独特的地理和气候条件,使得该国的水稻生产具有很高的产量和品质。

第五章　数字经济时代国外稻米产业供应链发展经验借鉴

美国水稻的种植历史可以追溯到18世纪，当时西班牙和英国殖民者开始在该地区种植水稻。随着时间的推移，美国成为世界上最大的水稻生产国之一，同时也是最大的出口国之一。

美国水稻的品种非常多样化，从早熟到晚熟的品种都有。其中，最受欢迎的品种是"Pecan"和"Flint"，这些品种的水稻具有很高的产量和优良的品质。除了这些主要品种外，美国还种植了许多其他品种的水稻，如"Camber"和"Lexington"等。

美国水稻的种植方式主要是机械种植，由于该国的平原和河流面积广阔，机械种植能够更好地适应大规模生产的需求。此外，美国还通过采用高科技的农业技术来提高产量和品质，如精准农业和基因编辑技术等。

除了作为粮食和食材之外，美国水稻还被用于制作各种传统的食品和饮料。其中最著名的就是"Rice Krispies"和"Minute Rice"，这些产品在全球范围内都非常受欢迎。另外，美国还有许多以稻米为主要原料的酒类饮品，如"Rum"和"Bourbon"等[8]。

总之，美国水稻是该国农业的重要组成部分，也是该国人民的主要粮食来源。它不仅为美国人民提供了丰富的食物来源，也为该国的经济发展做出了重要的贡献。

（二）稻米产业供应链发展经验

1. 数字化转型和升级

美国稻米产业供应链可以加快数字化转型和升级，引入先进的数字化技术和设备，提高生产效率、品质和附加值。例如，利用物联网技术实现农田环境的实时监测和数据分析，提高稻米品质和产量；利用大数据分析技术了解市场需求和消费者行为，为生产者提供更为精准的市场营销策略。

2. 优化物流和供应链管理

美国稻米产业供应链可以优化物流和供应链管理，提高运输效率和产品质量。例如，通过建立数字化平台，连接生产者、加工者、销售者等各个环节，实现信息共享和业务协同；利用智能物流技术，实现稻米的精准追踪和运输，提高产品的安全性和品质。

3. 创新销售模式

美国稻米产业供应链可以创新销售模式，拓展销售渠道和增加销售额。例如，利用电商平台和社交媒体等数字化渠道进行在线销售，拓展销售市场；通过私人定制、有机农业等特色销售模式，提高产品附加值和市场竞争力。

4. 加强农业科技创新和人才培养

美国稻米产业供应链需要加强农业科技创新和人才培养，提高科技水平和生产效率。例如，加大农业科技研发投入，推动稻米品种改良和优质高产栽培技术的研发与应用；加强农业人才培养和素质提升，为产业发展提供人才支持和智力保障。

5. 注重品牌建设

美国稻米产业供应链可以通过注重品牌建设，提高产品知名度和美誉度。例如，通过质量认证、地理标志保护等方式，打造具有特色的稻米品牌；加强品牌宣传和推广，提高品牌影响力和市场竞争力。

总之，数字经济时代美国稻米产业供应链发展需要结合实际，注重借鉴他国经验、数字化转型和升级、优化物流和供应链管理、创新销售模式、加强农业科技创新和人才培养以及注重品牌建设等方面的实际措施，以实现可持续发展和提高国际竞争力。

6. 应用高水平物流技术

美国稻米物流技术是确保美国稻米在运输过程中保持高质量的关键因素之一。美国是稻米生产大国，同时也是一个消费大国，因此稻米的物流技术显得尤为重要。以下是一些美国稻米的物流技术。

首先，美国稻米的收获主要依靠机械化的方式。由于美国地广人稀，土地面积辽阔，因此大规模的农业机械化是必要的。在收获后，稻米会经过清洁、干燥和打包等过程，然后被送往仓库或直接运输到目的地。

其次，美国稻米的物流过程中采用了多种技术来确保其质量和安全。其中一项技术是温度控制，物流公司会在整个运输过程中保持稻米的恒温，以确保其质量稳定。此外，利用集装箱跟踪系统（Container Tracking System）和全球定位系统（GPS）可以实时追踪货物的位置和状态，物流公司可以更好地管理货物的运输过程。

另外，美国稻米的物流过程中还注重包装设计。为了使稻米在运输过程中保持稳定，防止损失和污染，物流公司会采用防震和防潮的包装材料。此外，包装上的标签会注明稻米的品种、产地、收获日期等信息，以帮助消费者更好地了解产品的详细信息。

第五章 数字经济时代国外稻米产业供应链发展经验借鉴

最后，美国稻米的销售也实现了数字化。消费者可以通过互联网或手机应用程序购买稻米，而送货服务则由物流公司或快递公司提供。数字化销售不仅提高了销售效率，还降低了成本，并为消费者提供了更加便利的服务。

总之，美国稻米物流技术是确保稻米在运输过程中保持高质量的关键因素之一，采用先进的物流技术能够提高效率、降低成本、并保证稻米的安全和质量。

7. 加强供应链信息共享和协同优化

供应链信息共享和协同优化在美国大米供应链中的应用如下：

第一，生产环节。通过信息共享和协同优化，农民可以更好地了解市场需求和消费者喜好，从而更加精准地选择种植品种和制定生产计划。同时，供应链上的其他环节也可以通过共享的信息，为农民提供更加及时、有效的支持，例如农业机械设备的租赁、农资产品的采购等。

第二，物流环节。通过信息共享和协同优化，物流公司可以更加准确地掌握货物的运输需求、运输路线和运输时间等信息，从而更加合理地调配运输资源，提高运输效率。此外，通过实时共享运输状态信息，可以减少运输过程中的风险和损失，确保货物的安全和质量。

第三，销售环节。通过信息共享和协同优化，销售商可以更好地了解市场需求和消费者行为，从而更加精准地制定销售策略和营销方案。同时，通过与供应商建立紧密的合作关系，销售商可以获得更加及时、可靠的供货保障，确保销售业务的稳定性和持续性。

第四，农业金融。通过信息共享和协同优化，农业金融机构可以更加全面地了解农民的信用状况和经济实力，从而更加准确地评估贷款或保险的风险和收益。同时，通过与供应链上的其他环节建立合作关系，农业金融机构可以提供更加灵活、多样化的金融产品和服务，满足农民和相关企业的不同需求。

总之，供应链信息共享和协同优化在美国大米供应链中的应用涵盖了生产、物流、销售和农业金融等方面，有助于提高整个供应链的效率和竞争力。通过加强各环节之间的合作与沟通，可以实现资源共享、优势互补，为整个大米产业的可持续发展提供有力支持。

8. 推广供应链信息共享与协同合作

美国是一个稻米消费大国，每年消耗的稻米数量庞大。为了满足国内市场需求并保持竞争力，美国的稻米供应链管理显得尤为重要。近年来，随着科技的不断进步，供应链信息共享和协同优化在供应链管理中的应用越来越广泛，这也为美国稻米的供应链管理带来了新的挑战和机遇。

第一，库存信息共享。库存信息的共享，可以帮助企业更好地了解整个供应链的库存情况，从而更科学地安排自己的生产和采购计划。

第二，销售信息共享。销售信息的共享，可以帮助企业更好地了解市场需求和消费者行为，从而更精准地制定销售策略。

第三，生产信息共享。生产信息的共享，可以帮助企业更好地了解整个供应链的生产情况，从而更有效地安排自己的生产计划。

第四，生产计划协同优化。生产计划的协同优化，可以帮助企业更好地协调生产计划和采购计划，从而提高整个供应链的效率。

第五，库存协同管理。库存的协同管理，可以帮助企业更好地协调库存水平和补货计划，从而降低库存成本。

第六，销售协同策略。销售协同策略的制定，可以帮助企业更好地协调销售策略和价格调整方案，从而提高销售效率。

在美国稻米供应链中，供应链信息共享和协同优化已经成为不可或缺的一部分。通过信息共享和协同优化，可以提高供应链的效率、安全性和可靠性，降低成本并提高市场竞争力。当然，实施供应链信息共享和协同优化也会面临一些挑战和问题，例如信息安全性、数据质量等问题。因此，需要在实践中不断完善和优化信息共享和协同优化的方法和措施，以更好地服务于企业的运营和发展。

9.大力推进移动互联网技术

美国是全球最大的稻米生产国之一，其稻米产业供应链在国内外具有重要地位。随着移动互联网技术的发展，美国稻米产业供应链也正在经历着巨大的变革。生产环节：移动互联网在生产环节中的应用主要体现在智能农业方面。通过使用移动设备（如智能手机、平板电脑等）连接农田传感器和农业机械设备，农民可以实时监测农田的生长状况、土壤湿度、气温等环境参数，并采取相应的管理措施，如灌溉、施肥等。此外，移动设备还可以为农民提供精准种植方案，提高稻米的产量和质量。

第一，物流环节。移动互联网在物流环节中的应用主要体现在可追溯系统方面。通过将移动互联网与物流管理系统相结合，农民和物流公司可以实时追踪稻米的运输状态，了解运输过程中的温度、湿度等参数，确保稻米的质量和安全。

此外，移动互联网还可以为物流公司提供路线规划、车辆调度等优化措施，提高运输效率。

第二，销售环节。移动互联网在销售环节中的应用主要体现在电子商务方面。通过建立移动电商平台，农民可以将稻米直接销售给消费者，减少中间环节，提高收益。同时，消费者也可以通过移动设备在电商平台上购买到新鲜的稻米，更加便捷地满足自己的需求。

第三，农业金融。移动互联网在农业金融领域的应用体现在可以提供贷款、保险等金融服务。通过移动设备，农民可以申请贷款或保险，以便更好地开展农业生产。此外，移动互联网还可以为农民提供市场信息、政策法规等方面的信息服务，帮助他们更好地把握市场动态和政策走向。

总之，移动互联网在美国稻米产业供应链中的应用涵盖了生产、物流、销售和农业金融等方面，为农民和消费者提供了更加便捷、高效的服务。

四、国外稻米产业供应链的发展经验对我国稻米产业供应链发展的启示

在数字经济时代，国外稻米产业供应链的发展对我国稻米产业供应链发展有以下启示：

（一）数字化转型和升级

我国稻米产业应加快数字化转型和升级，引入先进的数字化技术和设备，提高生产效率、品质和附加值。例如，利用物联网技术实现农田环境的实时监测和数据分析，为生产者提供精准种植方案；利用大数据分析技术了解市场需求和消费者行为，为生产者提供更为精准的市场营销策略。同时，数字化转型和升级还能提高稻米产业的附加值和市场竞争力。

（二）创新农业服务模式

我国可以借鉴日本"种植基地+服务联盟+品牌订单农业"发展模式，为稻米产业降本、提质、增效。通过建立服务联盟，为稻米生产者提供全方位的服务支持，包括技术指导、农资配送、市场信息等，同时与品牌企业合作，实现订单农业，为稻米产业的稳定发展提供保障。这种模式能够将粮食作物生产各环节

标准化，提高整体运营效率。

（三）打造全产业链模式

我国可以打造全产业链模式，实现稻麦全程机械化作业服务基本功能和数字农业、集中育苗、烘干仓储、农技服务、农资配送、农产品营销、农事研学等结合的"1+7"农事综合服务供应链。这样可以连接各个产业链条，实现信息共享和业务协同，提高整体运营效率。

（四）品牌建设

我国应注重品牌建设，提高稻米产品知名度和美誉度。通过质量认证、地理标志保护等方式，打造具有特色的稻米品牌；加强品牌宣传和推广，提高品牌影响力和市场竞争力。同时，注重品牌建设还能够提升产品的附加值和市场竞争力。

（五）加强人才培养和科技创新

我国应加强人才培养和科技创新，提高稻米产业的科技水平和生产效率。通过加大农业科技研发投入，推动稻米品种改良和优质高产栽培技术的研发与应用；加强农业人才培养和素质提升，为产业发展提供人才支持和智力保障。

（六）建立合作伙伴关系

国外稻米产业的成功经验显示，建立合作伙伴关系对于提升整个供应链的效率和竞争力至关重要。我国应积极推动企业之间、企业与科研机构之间的合作与交流，共同研发新技术、新产品，提升稻米产业的附加值和市场竞争力[9]。

（七）强化政策支持和引导

政府应加大对稻米产业的政策支持和引导力度，包括财政补贴、税收优惠、贷款担保等方面。通过提供优惠政策和资金支持，鼓励企业加快数字化转型、创新农业服务模式、打造全产业链模式等。同时，加强对稻米产业发展的监管和规范，推动产业可持续发展。

综上所述，数字经济时代国外稻米产业供应链的发展对我国稻米产业供应链的发展具有重要的启示。我国应积极借鉴先进经验和技术，结合自身实际情况推动产业升级和发展。通过数字化转型和升级、创新农业服务模式、打造全产业链模式、品牌建设、人才培养和科技创新等方面的努力,提升我国稻米产业的竞争力和可持续发展能力。

第六章
数字经济时代我国稻米产业供应链发展路径

随着数字经济时代的到来,各行各业都面临着巨大的机遇与挑战。农产品物流与供应链作为农业生产与消费之间的纽带,也不可避免地受到了数字经济的影响。本章将围绕我国稻米产业的供应链发展路径展开研究,通过推广智能化种植模式、实施精益化生产策略、打造线上线下一体化以及建设稻米供应链信息共享平台等措施,探索适应数字经济时代的供应链发展路径,框架如图6-1所示。

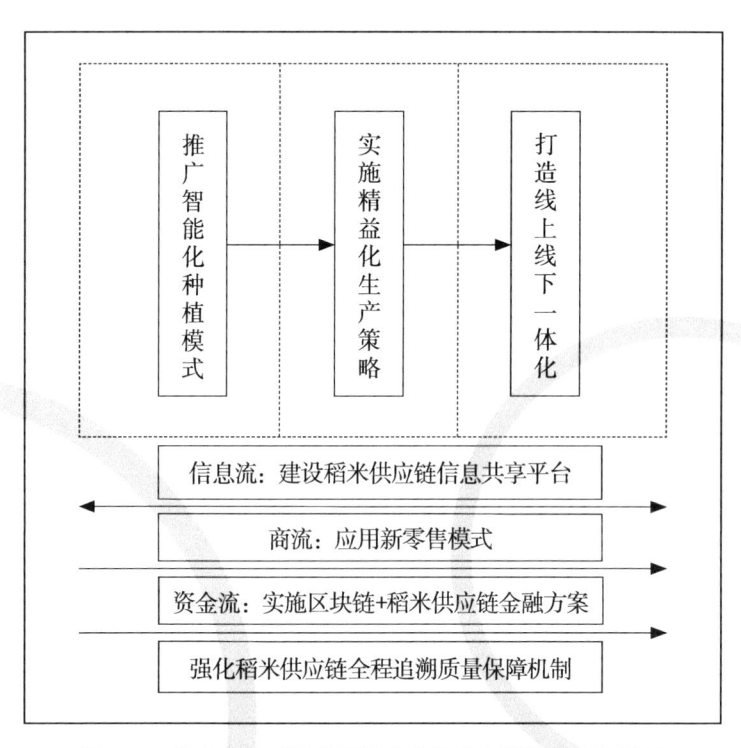

图 6-1 数字经济时代我国稻米产业供应链发展路径框架

第六章　数字经济时代我国稻米产业供应链发展路径

第一节　推广智能化种植模式

在数字经济时代,智能化种植模式是提高我国稻米产业供应链效率和质量的重要途径。通过采用现代农业技术和信息化手段,推广智能化种植模式可以提高农田水肥一体化和病虫害防控水平,从而减少资源浪费和产量损失。此外,智能化种植模式还可以实现实时监测和数据分析,为决策者提供精确的农田管理和生产预测依据。

一、智能化农业技术在稻米种植中的应用概述

智能化农业技术在稻米种植中的应用是指利用先进的信息技术、物联网技术和人工智能等技术手段,对稻米种植过程中的各个环节进行全面、准确的监测和管理,以提高生产效率、降低生产成本、改善产品质量和保护环境[10]。智能化农业技术在稻米种植中的应用主要体现在以下三个方面。

(一)智能化农业技术在种植管理方面的应用

通过在农田中安装传感器网络,实时监测土壤温度、湿度、养分含量等参数,并利用远程数据传输和云计算技术将这些数据传输到决策支持系统中进行分析和处理。这样种植者就可以及时了解土壤的水分状况和养分需求,调整灌溉和施肥的时间和剂量,从而最大限度地提高水资源的利用效率,降低施肥量,减少农药的使用,提高稻米产量和质量。

(二)智能化农业技术在病虫害防控方面的应用

病虫害是稻米种植过程中最主要的生产障碍之一。借助智能化农业技术,可以实现病虫害的远程监测、早期预警和精准防治。通过在农田中安装图像采集设备和监测装置,采集病虫害显微照片和相关环境参数,通过人工智能算法对这些数据进行分析,快速识别病虫害类型和危害程度。基于这些结果,可以精确调整

防治措施和农药的使用量,避免农药的过度使用和浪费,减少对环境的污染,同时提高防治效果和农作物的质量。

(三)智能化农业技术在机械化作业方面的应用

农业机械化是提高农业生产效率和质量的重要手段,而智能化农业技术为农业机械化作业提供了更加精细化和智能化的方式。比如,通过安装GPS导航系统和传感器等设备,可以实现农机的自动导航和操控,提高作业的准确性和效率。同时,借助物联网技术和大数据分析,可以对农机的工作状态和状况进行实时监测和追踪,及时发现并解决故障,确保机械作业的稳定性和连续性。

智能化农业技术在稻米种植中的应用可以提高农业生产效率,降低生产成本,改善产品质量和保护环境。因此,在数字经济时代,稻米种植者应积极采用智能化农业技术,实现稻米产业的可持续发展。

智能化农业技术在稻米种植中的应用可以带来多方面的好处。

首先,通过农业物联网技术,可以实现对农田环境和土壤水分的实时监测和数据传输。这对于稻米种植来说尤为重要,因为稻米作物对于水分的需求非常高,土壤的湿度变化也对稻米产量和品质有着直接的影响。通过精确的土壤湿度和水分监测,农民们可以更好地掌握稻田的水分状况,准确、定量进行灌溉,以避免水分过剩或不足的情况。此外,农民还可以利用温度、光照等环境变量数据进行科学决策,更好地监控和管理农田环境,提高稻米的产量和质量。

其次,人工智能技术在稻米种植中的应用可以提供科学的决策指导。通过对农田数据、历史信息和环境变量的分析,人工智能可以预测病虫害的发生、疾病暴发等情况,并提供相应的防治建议。稻米作物容易受到病虫害的侵袭,因此及时采取预防和控制措施对于保障产量和提高稻米品质至关重要。人工智能技术可以通过分析大量的数据,帮助农民们及时发现病虫害的迹象,并根据这些指标提供相应的治理方案。这样可以避免病虫害的严重影响,提高稻米产量和质量。

再次,大数据技术在稻米种植中的应用也非常重要。农业生产中产生的大量数据可以被存储、管理、处理和分析,以提供科学决策和精细化农业管理的支持。大数据技术可以通过对大量的气象数据、土壤数据、作物生长和发育数据等的分析,帮助农民们更好地了解农田状况,制定合理的灌溉和施肥方案。

第六章 数字经济时代我国稻米产业供应链发展路径

最后，大数据分析也可以帮助农民们更好地了解市场需求和消费者偏好，进一步优化供应链的配置和运作，更好地满足市场需求，并提高农产品的附加值和竞争力。

总体而言，智能化农业技术在稻米种植中的应用可以为农民们提供更准确的决策依据，提高农田环境管理的精确度和效率，预测和减少病虫害的发生，提高农产品的产量和品质，优化供应链的运作效率，从而推动我国稻米产业供应链的发展。这些技术不仅可以提高农民的收入和生活质量，也可以促进农业可持续发展和实现农业现代化。然而，要实现这些好处，还需要克服一些挑战，如技术成本、技术接受度和信息安全等问题。因此，未来的研究还需要进一步探索并解决这些问题，以推进智能化农业技术在稻米种植中的应用和推广。

二、推广数字化农业管理系统

为了推广智能化种植模式，设计和开发适合稻米种植的数字化农业管理系统，对于我国稻米产业的供应链发展至关重要。通过构建该系统，可以有效地提高农业生产效率、减少资源浪费和降低环境风险。农事管理是系统中的关键部分，系统应当提供农事日历、工作计划和农事操作指导等功能，帮助农民合理安排农事活动。同时，水肥管理也是系统的重要组成部分，它可以实现土壤水分监测、灌溉控制和肥料施用计划等功能，帮助农民实现精确的水肥管理，提高产量和质量。

此外，病虫害监测是数字化农业管理系统中不可或缺的一个方面。系统可以利用图像识别和病虫害预测技术，帮助农民及时掌握病虫害的发生和蔓延情况，并提供相应的防治建议。通过提供及时的病虫害预警和防治建议，系统能够帮助农民减少病虫害带来的损失，提高稻米产量和质量。

然而，在开发数字化农业管理系统时，需要认识到系统所面临的挑战。首先，技术的复杂性是一个挑战，需要研究解决方案来降低系统的使用门槛，使农民能够轻松掌握系统的操作。其次，成本的高昂性也是一个问题，需要寻找经济实惠的解决方案，以使农民能够负担得起该系统的投入和维护费用。此外，农民对于技术的接受度也是一个挑战，需要提供培训和支持，以帮助农民克服对新技术的恐惧和不熟悉感，提高对系统的认知和接受度。

综上，针对我国稻米产业的供应链发展，设计和开发适合稻米种植的数字化农业管理系统是必要的。该系统应当包括农事管理、水肥管理和病虫害监测等功能，帮助农民提高农业生产效率、减少资源浪费和降低环境风险。同时，需要制定研究方案来解决系统存在的问题，降低其使用门槛和成本，并提供培训和支持，以提高农民对系统的认知和接受度。通过数字化农业管理系统的推广和应用，可以促进我国稻米产业的供应链发展，实现数字化、自动化和智能化的农业生产。

三、优化农业资源配置，提高稻米生产效率

通过智能化技术对土壤、气象、水源等农业资源进行监测和分析，可以实现优化农业资源配置，从而提高稻米的生产效率。例如，通过土壤监测和分析技术，可以精确了解土壤的养分含量、pH值等关键指标，从而实现精确施肥。通过气象监测和分析技术，可以了解天气情况，提前预测降雨量、气温等，以便决策灌溉和耕作等工作。通过水源监测和分析技术，可以了解水源的状况，合理安排灌溉计划，确保稻田的水分供应和需求的匹配。具体来说，相关技术包括：

1. 土壤传感器：利用土壤传感器监测土壤水分、温度和酸碱度等指标，可以实时获取农田的土壤状况。例如，有些农业物联网系统可以通过无线传感器网络将数据实时传输到云端，农民可以通过手机或电脑查看土壤的水分情况，并根据实时数据进行灌溉调整。这种技术可以提高灌溉效率，减少水资源浪费，同时避免过度灌溉导致的土壤盐碱化问题。

2. 作物生长监测：通过农业物联网系统中的作物生长监测设备，可以实时监测作物的生长情况，如作物的高度、生长速度等。这些设备通常包括摄像头、光谱分析仪等传感器，可以根据作物生长的特定指标来评估作物的健康状况。例如，根据作物颜色的变化可以判断作物是否缺乏养分或患上病虫害。农民可以根据这些数据及时采取措施，提高作物的产量和质量。

3. 智能施肥系统：通过农业物联网技术，可以借助氮肥传感器实时监测作物对氮素的需求，并结合气象数据、土壤数据等进行智能化施肥。例如，某些农业物联网系统可以根据作物生长的阶段、土壤养分含量以及气候条件等因素来调整施肥计划，实现精准施肥。这样可以降低化肥的使用量，避免过度施肥带来的环境污染，同时提高肥料利用率和农作物的养分吸收效率。这些农业物联网技术展

示了数字化农业管理系统开发中农业物联网的应用。借鉴这些经验,可以将农业物联网技术应用到我国稻米产业的供应链管理中,提高数据采集和分析能力。例如,可以通过农业物联网技术实时监测稻田的湿度和温度,识别病虫害的早期迹象,并及时采取控制措施来降低病虫害对稻米产业的影响。此外,还可以利用物联网技术监测农田的养分状况,为农民制定精准的水肥管理方案,提高稻米产量和质量。通过应用农业物联网技术,数字化农业管理系统能够提供更全面、准确的决策支持,为我国稻米产业供应链的发展提供科学依据。

此外,还可以探索农业机械、设备和工具在稻米种植中的应用,以提高生产效率和质量。例如,可以使用稻田应用的精准定位技术,实现田间作业的精细化管理,避免重叠或遗漏,减少人工的疏漏和失误。可以使用自动化的农业机械,例如自动插秧机、自动收割机等,提高工作效率,减少农民的劳动强度。可以使用高精度的农药喷洒设备,实现精准施药,减少农药浪费和污染。通过探索和推广这些农业机械、设备和工具的应用,可以提高稻米种植的生产效率和精细化管理水平。

第二节 实施精益化生产策略

实施精益化生产策略是提高我国稻米产业供应链效率和降低成本的关键。精益化生产策略强调通过精确的生产计划和流程优化来降低浪费和提高生产效率。在供应链中,通过优化农业生产流程、实施物流配送的协调与集约化管理,显著减少资源和时间浪费,提高生产效率和响应能力。

一、精益生产理念及其在稻米产业的应用

精益生产理念是一种以提高价值流动和消除浪费为核心的生产管理方法。稻米产业供应链以稻米加工为核心,应用精益生产的理念有利于提升价值产出,提高供应链运作效率,并降低成本。

（一）精益生产理念的基本原则

精益生产理念的基本原则包括价值流分析、固定时间生产、拉动生产、标准化、持续改进等。在稻米产业中，可以通过精益生产理念来优化生产流程，提高生产效率和质量。

1. 价值流分析：进行价值流分析是精益生产的第一步。在稻米产业中，通过对生产流程的仔细研究和分析，识别和分离出增值和非增值活动，以及浪费的来源。如此，生产者可以专注于真正为客户创造价值的环节，以提高生产效率和质量。

2. 固定时间生产：精益生产强调按需生产，避免浪费和库存积压。在稻米产业中，可以采用小批量生产或按订单生产的方式，以减少库存风险和降低运营资金压力。

3. 拉动生产：拉动生产是指根据客户需求来驱动生产计划和生产过程。在稻米产业中，可以通过精准的市场需求预测和有效的订单管理，实现真正的按需生产。只有在有订单的情况下才开展生产，以减少存货和滞销风险，提高生产效率。

4. 标准化：在生产过程中，精益生产要求制定和遵守明确的标准工作方法和规范。在稻米产业中，企业应根据最佳农业实践和加工技术标准进行操作，确保生产过程的稳定性和一致性，从而提高产品的质量和可追溯性。

5. 持续改进：精益生产追求持续改进，在生产中通过周期性的评估和改进来不断提高生产效率和质量。在稻米产业中，可以通过设立关键绩效指标和质量控制体系，持续监测和改进生产过程的各个环节，并不断进行改进，以提高稻米的品质和市场竞争力。

以上是精益生产理念的基本原则在稻米产业中的应用。通过应用精益生产理念，稻米生产企业可以提高生产效率，降低成本，提升产品质量，进而增强其竞争力，并更好地适应数字经济时代的发展需求。

（二）精益生产理念在稻米产业中的应用价值

精益生产理念在稻米产业中的应用价值主要体现在以下几个方面：

1. 优化生产流程：通过价值流图分析，可以深入了解稻米生产过程中的各个环节，识别和消除浪费。这包括缩短生产周期、减少不必要的运输和待料时间、降低库存水平等。通过消除浪费，稻米生产企业能够提高生产效率和产量，从而更好地满足市场需求。

2. 提高质量：精益生产理念注重标准化工作流程和持续改进，使得稻米生产过程更加规范和稳定。通过制定明确的工作标准和质量控制措施，稻米生产企业可以降低生产过程中的错误和缺陷。从而提高稻米的品质和市场竞争力，实现品牌的差异化。

3. 提升灵活性：精益生产倡导拉动生产模式，根据市场需求实时调整生产计划，减少库存和等待时间。在稻米产业中，灵活性的提升可以通过与合作伙伴建立有效的沟通渠道，实现供需的及时匹配。这有助于避免过剩和滞销的情况发生，提高供应链的灵活性和响应能力。

4. 降低成本：精益生产通过优化生产流程、减少浪费和错误，可以有效降低稻米生产的成本。例如，通过精确的生产计划调度和库存管理，可以避免生产过剩和库存积压，从而降低库存和运营成本。同时，通过不断改进生产流程和技术创新，稻米生产企业可以进一步提高生产效率，从而提高企业的竞争力，获得更好的经济效益。

综上所述，精益生产理念在我国稻米产业中的应用价值体现在优化生产流程、提高质量、提升灵活性和降低成本等方面。通过采用精益生产的方法，稻米生产企业可以实现高效、高质量和高竞争力的生产，在数字经济时代中持续发展。

（三）精益生产理念推动稻米产业转型升级的作用

精益生产理念是一种注重效率和质量的生产管理方法，可以在稻米产业中推动转型升级，以适应数字经济时代的需求。

1. 优化农田管理是提高稻米产量和降低生产成本的关键

借助物联网技术和数据分析，可以实现农田环境监测、智能灌溉和精准施肥。通过监测土壤水分、温度、养分含量等指标，农民可以根据实时数据做出决策，减少病虫害的发生，提高耕作效率和农作物质量。此外，利用智能灌溉系统，农田的水资源利用效率将得到提高，节约用水的同时也保证了稻米产量。

2. 优化物流管理是保证稻米及时上市和减少货物损耗的关键

利用物流信息系统，可以实现对物流节点的实时监控和协调管理，提高物流效率。通过监控运输车辆的位置和行驶状态，可以进行实时调度和路线优化，缩短运输时间，减少物流环节的耗损。同时，通过系统的数据分析，可以对运输过程中的货物损失进行监控和预警，及时采取措施减少风险。

3.优化加工工艺也是提高稻米产业竞争力的重要方面

通过引入自动化生产线和智能化设备，我们可以有效提升加工效率并确保品质稳定性。自动化生产线可以减少人力成本，提高加工速度，减少人为因素对产品质量的影响。智能化设备可以根据产品特点和需求进行调整，实现多批次加工，满足不同品质和规格的稻米需求。

4.优化市场营销是提高稻米产业竞争力和迎接数字经济时代的需求的重要手段

通过大数据分析和互联网技术，可以深入了解消费者需求和市场动态。借助大数据分析，可以对消费者购买行为和偏好进行精准分析，制定个性化的市场策略，提供符合消费者需求的稻米产品。同时，通过互联网技术，可以拓展稻米的销售渠道，打造电子商务平台，提供便捷的购买方式，增强稻米品牌的竞争力。

综上所述，精益生产理念可以在我国稻米产业中推动转型升级，通过优化农田管理、物流管理、加工工艺和市场营销，实现稻米产业的升级，以适应数字经济时代的需求。

二、优化供应链各环节，提高生产效率

应用精益化生产策略优化我国稻米产业供应链的各个环节，从局部和整体全面提升生产效率。

（一）稻米产业供应链各环节的优化方案

1.原料供应环节的优化措施

在稻米产业的原料供应环节，需要优化采购和供应管理，以确保原料的稳定供应和高质量。首先，可以与稻谷种植户建立长期合作关系，以保证可靠的供应来源。其次，通过采用农业物联网技术，可以实时监控稻谷种植过程中的生长状况，预测产量，并提前做好采购准备。此外，还可以实施有效的采购计划，确保原料供应的及时性和充分性。

2.生产环节的优化措施

在稻米产业的生产环节，需要通过优化生产工艺和提高产能来提高生产效率。一方面，可以引入自动化生产设备，以减少人力成本和提高加工速度。另一

方面，可以借助物联网技术和大数据分析，对生产过程进行实时监控和数据分析，及时掌握生产情况，并进行精细化管理和优化调整。

3. 流通环节的优化措施

在稻米产业的流通环节，需要优化物流管理和配送环节，以提高运输效率并减少损耗。可以利用物流信息系统，实现货物的实时监控和协调管理，优化物流路线和运输计划，减少运输时间和成本。同时，可以借助冷链技术，确保稻米在运输过程中的新鲜度和质量。

4. 销售环节的优化措施

在稻米产业的销售环节，需要通过优化市场营销和销售渠道来提升销售业绩。可以利用大数据分析和互联网技术，深入了解消费者需求和市场动态，制定个性化的市场策略和推广方案，提高产品的市场竞争力。同时，可以通过建立稻米电子商务平台和线上线下融合的销售渠道，增加销售渠道的多样性，提供便捷的购买方式，扩大销售范围。

（二）优化供应链的效益和影响因素分析

优化稻米产业供应链可以提高生产效率、降低成本，并带来更好的产品质量和市场竞争力。通过增强供应链各环节的协同性和配合性，可以有效减少因信息不畅、流程不顺畅而导致的延误和损失，提高供应链的整体效益。

优化供应链的效益受到多个因素的影响，包括供应链成员间的合作关系、信息流畅性、流程优化程度以及技术和工具的应用等。首先，合作关系的稳定和互信是优化供应链的基础，可以促进信息的共享和协同决策。其次，信息流畅性的提高可以使各环节的信息传递更加及时准确，有助于提高供应链的反应速度和决策质量。再次，流程的优化程度和技术工具的应用也是影响供应链效益的重要因素。通过优化物流管理、库存管理等可以提高生产效率、降低成本，从而实现供应链的整体效益最大化。

（三）优化供应链的关键技术和工具

优化稻米产业供应链的关键技术和工具，主要包括物联网技术、大数据分析、冷链技术、自动化生产设备以及物流信息系统等。物联网技术可以实现物流节点和生产过程的实时监控，提高信息传递的准确性和即时性。大数据分析有助于深入了解消费者需求和市场动态，为决策提供依据，并据此制定个性化的市场策略。

冷链技术可以保证稻米在运输过程中的新鲜度和质量，提高产品的附加值和市场竞争力。自动化生产设备可以提高生产效率和品质稳定性，减少人力成本。物流信息系统可以实现货物的实时监控和协调管理，提高物流效率和配送准确性。

综上所述，优化我国稻米产业供应链的各个环节，需要采取不同的措施并应用关键技术和工具。优化供应链可以提高生产效率、降低成本，并带来更好的产品质量和市场竞争力。同时，供应链的优化也需考虑供应链的整体效益和影响因素，合作关系、信息流畅性、流程优化程度和技术工具的应用都会对供应链效益产生重要影响。

三、制定精益化生产策略的关键因素和措施

精益化生产策略的制定应该包含生产端和市场端，即供应链的供给和需求两个方面的关键因素，并采取科学、有效、符合我国稻米产业供应链当下发展实际和未来发展战略需要的措施。

（一）从生产端优化供应链的关键因素

就生产端优化我国稻米产业供应链来说，关键因素主要包括以下3个方面：

1. 技术改进与创新

在数字经济时代，技术改进与创新是优化稻米产业供应链的重要因素。农产品物流与供应链专业学者应关注新兴技术的应用，如物联网、大数据分析、云计算和人工智能等。通过引入智能化设备和生产工艺创新，可以实现生产过程的自动化、智能化和高效化。同时，可以通过数据分析技术进行市场需求预测和供应链风险评估，提高供应链的灵活性和应变能力。

2. 人力资源管理

人力资源管理也是优化供应链的关键因素之一。为了实现精益化生产策略，需要培养和吸引具有专业知识和技能的人才。农产品物流与供应链专业学者可以研究制定人力资源管理策略，包括人才招聘、培训和激励机制等方面。此外，建立高效的团队合作和沟通机制，促进各个环节之间的协同工作，也是优化供应链的重要策略。

3. 资源配置和调度

资源配置和调度是实现精益化生产的另一个关键因素。农产品物流与供应链

专业学者可以研究分析我国稻米产业的资源状况，包括土地、水资源和劳动力等方面。基于资源的优化配置，可以降低生产成本、提高生产效率和产品质量。此外，合理的生产调度和供应链规划也能够保持生产稳定性，减少库存，缩短交货周期。

（二）从市场端优化供应链的关键因素

就市场端优化我国稻米产业供应链来说，关键因素主要包括以下3个方面：

1. 市场需求的变化与预测

随着数字经济时代的到来，市场需求的变化速度加快，农产品物流与供应链专业学者应关注市场趋势和需求动态。通过市场调研和数据分析，可以预测市场需求的变化趋势，为决策者提供指导。同时，基于市场变化，制定灵活的供应链策略，如定制化生产、快速反应和灵敏的需求预测等，以满足客户的多样化需求。

2. 产品定位与差异化策略

农产品物流与供应链专业学者可以研究分析稻米产品的市场定位，并提出差异化策略。通过产品品质的提升和品牌形象的塑造，可以增加产品的竞争力和附加值。此外，基于市场需求的多样性，可以开发满足不同消费者需求的细分产品，通过差异化策略来占据市场份额。

3. 市场推广与渠道管理

市场推广和渠道管理也是优化供应链的关键因素。农产品物流与供应链专业学者可以研究制定市场推广策略，如广告宣传、促销活动和客户关系管理等。同时，建立高效的供应链渠道，包括供应商管理、物流配送和零售终端等方面，以确保产品从生产到消费的畅通无阻。

（三）制定精益化生产策略的关键措施

结合影响我国稻米产业供应链精益化生产策略的关键因素分析，借鉴国内外稻米产业供应链发展的经验，采取以下措施：

1. 建立效益评价体系

为了实现精益化生产，可以建立效益评价体系。通过制定指标体系和评价方法，可以评估供应链各个环节的效率和绩效，并及时进行改进和调整。此外，建立供应链绩效激励机制，可以促使各个参与者积极推动精益化生产策略的实施。

2. 强化供应链合作伙伴关系

强化我国稻米产业供应链合作伙伴关系可以采取以下措施：

①建立信任机制：建立互信、共赢的信任机制是加强合作伙伴关系的基础。我国稻米产业应通过建立诚信、透明和公平的交易原则，加强企业之间的信任和合作。同时，合作伙伴之间应保持良好的沟通和协商机制，共同解决问题和应对挑战。

②制定合作计划：为了确保合作伙伴关系的有效性和持续性，我国稻米产业应制定具体的合作计划。合作伙伴可以共同制定目标和计划，明确各自的责任和义务，并建立有效的执行和监督机制。通过定期评估合作效果，及时调整计划，确保合作伙伴关系的稳定和发展。

③提升资源共享水平：加强资源共享是提高合作伙伴关系的重要手段。我国稻米产业应通过共享生产技术、市场信息、物流资源等手段，提高整个供应链的效率和竞争力。合作伙伴之间应加强信息交流和资源共享，实现优势互补和协同发展。

④加强技术创新：技术创新是推动合作伙伴关系持续发展的关键因素。我国稻米产业应积极推动技术创新，开发新产品、新技术和新工艺。通过技术创新，提高稻米产业的附加值和市场竞争力，促进合作伙伴之间的共同发展和利益共享。

⑤建立激励机制：建立合理的激励机制是促进合作伙伴关系持续发展的有效手段。我国稻米产业可以通过给予合作伙伴相应的奖励和激励措施，鼓励其积极参与供应链合作。同时，建立公平、合理的利益分配机制，确保合作伙伴的利益得到充分保障和平衡。

⑥加强风险共担：在供应链合作中，风险共担是促进合作伙伴关系的重要方面。我国稻米产业应通过建立风险评估和预警机制，加强合作伙伴之间的风险共担和应对能力。在面对风险和挑战时，合作伙伴应共同制定应对措施，共同承担风险和损失，实现共赢发展。

⑦促进长期合作：为了确保合作伙伴关系的稳定和发展，我国稻米产业应积极推动长期合作。通过加强企业间的战略合作、缔结产业联盟等方式，促进合作伙伴之间的深度融合和发展。同时，建立有效的退出机制，确保合作伙伴关系的持续性和稳定性。

3. 实施全员参与的管理模式

实施全员参与的管理模式是促进精益化生产的关键措施之一。我国稻米产业联盟可以推动组织内部和供应链各个环节的全员参与，包括员工、管理者和供应商等。通过建立良好的沟通机制、培训和激励机制，可以提升全员对精益化生产的认同和积极参与程度。

4. 推动数字化和信息化的转型

数字化和信息化的转型是制定精益化生产策略的关键措施之一。通过建立数字化平台和信息系统，可以提高信息的透明度、生产的准确性和供应链的可追溯性。同时，可以利用大数据分析和人工智能技术实现供应链决策的智能化和自动化。

第三节　打造线上线下一体化

随着数字经济时代的来临，我国稻米产业供应链发展面临着新的机遇与挑战。为了适应市场需求的变化和提升农产品销售的效果，打造线上线下一体化的销售渠道成为农产品供应链发展的重要路径之一。

一、构建线上线下一体化的销售渠道

随着互联网技术的迅猛发展，线上销售逐渐成为农产品市场的重要组成部分。通过线上销售渠道，农产品可以触达更广泛的消费者群体，打破地域限制，提高销售覆盖面。然而，线上销售也面临着售后服务、物流配送等诸多问题。因此，构建线上线下一体化的销售渠道至关重要。通过线上线下的有机结合，可以提供更全面的售前咨询和售后服务，同时解决物流配送的问题，提高消费者购买的信心和满意度。

（一）研究我国稻米产业的市场需求，确定适合线上线下一体化销售的渠道和目标消费群体

为了打造线上线下一体化的销售渠道，首先需要对我国稻米产业的市场需求

进行深入研究。通过走访调研了解到在我国稻米产业中，主要的消费群体包括大型超市和连锁店、农副产品批发市场、餐饮行业、个人家庭等。针对这些消费群体，适合选取以下渠道进行线上线下一体化销售：

1. 大型超市和连锁店：与我国稻米企业合作，将产品放置在超市和连锁店的实体门店中，并在线上销售平台开设官方旗舰店，提供线上线下的销售服务。消费者可以通过线上平台查看产品信息、下单购买，并选择线下门店自提或送货上门。

2. 农副产品批发市场：与批发市场合作，建立稻米产业的展示中心和销售渠道。将产品直接供应给批发商，并为他们提供线上销售渠道和仓储配送服务，加强线上线下的结合，提高销售效率和覆盖面。

3. 餐饮行业：与餐饮企业建立长期合作关系，通过农产品供应链电商平台或者线下门店，提供稻米产品的采购和配送服务。同时，可以根据餐饮企业的需求，开发更加个性化的产品和服务，满足不同口味和品质的需求。

4. 个人家庭：通过农产品供应链电商平台或者社交媒体平台，直接面向个人消费者销售。提供产品的信息展示、在线购买、支付和配送服务，以满足消费者方便快捷购买的需求。

根据不同销售渠道的特点和目标消费群体的需求，可以采用多种形式的线上线下一体化销售模式，如"线上预订+线下自提""线上下单+线下配送""线下展销活动+线上补充"销售等。通过灵活运用各个渠道的优势，可以更好地满足我国稻米产业的市场需求，提高销售效果。

（二）探索线上销售平台与线下门店的融合模式，通过线上线下同步进行促销、推广和售后服务，提高消费者购买体验和黏性

在数字经济时代，线上销售平台与线下门店的融合已经成为农产品供应链发展的重要趋势。通过线上线下的同步运营，可以为消费者提供更加综合和高效的购买服务，进一步提升消费者的购买体验和黏性。

首先，可以通过线上销售平台和线下门店共享销售信息和库存数据，实现线上线下的库存管理和销售预测的一体化。例如，当线上销售平台接收到订单时，可以通过实时共享的库存数据，快速从最近的线下门店进行提货。同时，线下门店也可以通过线上平台的销售数据进行统计和分析，以便更好地调整产品的进货策略和库存分配。

第六章 数字经济时代我国稻米产业供应链发展路径

其次，线上线下同步进行促销和推广活动，可以增强消费者的购买意愿和消费黏性。线上平台可以通过各种促销策略，如满减、折扣、优惠券等，在我国稻米产业中开展推广活动。同时，线下门店也可以根据线上平台的数据分析，开展定向销售和精准推广。通过线上线下的互动，可以进一步提高消费者对产品的认知度和品牌忠诚度。

最后，在售后服务方面，线上线下一体化可以提供更加全面和便捷的服务。消费者可以在线上平台上查看产品的售后政策并提交售后申请，也可以选择到线下门店进行换货、退款等操作。通过线上线下的联动，可以提高售后服务的响应速度和便利性，增强消费者对产品和品牌的信任感。

总的来说，线上销售平台与线下门店的融合模式可以通过共享销售信息、同步促销和提供综合售后服务等方式，提升消费者的购买体验和黏性。这种模式不仅可以扩大销售渠道的覆盖面，提高销售效率，还可以帮助我国稻米产业更好地满足消费者的需求，提高市场份额和竞争力。

（三）设计并优化供应链各环节的信息流和物流，实现线上订单和线下库存的灵活配送，以提高销售效率和满足消费者个性化需求

为了在数字经济时代实现线上订单和线下库存的灵活配送，需要对我国稻米产业的供应链各环节进行详细设计和优化，以实现信息和物流的高效流动。

首先，在信息流方面，应建立一个信息化系统，确保供应链各参与方能够及时共享和获取必要的信息。这包括从原料供应商到稻米生产企业，再到批发商、零售商和最终消费者等各个环节的信息流动。通过物联网技术、大数据分析和人工智能等先进技术，可以实现对供应链各环节的实时监控和数据分析，提高预测准确性和决策效率。如，打造绿色信息化平台，该平台首先是一个基于范围经济的稻米产业集约平台，是为稻米全产业链增值提供的定制沟通平台，同时，该平台也是一个公共服务平台，旨在推进"三产"融合，上连第一产业、下接服务业、中间完善加工业，为各经营主体提供更丰富的市场信息及更广泛的服务范围[11]。

其次，在物流方面，需要建立高效灵活的物流网络，以满足线上订单和线下库存的配送需求。可以考虑与物流公司合作，建立仓储和配送中心，利用仓储物流技术和自动化设备提高配送效率和准确性。同时，可以采用配送路线优化算法，实现线上订单的智能派送和线下库存的定时配送，减少运输时间和

成本。

针对消费者个性化需求，可以通过调整供应链环节和加强仓储管理来提供更加灵活的配送服务。例如，建立多样化的配送选项，如快速配送和预约配送，满足消费者对时间和地点的自主选择。同时，可以引入先进的仓储管理系统，采用批量分拣、分区储存和智能货架等技术，提高仓库的货物处理效率和库存管理的准确性，减少库存积压和物流拥堵问题。

另外，个性化需求也可以通过供应链中的包装和标识来实现。例如，可以采用可追溯技术，为每个产品打上唯一的标识码，消费者可以通过扫码或查询官方网站获得产品的生产过程、产地、质量等相关信息，提高产品的透明度和信任度。

综上所述，通过设计并优化我国稻米产业供应链的信息流和物流，可以实现线上订单和线下库存的灵活配送，提高销售效率和满足消费者个性化需求。这不仅可以提升供应链的整体运作效率和灵活性，还可以提高消费者的购买满意度和忠诚度，进而提升我国稻米产业的竞争力和市场占有率。

二、发展"互联网+农业"，促进供需匹配

互联网技术的发展为农产品供需匹配提供了新的机会。发展"互联网+农业"，将农产品与互联网技术相结合，可以提供更精准的市场信息和供需信息，帮助农产品生产者更准确地根据市场需求进行生产和销售。通过"互联网+农业"的模式，农产品供应链可以更好地规划生产计划、优化供应链配送，以更精准的方式满足市场需求。

（一）分析我国稻米产业的生产特点和市场需求，探索利用互联网技术推进供需匹配的创新模式

首先，了解我国稻米产业的生产特点至关重要。我国是重要的稻米生产区之一，具有丰富的土地资源和农业生产基础。稻米生产的特点包括水稻的生长周期较长、对土壤和水资源的特殊要求和精细管理、收割和加工环节的复杂性等。同时，稻米是广大消费者日常生活的主要食物之一，消费者对稻米质量和品牌形象有着更高的要求。因此，在供应链中，稻米的生产、加工、运输和销售都需要高度的协同和规范。

第六章　数字经济时代我国稻米产业供应链发展路径

其次，详细了解我国稻米市场的需求情况。随着农村富裕和城市居民收入的提高，人们对食品安全和营养健康的关注度也越来越高。消费者对于稻米的品质、价格、包装和种植环境等方面都有着不同的需求。市场需求的多样化和个性化给供应链管理带来了挑战，需要实现从生产到消费的全链条透明和信息流动。

再次，为了推进我国稻米产业的供需匹配，需要借助互联网技术来创新供应链模式。通过互联网技术，可以建立起农产品供应链的可追溯和信息化管理系统，实现从种植到产品上市的全过程监控和管理，确保产品的质量可控。同时，互联网技术可以提供精确的市场需求信息，为农民和稻米企业提供准确的市场预测和决策依据，从而优化生产和供应决策，提高供需匹配的效率。

此外，互联网技术还可以帮助稻米企业与消费者之间建立起直接的交流渠道，通过电商平台和社交媒体等渠道，实现供应链中的信息分享和互动反馈。消费者可以更加方便地了解产品的种植和加工过程，提出意见和建议，从而增强对产品的信任和忠诚度[12]。

总的来说，通过深入分析我国稻米产业的生产特点和市场需求，并利用互联网技术推进供需匹配的创新模式，可以实现稻米供应链的高效运作和品质管理，提高农产品的附加值和竞争力，助力我国稻米产业的可持续发展。

（二）运用大数据和人工智能技术，建立农产品市场信息数据库，提供农产品生产、销售、价格等全方位的精准信息服务，帮助农民优化生产决策和销售策略

首先，建立农产品市场信息数据库是应对供需不平衡和信息不对称的重要途径。通过收集和整理大量的农产品市场数据，包括种植面积、产量、销售量、价格、市场需求等，可以建立一个全面、动态的信息数据库。这个数据库可以通过大数据分析和人工智能技术，提供精准的市场信息，帮助农民了解市场的变化趋势和需求状况。

其次，利用这个农产品市场信息数据库，农民可以更准确地制定生产决策。通过分析数据库中的种植面积和产量等信息，农民可以了解不同区域的生产情况，合理规划自己的种植面积和品种选择。此外，通过数据库中的销售数据和价格趋势信息，农民可以提前预测市场需求，调整产量和销售策略，避免过度生产或库存积压的情况发生。

再次,这个数据库还可以帮助农民优化农产品的销售策略。通过分析数据库中的市场需求、定价信息,以及消费者的偏好和消费习惯,农民可以制定更符合市场需求的销售策略。此外,数据库中的交易数据和市场动态信息也可以为农民提供有关销售渠道和市场拓展的参考依据和指导建议,帮助他们找到更优质、更高效的销售途径。

最后,这个农产品市场信息数据库可以通过移动应用程序或互联网平台等方式向农民提供信息服务。农民可以通过手机或电脑随时查询数据库中的信息,并进行决策分析。这将极大地提高农民获取市场信息的便捷性和时效性,有助于他们根据具体情况做出最佳的生产和销售决策。

总结来说,通过运用大数据和人工智能技术建立农产品市场信息数据库,可以为我国稻米产业供应链的发展路径提供有力的支持。这个数据库的建立将提供准确的市场信息,帮助农民优化生产决策和销售策略,提升供需匹配的效率,增加农产品的附加值[13]。

(三)建立农产品交易平台,通过互联网技术连接农民、种植基地、加工企业和销售渠道,实现供应链的高效对接和农产品的快速上市

首先,建立农产品交易平台可以提供一个线上线下相结合的交易环境,为各个参与方提供更广泛的市场机会。通过这个平台,农民可以将自己的稻米产品直接展示给潜在的买家,加工企业和销售渠道也可以便捷地寻找优质的稻米供应商。这样的交易平台将打破传统物流限制和地域限制,为各个参与方提供更多的商业机会和合作空间。

其次,通过互联网技术的应用,农产品交易平台可以实现供应链的高效对接。互联网技术可以提供实时、准确的信息流动,使得供应链中的各个环节能够快速、及时地相互协调和对接。农民可以通过平台提交自己的供应信息,加工企业和销售渠道可以根据需求快速找到合适的供应商,并进行供需洽谈和合作。这样的对接机制将大大提高供应链的灵活性和响应速度,有助于农产品的快速上市。

再次,农产品交易平台可以提供一系列的交易服务与配套服务,进一步提升供应链效率。例如,平台可以提供物流配送、质量检测、订单管理等服务,为各个参与方提供全方位的支持。同时,平台可以整合相关运输、仓储和金融服务,为供应链中的各个环节提供更加便捷和高效的解决方案。这样的配套服务将有助

于降低交易成本，提高农产品供应链的整体效率和竞争力。

最后，农产品交易平台还可以为农产品的质量溯源和品牌建设提供支持。通过平台上的信息共享和查询功能，消费者可以了解到稻米的种植基地、生产流程和质量检测报告等关键信息，增强稻米产品的信任度和品牌形象。同时，平台可以收集和分析交易数据和用户反馈，为农民和加工企业提供有关市场需求和产品改进的参考，促进农产品的不断优化和创新。

综上所述，建立农产品交易平台，并通过互联网技术连接农民、种植基地、加工企业和销售渠道，将为我国稻米产业供应链的发展路径提供重要的支持。这样的交易平台将提高供应链的对接效率，加快农产品上市速度，降低交易成本，促进农产品的质量溯源和品牌建设。

三、建设农产品供应链电商平台，提升销售效果

建设农产品供应链电商平台是数字经济时代推动农产品销售效果提升的重要举措。通过农产品供应链电商平台，农产品生产者和供应链参与者可以直接与消费者进行交互，实现供应链的可视化和透明化。消费者可以通过电商平台获取产品信息、进行在线购买，并使用溯源功能了解产品的生产过程和品质信息。同时，电商平台也可以提供销售数据和市场分析报告，为农产品生产者决策提供依据。

（一）研究农产品供应链电商平台的建设模式和功能需求，以我国稻米产业为例，设计并开发专属的供应链电商平台

在研究过程中，首先对农产品供应链电商平台的建设模式进行深入分析。在数字经济时代，农产品供应链电商平台起到了连接生产企业、流通企业和消费者的重要作用。因此，平台的建设模式应该注重实现供需双方的有效对接。

1. 选择合适的模式

在我国稻米产业中，可以考虑以下几种建设模式：

① B2B 模式：该模式适用于稻米生产企业与稻米流通企业之间的交流与合作。平台可以提供稻米的交易、配送和结算等功能，方便生产企业与流通企业之间的协作。通过 B2B 模式，可以实现产业链上下游的高效协同发展。

② B2C 模式：在 B2C 模式下，农产品供应链电商平台可以直接连接稻米生

产企业与消费者。平台提供稻米的在线购买、配送以及售后服务等功能，提高了消费者的购买便利性和稻米产品的销售效率。

③C2C模式：在稻米产业中，C2C模式的应用相对较少。然而，通过农产品供应链电商平台，可以探索将互联网平台与农村居民和小农户相结合，实现他们之间稻米交流与合作的加强。通过C2C模式，可以促进农产品的小型流通，提高农业农村经济的发展。

④"互联网+电商"的新零售模式：通过利用龙头企业的带动作用，结合当地电商综合服务网和农村各类电商平台的资源，可以引导和协助新型经营主体开展稻米产品的网络营销。通过借助电子商务平台和"O2O"模式，可以利用农业资源禀赋优势，为我国稻米产品拓展销售渠道，并直接连接终端消费群体，推动"产销"融合模式的快速发展。此外，产业供应链可以充分融合我国的环境和资源优势，将稻米产品与当地的文化、历史、健康和体育等产业相融合。通过多种渠道包括直营店、商超和电商平台等，可以实现供应链、价值链和产业链的共建、共融和共赢，从而促进产业供应链产出价值增加。

2. 构建多功能平台

在设计并开发专属的供应链电商平台时，还需要考虑平台的功能需求。如图6-2所示，这些功能需求包括：

①稻米信息发布功能：该功能让稻米生产企业能够发布关于稻米品种、产地、质量等信息，消费者可以了解到稻米的基本情况，提高购买的选择性和满意度。

②在线交易和支付功能：提供稻米的在线购买功能，让消费者可以方便地选择稻米产品，并进行在线支付，提高交易的便利性和安全性。

③供应链管理功能：通过平台，管理各个环节的信息流、物流和资金流，实现生产、流通和销售的无缝衔接，提高供应链的效率和可视化管理水平。

④物流配送功能：提供稻米的仓储和配送服务，确保稻米产品按时、安全地送达消费者手中。

⑤售后服务功能：提供稻米售后服务，包括退换货、投诉处理等，解决消费者的问题，提高消费者的满意度和忠诚度。

⑥数据分析与决策支持功能：平台应提供数据分析报告，帮助生产企业、流通企业和消费者了解市场动态、关键指标等，辅助决策制定和优化供应链运营。

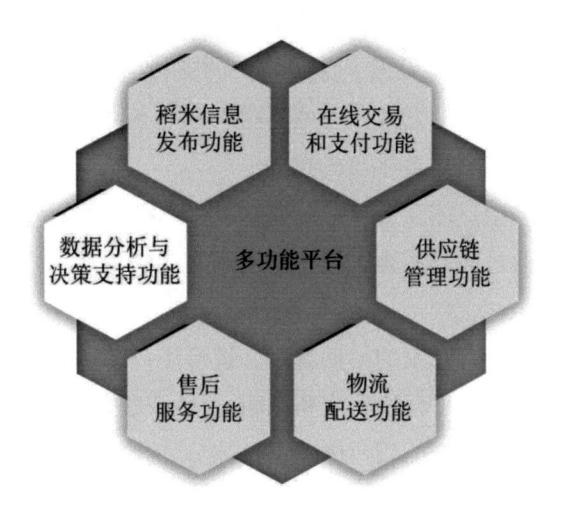

第六章　数字经济时代我国稻米产业供应链发展路径

图 6-2　多功能平台

在开发过程中，需要充分考虑我国稻米产业的特点，与相关企业和机构进行合作，确保平台的实用性和可行性。以数字经济时代的农产品供应链电商平台为研究对象，在我国稻米产业中探索适合的建设模式和功能需求，将为供应链的发展和农产品流通的优化打下坚实基础。

（二）良好的用户体验设计，包括简洁易用的界面、个性化推荐系统和安全可靠的支付体系，吸引用户的使用和购物

1. 设计农产品供应链电商平台的影响因素

在农产品供应链电商平台的设计中，良好的用户体验设计是至关重要的。为了吸引用户使用和购物，需要从以下几个方面进行思考和设计。

首先，在界面设计方面，应该注重简洁易用的原则。平台的界面应该简洁明了，给用户清晰的导航和操作路径，避免复杂的菜单和按钮，降低用户的学习成本。同时，界面的颜色、字体和排版也要考虑到用户的视觉感受，提高用户的舒适度和满意度。

其次，在个性化推荐系统方面，可以利用数据分析和机器学习等技术，根据用户的历史购买记录、偏好和行为进行个性化推荐。平台可以根据用户的需求和喜好，推荐相似的稻米产品或相关的农产品，增加用户的选择性和购买欲望。个性化推荐系统的设计能够提高用户的购物体验，增加用户对平台的黏性和忠诚度。

此外，在支付体系方面，安全可靠是重要的考虑因素。农产品供应链电商平

台应该采用安全性高的支付方式,并严格遵守支付安全规范和标准。可以考虑使用加密技术和双因素认证等手段,保障用户的支付信息不被泄露和滥用。同时,平台应该提供多样化的支付方式,满足不同用户的支付习惯和需求。

2. 设计农产品供应链电商平台的措施

为了确保良好的用户体验设计,可以采取以下措施:

①用户调研:通过问卷调查、用户访谈等方式,了解用户的需求和痛点,为用户量身定制设计。

②用户测试:在平台开发的早期阶段,进行用户测试,及时收集用户的反馈和建议,不断改进和优化平台的功能和界面。

③不断创新:关注最新的用户体验设计趋势和技术,引入新的设计理念和工具,提高平台的前沿性和竞争力。

④用户教育和支持:为用户提供相关的培训和教育,帮助他们熟悉和使用平台,解决他们在使用过程中的问题和困惑。

综上所述,良好的用户体验设计在农产品供应链电商平台的开发中具有重要意义。通过简洁易用的界面、个性化推荐系统和安全可靠的支付体系,可以提高用户的满意度和忠诚度,促进平台的使用和购物活动。

(三)引入农产品的溯源系统,加强农产品质量安全溯源管理,提升消费者对农产品的信任度和购买意愿

在农产品供应链电商平台的设计中,引入农产品的溯源系统可以加强农产品质量安全溯源管理,提升消费者对农产品的信任度和购买意愿。为了成功引入农产品的溯源系统,需要以下措施:

1. 建立并完善农产品质量安全标准和管理制度

农产品质量安全是供应链发展的基础,为了确保农产品从源头到终端的品质与安全,需要制定并完善相应的质量安全标准和管理制度。这些标准和制度应当涵盖种植、生产、储存、运输等各个环节,并严格监督执行,从而确保农产品的质量和安全。

2. 加强农产品生产企业和流通企业的信息化建设

信息化是数字经济时代的基础,可以提高农产品供应链的可追溯性和透明度。农产品生产企业和流通企业应当加强信息系统的建设,将生产和流通的数据进行数字化记录,并推动信息化系统与溯源系统的连接和数据共享,从而提高运

营效率、降低成本，并为产品的质量安全提供数据支持。

3. 合作相关机构和专业人员进行质量安全监控和风险评估

与相关机构和专业人员合作，进行农产品质量安全监控和风险评估。借助他们的经验和专业知识，可以及时识别潜在的风险和问题，并采取相应的措施进行控制和管理，从而提供可靠的数据支持和决策参考。

4. 在供应链电商平台上设置溯源模块

供应链电商平台具有较强的信息传递和整合能力，因此，在这些平台上设置溯源模块可以实现对农产品的追溯和信息查询。通过溯源模块，消费者可以轻松查看产品的生产地、生产过程、质量检测等相关信息，确保产品信息的准确性、及时性和可靠性。

5. 加强培训和教育

农产品生产企业和流通企业应当加强对溯源系统的培训和教育，帮助他们熟悉和掌握溯源系统的使用方法和操作流程。通过培训和教育，可以提高企业对溯源系统的认知和理解度，从而提高运作效率和质量管理水平，确保农产品供应链的质量和安全。

通过上述措施的实施，可以为农产品溯源提供规范和指导，推动我国稻米产业供应链的发展，提高农产品的质量和安全，增强消费者对农产品的信任度，进而促进我国稻米产业的可持续发展。

综上所述，通过引入农产品的溯源系统，可以加强对农产品的质量安全溯源管理，提升消费者对农产品的信任度和购买意愿。这对促进我国稻米产业供应链的可持续发展和农产品质量的提升具有重要意义。

（四）加强与物流配送企业的合作，优化物流环节，确保农产品在线下交付的时效性和品质

1. 建立合理的物流网络和配送体系

合理的物流网络和配送体系是农产品载运效率和交付时效性的重要保障。可以通过合作与合适的物流配送企业，共同优化物流网络，选择适宜的配送路径，建立高效的配送体系。这样可以尽量缩短物流时间，确保农产品的及时交付。

2. 执行精确的配送需求预测和订单管理

与物流配送企业合作的基础是准确的配送需求预测和订单管理。我国稻米产

业供应链参与各方应通过信息共享、需求分析等手段，全面了解市场需求和产品销售情况，并根据需求预测合理的配送量和时机，以便通过与物流配送企业的合作，协调好物流运输能力和产品供给的关系。

3. 运用信息化技术

借助信息化技术，可以实现物流过程的监控和管理，提高物流效率。通过与物流配送企业合作，建立信息系统间的数据共享机制，实现订单信息、库存信息、运输状态等信息的实时传递与共享，从而提高物流配送的可视化程度，减少信息传递的延迟和漏洞。

4. 加强物流配送过程中的质量控制和风险管理

与物流配送企业的合作应当在物流环节上加强质量控制和风险管理。可以通过合理的协议和合同约束，明确供应商和物流配送企业的责任与义务，建立相应的监督和追责机制。同时，建立农产品的质量检测和监控体系，确保稻米产品在物流配送过程中的品质不受损。

通过与物流配送企业的紧密合作，可以优化物流环节，提高稻米产业供应链的运作效率和交付时效性。这有助于减少稻米相关产品由物流滞后导致的品质问题，提高消费者对产品的满意度，并进一步促进我国稻米产业的供应链发展与竞争力提升。

（五）运用大数据分析和智能化仓储管理，提高库存管理的准确性和效率，降低运营成本，实现供应链的可持续发展

1. 运用大数据分析优化库存管理

借助大数据技术，我们可以对稻米产品的需求进行深入分析，精确预测市场需求和产品销售情况，并将这些预测数据应用到库存管理中。通过大数据分析，可以确定适当的库存水平和补充策略，避免库存过高或过低，从而提高库存管理的准确性和效益。

2. 引入智能化仓储管理系统

智能化仓储管理系统可以实现对仓库内货物的自动化识别、分类、存储和检索等操作，从而提高仓储操作的效率和精确度。例如，通过物联网技术和RFID标签，可以实现对货物的实时追踪和监控，减少人为因素对货物管理的影响。此外，通过智能化的仓储管理系统，还能实现对仓库布局、货物堆放和操作流程的优化，从而提高仓储管理的效率。

3. 整合供应链各环节的信息数据

通过整合供应链各个环节的信息数据，包括生产计划、供应商产能、物流运输状况等数据，可以实现供应链的全面监控和协调。运用大数据分析技术，可以从数据中提取优化供应链的关键指标和模式，进而为库存管理提供决策依据。例如，利用大数据分析技术可以更准确地预测销售需求，及时调整生产计划和订购计划，从而降低库存积压和运营成本。

4. 采取可持续的库存管理策略

在库存管理中，应采取可持续的策略，避免浪费和资源的过度使用。例如，可以通过和生产企业的紧密合作，共享销售数据和预测数据，实现产销平衡，减少过剩库存。此外，还可以通过定期的库存周转分析和盘点，及时清理和处理过期或陈旧的库存，减少库存浪费。

通过运用大数据分析和智能化仓储管理，可以提高库存管理的准确性和效率，降低运营成本，实现供应链的可持续发展。这些措施可以使农产品供应链更加高效和可持续，提升稻米产品的竞争力，并为我国稻米产业的发展提供有力支持。

第四节 建设稻米供应链信息共享平台

随着数字经济时代的到来，农产品供应链管理面临了新的挑战和机遇。在我国稻米产业中，建设稻米供应链信息共享平台已成为推动产业发展、提升供应链效率的重要举措。通过建设稻米供应链信息共享平台，可以实现我国稻米产业供应链的数字化转型和智能化发展。

一、构建稻米供应链信息化管理系统

稻米供应链信息化管理系统的建设将有助于提高供应链的可视化和智能化管理水平。

（一）确定信息化管理系统的功能和要求

稻米供应链信息化管理系统的功能和要求需要根据我国稻米产业的实际情况来确定。首先，该系统应具备供应链的可视化管理功能，即能够实时监测和跟踪稻米的生产、运输、销售等环节，提供供应链各环节的数据分析与报表生成功能，并能展示供应链各参与方之间的关系和流程。这样可以帮助农产品企业管理者更好地了解供应链上下游的情况，及时做出决策，提高运营效率。

其次，该系统还应具备智能化管理功能，即能够利用先进的技术手段，如物联网、大数据、人工智能等，实现自动化和智能化的供应链管理。例如，通过物联网技术可以实现对稻田的远程监控和管理，通过大数据技术可以对供应链的各环节进行数据挖掘和分析，通过人工智能技术可以对供应链进行智能化的优化和调整。

此外，该系统还应具备与企业内部其他管理系统的接口功能，如与财务系统、仓储系统、销售系统等的数据交互和共享，实现信息的全面流通和共享，避免数据孤岛和信息不畅的问题。

（二）选择适合的信息化软件和硬件设备

选择适合的信息化软件和硬件设备是构建稻米供应链信息化管理系统的重要环节。在选择软件方面，应考虑软件的适配性和可扩展性，即软件是否能够满足我国稻米产业供应链的具体要求，并且能够根据实际需要进行功能的扩展和更新。同时，软件的稳定性和安全性也是选择的重要因素，确保系统能够稳定运行并保护数据的安全。

在选择硬件设备方面，应考虑设备的性能和可靠性。稻米供应链信息化管理系统通常涉及大量的数据处理和存储，因此需要选择性能较高的服务器和存储设备。同时，为了保证系统的可靠性和稳定性，可以考虑冗余设计和备份策略，以防止硬件故障或数据丢失带来的影响。此外，还需要考虑设备的兼容性和拓展性，以便系统能够随着业务的发展进行相应的升级和扩展。

总之，通过确定信息化管理系统的功能和要求，并选择适合的信息化软件和硬件设备，可以为农产品供应链管理提供可视化和智能化的支持，从而提高供应链的效率和竞争力。

（三）构建供应链信息化管理系统的架构和流程

构建稻米供应链信息化管理系统的架构和流程需要考虑多个方面。首先，需要确定系统的整体架构，包括系统的模块结构和数据流程。一般来说，供应链信息化管理系统的模块可以包括农田管理模块、采购管理模块、生产管理模块、销售管理模块、物流管理模块和质量管理模块等。这些模块之间需要实现数据的共享和交互，确保信息的准确和一致。

其次，需要设计系统的数据流程，即各个模块之间数据的流动方式和路径。例如，农田管理模块可以通过物联网技术获取稻田的环境数据，并将其传输给生产管理模块进行生产计划制定；销售管理模块可以向物流管理模块提供销售订单信息，以便进行货物的配送和运输安排等。通过合理的数据流程设计，可以确保供应链信息化管理系统的高效运行和各个环节的协同配合。

此外，还需要确定系统的数据管理和安全策略。稻米供应链涉及大量的数据处理和存储，包括农田的环境数据、生产质量数据、销售订单数据等。因此，需要设计合理的数据管理方案，包括数据的采集、存储、处理和分析等。同时，为了保护数据的安全，需要制定相应的数据安全策略，包括数据的备份和恢复、数据的权限管理和访问控制等。

（四）开展系统的开发和测试工作

在构建稻米供应链信息化管理系统的过程中，需要进行系统的开发和测试工作。首先，需要进行需求分析和系统设计，根据我国稻米产业供应链的特点和需求，明确系统的功能和要求，并进行系统的模块设计和数据流程设计。通过系统设计，可以确保系统能够满足用户的期望和需求。

接下来，需根据系统设计进行系统的开发和编码。开发过程中需要选择合适的开发工具和编程语言，并遵循良好的编码规范和开发流程，以确保系统的代码质量和可维护性。同时，需要进行系统的单元测试和集成测试，检查系统的各个模块是否正常运行，并保证系统的稳定性和可靠性。

完成系统的开发之后，需要进行系统的验收测试。验收测试主要包括功能测试、性能测试和安全测试等。功能测试用于验证系统的功能是否符合需求，性能测试用于测试系统的响应速度和资源占用情况，安全测试用于检查系统的安全漏洞和防护措施。通过验收测试，可以确保系统的质量和稳定性。

总之，通过构建合理的供应链信息化管理系统架构和流程，并进行系统的开发和测试工作，可以为我国稻米产业供应链的数字化转型提供有力的支持，提高供应链的可视化和智能化管理水平。

二、实现供应链各环节信息共享与协同

供应链各环节的信息共享与协同是构建信息化管理系统的核心目标。通过优化信息共享和协同的沟通渠道和方式，将为我国稻米供应链实现闭环控制和顺畅运作提供理论指导和实际路径。

（一）设计并实施信息共享机制

1. 平台或系统的建立

根据我国稻米产业供应链的特点和需求，选择合适的信息共享平台或系统，如云计算平台、物联网平台或企业资源规划系统等。这些平台或系统应具备良好的数据存储、处理和分析能力，能够满足供应链参与方的信息需求，并支持多方数据共享。

2. 确定信息共享的范围和内容

在进行信息共享前，明确我国稻米产业供应链中各环节需要共享的核心数据和信息，包括生产计划、种植技术、产品质量、库存情况、物流信息、销售订单等。同时，还应考虑与其他相关产业的信息交互，如化肥供应商、种子供应商、销售渠道等。

3. 制定信息共享的规范和制度

为确保信息共享的顺利进行，建立大数据管理体系和信息共享制度，明确供应链参与方的权责和义务，确保各方遵守信息共享的规则和程序。同时，落实数据的安全保护措施，采取技术手段加密、权限控制、备份等措施，保证信息的安全性和保密性。

4. 建立信息共享的机制

这包括设计数据接口和传输协议，确保不同系统之间能够顺利地进行数据交换和共享。可以采用统一的数据标准和格式，以减少数据转换和整合的难度。同时，还应建立数据共享的监管和评估机制，及时监测和纠正信息共享过程中的问题，以提高信息共享的效率和质量。

第六章 数字经济时代我国稻米产业供应链发展路径

通过设计并实施信息共享机制,可以促进我国稻米产业供应链的信息流畅和协同,提高供应链的效率和透明度,降低信息不对称和风险,实现供应链的优化和协同发展。

(二)建立供应链各环节的数据标准化和分类

1. 进行数据需求分析和定义

了解我国稻米产业供应链中各环节的数据需求,明确需要收集、存储和共享的数据内容。例如,农田管理环节可能需要涉及的数据包括土地面积、土壤质量、气象数据等;生产质量环节可能需要涉及的数据包括农药使用量、化肥施用量、产量、营养价值等。通过全面的数据需求分析,确保标准化和分类的数据能够满足各参与方的需求。

2. 制定数据标准和规范

根据我国稻米产业供应链中各环节的数据需求,制定相应的数据标准和规范,包括数据的命名规则、数据的单位、数据的格式等。标准化的数据可以促进数据的一致性和可比性,方便各参与方进行数据的交换和分析。此外,还需制定数据采集和录入的操作规程,确保数据的准确性和完整性。

3. 进行数据分类和归类

根据数据的性质和用途,将数据进行合理的分类和归类,以方便后续的数据管理和分析。例如,可以将数据按照时间、空间、对象、属性等进行分类。同时,还可以根据数据的关联性,将其进行关联和组织,以便进行综合分析和决策支持。

4. 建立数据管理系统和平台

为了有效地管理和利用标准化和分类的数据,建立适合我国稻米产业供应链的数据管理系统和平台,这些系统和平台应具备数据采集、存储、处理、共享和分析的功能,能够支持多方数据的交互和集成。同时,还需支持数据的可视化和可追溯,使得各参与方能够方便地查看和分析数据,从而进行供应链管理的决策和优化。

通过建立供应链各环节的数据标准化和分类,可以提高供应链信息的一致性和可比性,减少数据交流和整合的难度,提高数据的可靠性和可用性。同时,标准化和分类的数据也为后续的数据分析和挖掘提供了基础,有助于发现供应链中存在的问题和改进的空间。

（三）推动供应链内外信息的高效流通和交换

1. 建立供应链信息平台

通过利用物联网、云计算和大数据等现代信息技术，可以建立我国稻米产业供应链的信息平台，集成各环节的信息系统和数据资源，实现信息的集中存储、快速传递和实时交换。这样可以实现供应链内部各参与方之间的信息共享和协同，提高信息的透明度和及时性。

2. 建立信息协同机制

通过建立信息协同机制，可以促进我国稻米产业供应链各参与方之间的信息流通和合作。例如，建立供应链信息共享平台，提供统一的信息接口和数据标准，使得各参与方能够方便地共享数据和信息。同时，还可以通过建立供应链协同平台，实现各参与方之间的实时协助和沟通，促进信息的共同处理和决策。

3. 推动供应链内外的信息流通

为了打破供应链内外的信息壁垒，可以建立供应链金融和物流服务平台，提供全方位的信息支持和服务。例如，可以通过物流信息平台提供实时的物流信息，帮助各参与方进行物流调度和路径优化。同时，还可以通过供应链金融服务平台，提供金融数据和风险评估，帮助供应链参与方获取融资支持和降低交易风险。

通过推动供应链内外信息的高效流通和交换，可以促进我国稻米产业供应链的整体协同和效率提升。信息的及时流通和交换有助于减少信息不对称，缩短供应链的响应时间，提高供应链的敏捷性和灵活性。同时，供应链参与方之间的信息共享和合作也有助于优化资源配置，降低成本，提高供应链的整体竞争力。

（四）优化信息共享和协同的沟通渠道和方式

1. 借助现代通信工具和平台建立直接沟通渠道

通过移动应用、社交媒体等现代通信工具，可以方便供应链各参与方之间进行实时交流和协同。例如，可以建立专门的供应链交流群或社区，在群内进行讨论和信息共享，及时解决问题和调整计划。同时，还可以利用视频会议等在线工具，进行远程沟通和协作，减少时间和空间上的限制。

2. 制定明确的沟通流程和规范

为了确保信息的流通畅通，可以制定供应链内外各参与方之间的沟通流程和规范。明确每个环节的沟通责任和方式，为每个环节设定必要的沟通节点和操作流程，确保信息的及时传递和处理。同时，还需建立相应的沟通工具和系统，如邮件、内部网站等，提供便捷的沟通渠道。

3. 组织供应链参与方的交流和学习活动

通过组织会议、研讨会、培训等形式的活动，可以促进供应链参与方之间的交流和学习。例如，可以定期举办供应链管理经验分享会，提供一个供应链专业人士进行经验交流和案例分享的平台。同时，还可以邀请专家学者进行培训和讲座，提供新知识和技能的学习机会。

通过优化信息共享和协同的沟通渠道和方式，可以促进我国稻米产业供应链各参与方之间的沟通和协作，提高沟通的效率和质量。良好的沟通渠道和方式有助于及时解决问题和处理异常情况，提高供应链协同的能力。同时，供应链参与方之间的交流和学习也有助于共同进步和优化供应链管理实践。

总之，通过设计并实施信息共享机制、建立供应链各环节的数据标准化和分类、推动供应链内外信息的高效流通和交换，以及优化信息共享和协同的沟通渠道和方式，可以促进我国稻米产业供应链的数字化转型，提高供应链管理的效率和竞争力。

三、提升信息化管理水平，优化供应链运作效率

数字经济时代，信息化管理水平的提升对于我国稻米产业供应链的发展至关重要。通过引入信息化管理系统，可以优化物流运输，精益化库存管理，提升订单和供应的管理效果，以及优化客户关系管理。

（一）通过信息化管理系统优化物流运输

物流运输是稻米产业供应链中非常重要的环节。通过引入信息化管理系统，可以实现物流运输的优化和提升效率，具体措施如下：

1. 实时监控物流运输过程

通过传感器、GPS等技术手段，系统可以实时获取物流运输车辆的位置和状态等信息，并将这些信息实时传输到管理中心。这样，管理者可以随时了解物流

车辆的实际运行情况，对物流过程进行监控和调度。同时，通过数据分析和挖掘，可以发现运输过程中的问题和瓶颈，进一步优化物流运输方案。

2.优化路线规划和调度功能

系统可以根据不同的运输需求和目标，自动进行路线规划和运输调度。通过算法和模型的支持，系统可以在考虑运输时间、运费、路况等因素的基础上，提供最佳的路线选择和运输方案。这可以降低物流成本，减少运输时间，提高供应链的运作效率。

3.实现物流信息的共享和透明化

在整个供应链中，不同的参与方（包括供应商、仓储商、配送商等）都可以通过系统共享物流信息。这样有助于实现供应链各个环节的协同与合作，避免信息不对称和信息孤岛的问题。同时，通过透明化的物流信息可以提高物流运输的可视性和可控性，管理者可以实时了解物流环节的情况，及时发现问题并进行处理。

4.应对物流过程中的异常情况

通过系统的预警功能，可以对运输过程中的异常情况进行实时监测和预判。比如，系统可以检测车辆的行驶速度、温度、湿度等指标，当指标超出设定的阈值时，系统会自动发送警报并进行相应的处理。这可以提高物流运输的安全性和稳定性，降低货物损失和风险。

综上所述，通过引入信息化管理系统，可以优化物流运输，提高供应链中物流环节的效率和可靠性。这将为我国稻米产业的供应链发展提供有力的支持和保障。同时，这也是适应数字经济时代的必然趋势，是促进我国稻米产业实现数字化、智能化转型升级的关键一步。

（二）通过信息化管理系统实现库存管理的精益化

优化库存管理是我国稻米产业供应链发展的重要任务之一。通过引入信息化管理系统，可以实现库存管理的精益化，具体措施如下：

1.实时监控和管理库存信息

通过传感器、条形码、RFID等技术手段，系统可以及时记录和更新库存信息，包括库存数量、位置、批次、质量等。管理者可以通过系统随时了解库存的实际情况，包括库存水平、商品销售情况等，从而准确了解市场需求和库存状况。

2. 准确预测市场需求

通过对历史数据的分析和挖掘，系统可以建立需求预测模型，预测和评估稻米产品的需求量和趋势。这样，供应链不仅能根据实际需求制定合理的采购计划，还能及时调整仓储布局和供应链配置，以适应市场需求的变化。

3. 优化供应商与批发商之间的协调与合作

通过系统的信息共享和协同功能，供应商可以及时了解批发商的需求和库存状况，而批发商可以及时了解供应商的生产计划和供货状况。这样可以避免由于信息不对称或沟通不畅导致的库存积压或供应短缺问题，实现供应链各环节的协同和优化。

4. 自动化管理与追踪库存信息

提高库存管理的精益化水平。系统可以自动计算和优化库存的订货点、安全库存量等参数，实现库存的动态调整。同时，系统可以根据库存状况和销售情况自动生成采购订单和出库指令，减少人工操作和减少错误的发生。

综上所述，通过引入信息化管理系统，可以实现我国稻米产业库存管理的精益化。这将帮助提高供应链的运作效率、降低库存成本，避免库存积压和供应短缺等问题，进一步推动我国稻米产业供应链的发展。这也是适应数字经济时代的必然要求，为稻米产业的智能化、数字化转型提供有力支撑。

（三）使用信息化管理系统提升订单和供应的管理效果

订单和供应的管理是我国稻米产业供应链中至关重要的环节。通过引入信息化管理系统，可以提升订单和供应的管理效果，具体措施如下：

1. 自动处理订单

系统可以实现订单处理过程自动化，提高处理效率并减少人为错误的发生。系统能够根据客户下达的订单，自动分配给相应的供应商，并生成相应的订单号和交付日期等信息。这样可以减少人工干预的时间和成本，提升订单处理的准确性和效率。

2. 实时跟踪和监控订单

通过系统的实时更新，可以随时获得订单的状态信息，包括已发货、在途、待发货等状态。这样能够及时了解订单的进展情况，以便及时与供应商进行沟通和协调，确保订单按时交付。同时，系统也能够提供预警机制，及时发现订单延迟或其他异常情况，并及时采取措施进行解决，保证供应链的稳定性和可靠性。

3.提供供应和需求之间的信息交换和沟通平台

供应商可以通过系统发送供应信息,包括产品的库存量、供货能力、价格等信息,以便供应链管理者根据市场需求做出相应的决策。同时,需求方也可以通过系统将订单需求信息传达给供应商,确保供应商能够及时了解市场需求,做出相应的供应计划和资源配置。这样可以减少信息传递的时间延迟和沟通成本,提高供应链的灵活性和响应速度。

综上所述,信息化管理系统能够提升订单和供应的管理效果。通过系统的自动化处理、实时跟踪和监控,以及供需信息交换和沟通平台的建立,可以实现供应链的高效运作,更好地响应市场需求,并及时调整供应计划和资源配置,提高供应链的竞争力和可持续发展能力。

(四)利用信息化管理系统优化客户关系管理

利用信息化管理系统优化我国稻米产业供应链客户关系管理可以采取以下措施:

1. 建立客户信息数据库

通过建立客户信息数据库,将客户的基本信息、购买记录、需求偏好等数据进行集中管理和分析。这样可以帮助企业更好地了解客户需求,提供个性化的产品和服务,提高客户满意度和忠诚度。

2. 实现客户信息共享

通过信息化管理系统,实现企业内部各部门之间的客户信息共享,提高客户服务效率和质量。同时,与客户建立直接的联系和沟通渠道,及时获取客户的反馈和意见,以便更好地满足客户需求。

3. 优化客户服务流程

利用信息化管理系统优化客户服务流程,包括售前咨询、售中跟进和售后服务等环节。通过自动化和智能化的服务手段,提高客户服务质量和效率,提升客户体验和满意度。

4. 实现客户价值分析

通过信息化管理系统,对客户进行价值分析和评估,识别出高价值客户和潜在客户。针对不同层次的客户,制定个性化的营销策略和服务方案,提高客户满意度和忠诚度,促进企业销售增长。

5. 加强与客户沟通和互动

利用信息化管理系统，加强与客户之间的沟通和互动，包括电话、短信、邮件、社交媒体等多种渠道。通过与客户的紧密联系和沟通，及时了解客户需求和反馈，以便更好地调整产品和服务，提升客户满意度和忠诚度。

6. 实现客户关怀和个性化服务

通过信息化管理系统，实现客户的关怀和个性化服务，如定期推送优惠信息、生日祝福、产品推荐等。通过个性化的服务和关怀，提高客户满意度和忠诚度，促进企业与客户之间的长期合作。

综上所述，利用信息化管理系统优化我国稻米产业供应链客户关系管理，需要从建立客户信息数据库、实现客户信息共享、优化客户服务流程、实现客户价值分析、加强客户沟通和互动以及实现客户关怀和个性化服务等方面入手。通过信息化管理系统的支持和应用，提高客户服务质量和效率，提升客户体验和满意度，促进我国稻米产业的可持续发展。

总的来说，信息化管理系统可以帮助企业优化客户关系管理。通过系统地记录、分析和挖掘客户数据，企业可以更好地了解客户需求和偏好，制定个性化的营销策略和提供定制化的服务，从而增强客户的忠诚度和满意度。同时，系统也可以帮助企业及时收集和处理客户的反馈和投诉，提升服务质量和保持良好的客户关系。这样可以提高企业的竞争力和市场份额，促进农产品供应链的可持续发展。

综上所述，提升信息化管理水平是我国稻米产业供应链发展的必然要求。通过引入信息化管理系统，可以优化物流运输、精益化库存管理、提升订单和供应链的管理效果，以及优化客户关系管理，从而进一步提高供应链的运作效率和产业竞争力。这将为我国稻米产业提供更大的发展空间和机遇。

第五节 应用新零售模式

随着数字经济时代的到来，我国稻米产业供应链的发展面临着一系列挑战和机遇。新零售模式作为数字经济时代的代表之一，对稻米供应链的运作模式和管理机制提出了新的要求和挑战。本节的研究目的在于深入分析新零售模式在我国稻米产业供应链发展中的作用和影响，为我国稻米供应链的发展提供理论指导和实践借鉴。

一、探索新零售模式对稻米供应链的影响

随着数字经济时代的到来，新零售模式对各个产业的供应链管理产生了深远影响，稻米产业供应链同样不例外。

（一）新零售模式对稻米产业链的优化

新零售模式的引入对稻米产业链的运作方式和效率带来了重要的优化作用。传统的稻米产业链存在着信息不对称和流通环节长的问题，导致产品的品质和安全难以保证，同时增加了运营成本和商品价格。而新零售模式通过引入电子商务、物联网、大数据等技术手段，打破了传统供应链环节中的信息孤岛，实现了供应链的实时监控和信息共享，从而提高了稻米产业链的运作效率。

新零售模式还能提供更多的渠道和平台，拓展稻米产品的销售渠道。传统的稻米供应链构建在传统零售渠道和线下市场的基础上，难以覆盖更广泛的消费群体。而新零售模式将线上线下相结合，通过电商平台和生鲜电商等新兴渠道，可以将稻米产品推送到更多的消费者手中，提高产品的市场占有率和销售量。

同时，新零售模式的引入还提升了稻米产业链的供应链可追溯性和产品质量管理水平。通过新零售模式中的电商平台和生鲜电商，消费者可以直接获取稻米产品的详细信息，包括产地、生产过程、质检报告等。这使得消费者对产品的来源和质量有了更高的认知度和信任感，有效提升了消费者对稻米的购买意愿和忠诚度。同时，供应链中的各个环节也面临着更大的压力和挑战，需要更加严格的质量控制和管理措施。

此外，新零售模式还加速了稻米产业链的信息化和数字化进程。新零售模式所依托的电商平台和物联网技术等，使得产业链中的信息流动更加高效、准确。从供应链起始端的农田到终端的消费者，各个环节间的信息传递无缝衔接，实现了供应链的实时监控和数据共享。这不仅提高了稻米产业链的运作效率，还为企业和相关机构提供了更多的数据分析和决策支持，以进行更加精细化的供应链管

理和市场营销策略。

综上所述，新零售模式对稻米供应链产生了深远的影响和重要的优化作用。通过打破信息孤岛、拓展销售渠道、提升可追溯性和信息化水平，新零售模式使得稻米产业链更加高效、透明和可控，全面提升了稻米供应链的运作效率和竞争力。对于我国稻米产业来说，新零售模式的应用必将推动其持续创新和发展，实现更大的经济效益和社会价值。

（二）新零售模式对稻米供应链环节的改进

新零售模式对稻米供应链环节的改进主要体现在减少中间环节，提高供应链的透明度和可追溯性。传统的稻米供应链存在着多个中间环节，包括农民、批发商、加工企业、经销商等，在信息传递和产品流通过程中容易产生信息丢失、商品被掺杂等问题。而新零售模式通过建立直接连接农民和消费者的供应链网络，将中间环节减少到最低限度，降低了信息传递的复杂度和信息损失的风险。

此外，新零售模式还引入了更加智能化的技术手段，如物联网、云计算、人工智能等，可以实现对稻米供应链环节的实时监测、数据分析和决策优化。通过对数据的采集和分析，可以精确掌握稻米产业链每个环节的运营情况，及时发现问题并进行调整和改进。这种智能化的管理方式有效地提高了供应链的运作效率和产品质量，同时降低了操控成本和风险。

新零售模式还推动了稻米供应链从传统的线性供应链到循环供应链的转变。传统的线性供应链中，稻米生产、加工、储存、配送等环节是相互独立的，导致资源的浪费和环境污染。而新零售模式提倡资源共享和循环利用，通过共享仓储、配送和市场等资源，实现了供应链的高效整合，降低了资源消耗和环境影响。

另外，新零售模式还可以通过建立良好的供应链伙伴关系，优化稻米供应链的合作与协调。传统供应链中，各环节之间存在着信息不对称和利益分配不公平的问题，导致合作关系紧张和协调困难。而新零售模式通过共享信息和利益，建立起稻米供应链伙伴关系，可以实现各环节之间的优势互补和资源整合，提高供应链的整体效益和竞争力。

综上所述，新零售模式对稻米供应链环节的改进主要体现在减少中间环节、提高透明度和追溯性、智能化管理、推动循环供应链、优化供应链合作与协调等方面。然而，要实现这些改进，需要解决信息技术和管理能力的问题、保护数据安全和隐私、加强利益相关方的合作与协商等。通过研究和探索新零售模式的应用，可以为我国稻米产业供应链的发展提供有益的借鉴和指导。

（三）新零售模式对稻米物流的影响与挑战

随着新零售模式的发展，稻米物流也面临着一系列的影响和挑战。

首先，新零售模式的兴起加快了稻米供应链物流环节的速度和效率要求。消费者对稻米产品即时配送和高效服务的需求逐渐增加，这对物流环节提出了更高的要求，需要建立起更加智能化、高效的物流体系，提高配送速度和准确度。

其次，新零售模式的引入增加了供应链物流的复杂性。稻米供应链中的物流环节包括从农田到仓储、加工、分拣再到最后的配送等多个环节，而新零售模式的应用使得物流环节更加复杂化。供应链的各个环节需要更加紧密协作，以确保物流的连续性和高效性。同时，由于线上线下销售渠道的结合，物流环节需要满足不同形式的配送要求，如快递配送、冷链配送等，这也增加了物流的难度和挑战。

此外，新零售模式的引入还对稻米物流的可追溯性提出了更高的要求。消费者对稻米产品的质量和安全性越来越关注，对产地、生产过程等信息的需求也越来越高。稻米物流环节需要建立起完善的追溯体系，确保消费者对产品来源和质量的真实了解，提高产品的信任度和市场竞争力。

总之，新零售模式对稻米供应链的影响不仅体现在优化产业链和改进环节，还对物流环节产生了深远影响。供应链从业者和相关利益方需要充分认识到这些影响和挑战，并积极采取措施应对，以推动我国稻米产业供应链的进一步发展和创新。

二、建立与新零售模式相适应的供应链管理机制

在数字经济时代，随着新零售模式的兴起，传统的供应链管理机制需要进行相应的优化和调整，以适应新零售模式的需求和要求。建立与新零售模式相适应的供应链管理机制，可以有效提高稻米供应链的运作效率、信息共享和可追溯性。

（一）基于新零售模式的供应链网络优化

新零售模式的引入意味着稻米供应链需要建立更加灵活、高效的网络结构，以满足消费者个性化需求和快速变化的市场环境。供应链网络优化包括以下几个方面的内容：

首先，建立稻米产业链"互联网+"的网络架构，实现农民、农产品加工企业、物流配送企业、零售商等各个节点之间信息的畅通和数据的共享。通过云计算、物联网、大数据等技术手段，构建起稻米产业链的信息平台，实现供应链网络的实时监控、信息共享和决策优化。

其次，通过供应链合作的方式，建立稻米产业链的弹性供应网络。通过与供应链合作伙伴的紧密合作，进行资源共享和风险分担，以应对市场需求的变化和生产环境的波动。通过建立稻米供应链的协同机制，实现多个节点之间的有效协作和资源的高效利用。

另外，建立稻米产业链的可扩展性网络，实现供应链的灵活调整和快速响应市场变化的能力。在供应链网络中，必须具备灵活的生产能力和供应能力，以满足消费者的个性化需求和市场的波动。同时，供应链中各节点之间的关系也需要具备灵活性，可以根据市场的需求进行快速调整和合理配置。

（二）适应新零售模式的信息共享及数据分析

新零售模式对稻米供应链的信息共享和数据分析提出了更高的要求。为了实现供应链的高效协同和决策优化，供应链各节点之间需要进行信息的共享和沟通，以保证信息的准确性和时效性。通过建立稻米供应链的信息平台，各参与主体可以共享生产、加工、配送、销售等环节的信息，以最大程度地提高信息的透明度和共享度。

同时，新零售模式下的稻米供应链需要运用数据分析来提供决策支持和优化供应链运营。通过大数据分析，可以实时追踪和分析市场需求和消费者偏好，为供应链的生产规划、库存控制和配送调度等决策提供准确的依据。通过数据分析还可以发现潜在的风险和问题，并及时采取措施进行调整和改进，提高供应链的运作效率。

（三）引入科技手段提升供应链的效率和可追溯性

为了适应新零售模式的要求，稻米供应链需要引入科技手段来提升运作效率和可追溯性。运用物联网技术实现对供应链各环节的实时监控和追溯，以确保稻米产品的质量和安全性。通过智能化的传感器设备和无线通信技术，可以实时监测稻米的生产、储存、运输等环节，从而提高稻米产品的可追溯性。

另外，引入自动化和人工智能技术来提升供应链的运作效率。自动化技术可以实现物流和仓储环节的智能化管理和自动化操作，提高作业效率和准确性。人工智能技术可以利用算法和模型来进行需求预测、库存管理、配送调度等优化决策，从而实现供应链运作的高效化和精细化管理。

综上所述，为了应对新零售模式的发展，在我国稻米产业供应链中需要建立与之相适应的供应链管理机制。这包括通过网络优化、信息共享与数据分析、科技手段提升运作效率和可追溯性等方面进行改进。通过学术研究和实践探索，我国稻米供应链的发展路径可以更好地应对新零售模式的需求和挑战，推动数字经济时代下稻米产业的可持续发展。

第六节　实施区块链＋稻米供应链金融方案

在数字经济时代，区块链技术的发展为我国稻米产业供应链金融带来了新的机遇与挑战。本节将详细探讨区块链技术在稻米供应链金融中的应用，并着重讨论建立稳定可靠的数字化交易系统，以及利用区块链技术加强供应链金融监管与风险控制。

一、区块链技术在稻米供应链金融中的应用

区块链作为一种去中心化、分布式的技术，具有不可篡改、可追溯、信息透明等特点，为稻米供应链金融提供了新的解决方案。首先，区块链技术可以实现稻米供应链的可追溯性，通过将每一个环节的数据记录于区块链上，可以

追溯到稻米的生产、加工、流通等环节，确保供应链的可信度与产品的质量安全。其次，区块链技术可以提高供应链金融服务的效率，通过智能合约、去中介化等方式，实现快速、便捷的金融服务，促进资金的流转与供应链参与者的合作。另外，区块链技术还可以优化稻米供应链金融的信用评估与风险控制，在区块链上建立信用数据库，实现跨企业、跨地区的信用查询与共享，降低金融风险。

（一）区块链技术简介

区块链技术的核心特点包括去中心化和分布式存储。传统的中心化金融系统中，交易数据和信息由中心机构（例如银行）集中管理和控制，这容易导致数据的篡改和信息的不透明。而区块链技术通过将交易数据分布在网络的多个节点上，并使用密码学算法确保数据的安全性，消除了中心化的风险和单点故障。区块链中的每个参与者都有权参与共识过程，对交易的有效性进行验证和确认，确保了账本的一致性和可信度。

在区块链技术中，交易数据以区块的形式打包，并通过哈希值将区块连接起来，形成一个不断增长的链状数据结构。每个区块都包含了前一个区块的哈希值，这样通过不断连接的方式，保证了交易数据的连续性和完整性。同时，每个区块还包含了交易的详细信息和时间戳，使得交易的历史可以被追溯和验证。

区块链技术主要有两种类型：公有链和私有链。公有链是指开放给任何人参与的区块链网络，例如比特币和以太坊，其交易记录是完全透明和公开的，任何人都可以参与验证和记录交易。私有链则是特定组织或机构内部使用的区块链网络，参与者受到限制，并且交易数据可以进行限制和保密。

除了去中心化和分布式存储外，区块链技术还提供了智能合约的功能。智能合约是一种自动执行的计算机程序，在区块链上运行。它能够根据预先定义的规则和条件执行交易，并自动验证和确认交易的有效性。智能合约的自动执行和透明性，为供应链金融中的交易提供了更高的效率和安全保障[14]。

总的来说，区块链技术通过去中心化、共识机制和加密算法等特点，解决了传统金融系统中存在的信任和安全问题，为稻米产业的供应链金融提供了新的发展路径。

（二）区块链在稻米供应链金融中的潜在应用

区块链技术在稻米供应链金融中具有潜在的应用前景。以下是一些具体的应用方向：

1. 稻米产业溯源系统

区块链技术的不可篡改性和透明性使得建立稻米产业的溯源系统成为可能。通过在区块链上记录每个阶段的生产、运输和销售信息，可以确保稻米的质量和真实性。从农田到餐桌，消费者可以通过扫描区块链上的信息追溯稻米的生产和流转路径。这种溯源系统能够提供可信赖的产品来源信息，建立起消费者对稻米质量的信任，促进稻米产业的品牌建设。

2. 无纸化交易平台

传统的稻米供应链金融中，涉及的交易烦琐、时间耗费长，且易受到纸质文件和人为因素的影响。通过区块链技术，可以建立稳定可靠的电子交易平台，实现稻米供应链金融的无纸化交易。每一笔交易都被记录在区块链上，信息透明且不可篡改。参与方可以通过智能合约自动执行交易，并且由于区块链的去中心化特性，交易速度更快，交易成本更低，提高了交易效率。

3. 风险管理

区块链技术在供应链金融中有助于改善风险管理。通过建立基于区块链的供应链金融平台，各参与方可以共享信息，实现供应链上下游的实时数据交换和共享。这种信息共享可以提供更准确、更全面的供应链风险评估和预警机制，有利于及时应对供应链中出现的风险和变化。

4. 应收账款融资

在稻米供应链金融中，应收账款融资一直是一个重要的问题。传统的融资方式操作烦琐，信用风险高，对于小农户而言，往往难以获得足够的资金支持。而区块链技术可以通过建立可信的交易记录和信用体系，提供更可靠的应收账款融资渠道。各参与方可以通过区块链上的交易记录，实时了解交易双方的信用状况，提高了融资的透明度和安全性。

总之，区块链技术在稻米供应链金融中具有潜在的应用前景。通过建立稻米产业的溯源系统、无纸化交易平台和加强供应链金融风险管理，以及提供可靠的应收账款融资渠道，区块链技术有望推动我国稻米产业的供应链发展，提高运营效率，降低交易成本，并为产业的可持续发展提供更加稳定和可靠的基础。

二、建立稳定可靠的数字化交易系统

稻米供应链金融的核心环节之一是交易环节。传统交易方式中，复杂的流程、信息不对称、可信度难以保证等问题使得交易效率低下，干扰了供应链的金融流通。而区块链技术可以实现交易的去中心化、透明化与高效化。通过建立基于区块链的数字化交易系统，将交易信息记录于区块链上，实现信息的实时共享、透明可信，提高交易的可靠性与高效性。同时，智能合约技术的引入，使交易合约的自动化执行成为可能，降低了交易成本与风险，进一步提升了交易的效率。

（一）传统稻米交易系统存在的问题

1. 中间环节和中介机构过多

传统交易系统中，稻米交易往往需要借助多个中间环节和中介机构进行信息传递、货款结算等。这些中介机构增加了交易流程中的环节和成本，使得交易过程变得烦琐且耗时。同时，中介机构的存在也容易造成信息不对称的问题，影响交易的公平性和透明度。

2. 信息透明度不足

传统稻米交易系统中，交易双方往往无法充分了解对方的信息，包括产品质量、产地、生产过程等。这导致了信息不对称的情况，使得交易风险增加。买方很难准确了解到卖方的真实情况，而卖方也很难得知买方的真实意图和信誉度，从而降低了交易达成比例和成功比率。

3. 审批过程烦琐

传统稻米交易系统中的审批流程往往需要多个环节，包括授权、审核、签字等，其中可能需要多次人工干预。这些手续和步骤使得交易的审批过程变得烦琐且容易出错，影响了交易的效率和灵活性。特别是在面对大规模的交易时，传统交易系统的效率问题更为突出。

综上所述，传统稻米交易系统存在中间环节过多、信息不透明和审批过程烦琐等问题，这些问题阻碍了稻米产业供应链的高效运作和发展。为了解决这些问题，数字化技术的应用成为解决之道，可以通过建立稳定可靠的数字化交易系统来提高交易效率、降低交易成本、增加交易透明度和减少交易风险。

（二）数字化交易系统的优势及价值

数字化交易系统带来的优势和价值主要体现在以下几个方面：

1. 提升交易透明度

数字化交易系统可以实时记录和跟踪交易信息，使交易双方能够透明地了解交易的各个环节、过程和信息。这种透明度有助于减少信息不对称的问题，提高交易的公平性和可信度。

2. 提高交易效率

数字化交易系统可以将交易流程自动化，减少人力干预。通过智能化合约和自动化技术，交易可以更加快速和高效地完成，减少了人为错误和审批延误。同时，数字化交易系统还可以优化交易流程，提高供应链中的交付时效和配送效率。

3. 降低交易成本

传统交易系统中，中间环节和中介机构导致了交易成本的增加。而数字化交易系统可以减少对中间环节和中介机构的依赖，提高交易的直接性和简化性，从而降低了交易成本。同时，数字化交易系统还可以实现自动结算和结算优化，减少支付环节的成本和手续费用。

4. 增强交易安全性

数字化交易系统利用先进的加密技术和身份验证机制，确保交易信息和参与方的真实性和安全性。区块链技术的应用为交易的安全提供了可靠的保障，保护交易免受欺诈、篡改和盗窃等风险。

5. 提供数据分析和决策支持

数字化交易系统可以实时收集、整理和分析交易数据，为稻米产业供应链的决策和管理提供重要的支持。通过数据分析，可以及时发现潜在的问题和机遇，优化供应链管理，提升整个产业链的运行效率和效益。

综上所述，数字化交易系统在我国稻米产业供应链发展中具有重要的优势和价值。它可以提高交易的透明度和效率，降低交易成本，提供商业机会和发展潜力，具备精确的数据分析和预测能力，有助于促进可持续发展。因此，在数字经济时代，稻米产业供应链发展应积极借助数字化交易系统的力量，不断优化和创新供应链模式，以提升竞争力和实现可持续发展。

（三）利用区块链技术建立稳定可靠的数字化交易系统

为了建立稳定可靠的数字化交易系统，可以利用区块链技术来解决传统交易系统存在的问题。首先，区块链技术可以通过智能合约机制实现交易的自动化和去中心化，减少中间环节和中介机构的介入。这样一来，交易可以更快速地完成，并降低了交易成本。其次，区块链的不可篡改性和透明性可以确保交易信息的安全性和可靠性，并提高交易的可追溯性。通过区块链技术，交易的各个环节都可以被记录、验证和追踪，降低了交易风险。再次，区块链技术还可以提供多方参与的信任机制，确保交易各方之间的信任和合作，减少信息不对称的问题。另外，区块链技术还可以为数字化交易系统提供高效的数据管理和共享机制。交易数据一旦被记录到区块链中，就不可篡改和删除，确保数据的一致性和完整性。同时，区块链可以实现分布式存储和共享，各个参与方可以共同管理和更新数据，减少了数据传输和管理的复杂性。这样一来，交易信息可以更加准确和及时地被各方获取，提高了交易的效率。

此外，区块链技术还可以配合其他技术，如物联网和人工智能，实现更加智能化和自动化的供应链管理。通过与物联网技术结合，可以实现对稻米产业供应链各个环节的实时监测和数据采集，从而提高供应链的可靠性和可追溯性。而结合人工智能技术，则可以对大量的交易数据进行精确的分析和预测，提供决策支持和优化建议，进一步提高供应链的效益和竞争力。

总之，利用区块链技术建立稳定可靠的数字化交易系统具有重要的意义和优势。它可以减少交易中的中间环节和中介机构，提高交易的效率和降低成本。同时，区块链的不可篡改性、透明性和可追溯性，可以提高交易的可靠性和安全性，降低交易风险。此外，区块链技术还可以配合其他技术实现供应链的智能化和自动化管理。因此，在数字经济时代，利用区块链技术建立稳定可靠的数字化交易系统对于我国稻米产业供应链的发展具有重要的推动作用。

通过利用区块链技术建立稳定可靠的数字化交易系统，可以有效解决传统稻米交易系统存在的问题，提高稻米产业供应链的运作效率和透明度。数字化交易系统的建立将推动稻米产业的数字化转型，为我国稻米供应链的发展提供了新的机遇。

三、利用区块链技术加强供应链金融监管与风险控制

稻米供应链金融涉及多个参与主体，信息流动复杂，风险控制成本高。区块链技术的去中心化与不可篡改性为供应链金融监管与风险控制提供了新的手段。通过将相关的监管信息记录于区块链上，实现政府监管部门、金融机构、供应链参与者之间的信息共享与对接，实现金融交易的追溯与监管。同时，通过智能合约技术，可以实现供应链金融风险控制策略的自动化执行，提高风险的预警与防范能力。

（一）供应链金融监管与风险控制的挑战与机遇

在我国稻米产业供应链中，区块链技术可以用于构建一个去中心化的金融监管系统，实现信息的实时共享和透明化。通过区块链技术，供应链参与方可以实时更新交易数据和资金流动情况，监管机构可以实时监控供应链金融活动的合规性和流动性，从而加强监管和风险控制工作。

此外，区块链技术的特点也可以为信用评估和风险控制提供更多的数据支持。在传统的供应链金融模式中，信用评估主要依赖于企业的历史业绩和个人征信，而区块链技术可以通过记录和追踪企业在供应链中的交易和合作情况，提供更加全面、准确的信用评估依据。同时，区块链技术还可以实现智能合约的应用，自动化执行合同条款，并根据实时数据实现风险控制，从而降低金融风险。

另外，区块链技术还可以有效防范供应链金融中的欺诈行为。通过区块链的不可篡改性和可追溯性，一旦发现欺诈行为，可以追溯到源头并采取相应的法律措施。同时，区块链上的交易信息也可以实现供应链参与方的实名认证，减少非法参与者的存在，提高供应链金融的安全性和可靠性。

值得注意的是，尽管区块链技术在供应链金融监管与风险控制方面带来了诸多机遇，但也面临着一些挑战。首先是技术应用的成本和难度。尽管区块链技术具有很高的潜力，但其应用还需要较高的技术投入和可行性验证，这需要供应链金融企业和监管机构共同努力。其次，应对区块链技术的相关法律法规和政策也是一个挑战。由于区块链技术的特殊性，现有的法律法规和政策对其监管存在一定的困难，需要进一步完善和调整。

总的来说，区块链技术对我国稻米产业供应链金融的监管与风险控制带来了

巨大的机遇。通过应用区块链技术，可以实现供应链金融的透明化、合规化和安全性，为我国稻米产业的发展提供更多的支持。同时，也需要供应链金融企业、监管机构和学者共同研究和推动区块链技术的应用，以实现供应链金融的良性循环和可持续发展。

（二）区块链技术在供应链金融监管中的应用

区块链技术可以为供应链金融监管提供强大的支持。

首先，通过在区块链上记录和共享参与者的交易数据，监管部门可以实时了解供应链金融的各个环节，促进信息的共享和透明。同时，监管部门还可以利用区块链技术实现对参与者身份和资质的验证，确保交易的合法性和合规性。

其次，区块链技术可以提高供应链金融的风险控制能力。通过区块链技术，监管部门可以实现对供应链金融中的关键节点和数据的监控，降低信息不对称带来的信用和欺诈风险。同时，区块链技术可以实现交易过程的实时记录和审计，减少潜在的操作风险。

再次，区块链技术还可以加强供应链金融的合同管理和执行效果。通过使用智能合约，可以实现交易条件的自动化执行，减少人为干预和错误导致的风险。同时，智能合约还可以实时监测交易数据和风险指标，及时触发预设的风险控制机制，提高供应链金融的安全性和稳定性。

最后，区块链技术还可以加强供应链金融中的信用评估和借贷操作。传统的信用评估主要基于企业过往的财务状况和信用记录，而区块链技术可以通过记录和共享企业在供应链中的交易和合作历史，提供更加全面和准确的信用评估依据。在借贷操作方面，区块链技术可以实现资产的数字化和借贷的去中心化，提高借贷效率和减少中间环节的风险。

然而，区块链技术在供应链金融监管中的应用也面临一些挑战。首先，区块链技术的应用需要各参与方共同支持和配合，包括金融机构、企业和监管机构。这需要建立统一的标准和规范，并解决参与方之间的合作和数据共享方面的问题。其次，区块链技术的安全性和隐私保护也是一个重要的考虑因素。尽管区块链技术具备去中心化和不可篡改的特点，但仍需要采取相应的安全措施，确保数据的安全和参与方的隐私不受侵犯。

综上所述，区块链技术在供应链金融监管中具有巨大的潜力和应用前景。通过区块链技术的应用，可以实现供应链金融的透明化、合规化和安全性，促进我国稻米产业的供应链发展。然而，需要各方共同努力，克服技术和合作方面的挑战，促进区块链技术在供应链金融监管中的广泛应用。

总之，利用区块链技术加强供应链金融监管与风险控制在我国稻米产业的供应链中具有重要的意义。通过区块链技术，可以提高供应链金融监管的透明度和可靠性，降低金融风险。同时，区块链技术的应用还可以加强信用评估和风险控制手段，进一步提高供应链金融的效率和安全性。因此，我国稻米产业供应链应积极借助区块链技术，完善金融监管与风险控制机制，推动供应链金融的可持续发展。

综上，区块链技术在稻米供应链金融中具有广阔应用前景。通过利用区块链技术实现稻米供应链的可追溯性、数字化交易系统的建立与加强供应链金融监管与风险控制，可以提升供应链金融服务的效率与可靠性，推动我国稻米产业供应链的发展与升级。

第七节　强化稻米供应链全程追溯质量保障机制

在现代农业生产与物流管理中，稻米作为我国重要的粮食作物之一，承载着民众的饮食安全与健康。然而，由于供应链中的多个环节，如生产、加工、运输等，常常存在信息流与物流不畅、质量控制不严格以及风险控制不到位等问题，导致稻米产业供应链的发展受到一定程度的限制。

为了解决这些问题，本节将着重介绍如何利用数字经济的技术手段，强化我国稻米产业供应链中的全程追溯质量保障机制。

一、稻米全程追溯技术及其在供应链中的应用

稻米全程追溯技术是指通过使用现代信息技术手段，对稻米从种植到消费的整个供应链过程进行跟踪和记录，以实现对产品溯源信息的准确获取和追溯。在数字经济时代，利用全程追溯技术可以有效提升稻米供应链的可追溯性、可控性和管理效率，从而实现供应链的优化和升级。

（一）稻米全程追溯技术的概念和内容

1. 稻米全程追溯技术的概念

稻米全程追溯技术是指通过信息技术手段，对稻米从种植、生产、加工、运输等环节的全过程进行监控、记录和追踪。其核心原理是利用物联网、大数据、云计算等现代信息技术，将有关稻米生产、运输、质量等关键数据进行采集、存储和分析，以实现对稻米全程的可视化、可追溯和可验证。

2. 稻米全程追溯技术的内容

具体来说，稻米全程追溯技术包括以下几个方面：

①信息采集和传感技术：通过传感器、条码、RFID 标签等手段，对稻米生产、运输、加工等每个环节的关键数据进行采集和记录，包括地块信息、种植管理、施肥、农药使用、生长环境、采摘时间、产品合格证书等。

②数据传输和存储技术：采集到的信息需要经过数据传输和存储，可以通过无线传感器网络、云计算等技术将数据传输到云端或其他中心化数据库，以确保数据的及时性和安全性。

③数据处理和分析技术：通过大数据分析和挖掘技术，对采集到的稻米关键数据进行处理和分析，以提取其中的有用信息和潜在问题，例如生长状况、品质指标、病虫害风险等，为稻米供应链的优化和决策提供科学依据。

④可视化和追溯系统构建技术：通过软件开发和系统集成技术，将采集到的数据进行可视化展示和分析，以实现对稻米产业供应链各个环节的数据监控和追溯能力。包括建立稻米追溯系统，使得消费者能够通过扫描二维码等方式，查询稻米的生产、运输、加工等环节的具体情况和来源。

总而言之，稻米全程追溯技术基于现代信息技术手段，通过采集、传输、存储、处理和分析数据，实现对稻米生产和供应链的全面监控和追溯，有助于提高稻米产业的质量和安全管理水平，优化供应链的管理和效率，促进农产品的品牌化和溯源认证。

（二）稻米全程追溯技术在供应链中的作用和优势

1. 稻米全程追溯技术在供应链中的作用

稻米全程追溯技术在供应链中发挥着重要的作用。首先，在生产环节，该技术可以实时监测农田的基本信息，包括土地利用、施肥情况、农药使用情况等，有助于确保农业生产的可持续发展和环境保护。其次，在加工环节，稻米全程追溯技术可以跟踪米谷的清理、研磨、包装等过程，确保稻米质量和食品安全。再次，在运输环节，该技术可以实时监控物流信息，包括货物的来源、运输路径、运输温度等，确保稻米的运输安全和质量。最后，在销售环节，稻米全程追溯技术可以提供详细的稻米信息和产品溯源，增加消费者对稻米产品的信任度，促进市场竞争力和品牌价值的提升。

2. 稻米全程追溯技术在供应链中的优势

将稻米全程追溯技术应用于我国稻米产业的供应链中，可以带来以下几个方面的优势：

①提高稻米质量和安全管理水平：稻米全程追溯技术可以确保稻米生产、加工和运输过程中的环境、肥料、农药等使用情况符合相关标准和法规，减少食品安全风险。通过实时监测和记录关键数据，可以追踪稻米的生长状况、使用的种子品种、采摘时间等信息，确保稻米质量稳定和可追溯。

②优化供应链流程和效率：稻米全程追溯技术可以更好地协调和优化供应链各个环节，实现物流信息的实时共享和追踪，从而提高供应链的整体运作效率。通过可视化系统，供应链管理者可以实时了解稻米在不同环节的状态和位置，及时调整运输计划、库存管理等策略，降低运输成本和时间成本。

③增强品牌竞争力和消费者认可度：稻米全程追溯技术可以为我国稻米产品提供溯源认证和品牌建设的依据。消费者可以通过扫描二维码或查询相关平台，获取稻米的生产和供应链信息，了解到产品的质量、种植环境、生产过程等详细信息。这将增加消费者对产品的信任度和认可度，提高稻米品牌的声誉和市场竞争力。

④优化农业资源配置和农业可持续发展：稻米全程追溯技术可以实时监测和记录稻米种植的土地利用情况、施肥和农药的使用状况等关键数据。通过数据的分析和挖掘，可以为农民提供科学的种植管理建议，优化农业资源的配置，提高土地的利用效率，实现农业的可持续发展。

综上所述，稻米全程追溯技术在我国稻米产业的供应链中具有重要的作用和优势，可以提高稻米质量和安全管理水平，优化供应链流程和效率，增强品牌竞争力和消费者认可度，优化农业资源配置和农业可持续发展。这对于促进我国稻米产业的发展，推动数字经济时代的农产品物流与供应链创新具有重要的意义。

二、建立稻米供应链追溯系统

为了实现稻米供应链的全程追溯，需要建立一个稻米供应链追溯系统。

（一）稻米供应链追溯系统的构成要素

稻米供应链追溯系统主要由以下构成要素组成：数据采集与存储模块、数据传输与通信模块、数据处理与分析模块、追溯与验证模块以及信息共享与公示模块。

数据采集与存储模块用于收集稻米生产、加工、运输等环节产生的关键数据，包括传感器监测的环境参数、人工记录的生产过程信息以及相关公司的质量检测报告等。数据传输与通信模块负责将采集的数据传输至追溯系统，以实现实时监控与跟踪。数据处理与分析模块对传输过来的数据进行存储、处理和分析，以提取有关稻米生产环节的关键信息。追溯与验证模块利用技术手段对稻米的全程进行追溯和验证，确保系统的数据准确性和完整性。信息共享与公示模块通过互联网平台，将稻米生产、加工、运输及质量信息共享给相关利益方和消费者，增强信息透明度和市场信任度。

（二）稻米供应链追溯系统的建设步骤

稻米供应链追溯系统的建设过程可以分为几个关键步骤。首先，明确建设目标和需求，明确追溯的范围和内容，确定应用技术和系统功能。其次，进行数据采集和整合，收集各个环节产生的数据，并对数据进行清洗和整合，确保数据的准确性和一致性。然后，建立数据传输和存储平台，确保数据的实时传输和安全存储。接下来，开发数据处理和分析的模型和算法，对数据进行挖掘和分析，提取有价值的信息和规律。最后，建立追溯与验证平台，实现对稻米全程的追溯和验证，确保系统的可信度和可靠性。

具体的建设步骤如下：

1. 确定建设目标和需求：明确稻米供应链追溯系统的建设目标，确定追溯的范围和内容，明确需要追溯的关键环节和信息，以满足相关政策、质量管理和消费者需求。

2. 数据采集和整合：收集各个环节产生的数据，包括种植信息、生产工艺、加工过程、运输记录和产品合格证书等，对数据进行清洗、整合和标准化处理，以确保数据的准确性、完整性和一致性。

3. 建立数据传输和存储平台：选择合适的信息技术手段，建立数据传输和存储平台，例如物联网、云计算等技术，实现数据的实时采集、传输和安全存储，确保数据的时效性和可靠性。

4. 数据处理和分析：开发适应稻米供应链的数据处理和分析模型和算法，对采集到的数据进行挖掘和分析，提取有用的信息和关键规律，为决策和优化提供支持，例如生长环境影响因素分析、品质指标预测等。

5. 建立追溯与验证平台：构建稻米供应链追溯与验证平台，实现对稻米全程的追溯和验证功能。包括建立追溯数据库，记录和存储稻米供应链各个环节的数据和信息；建立追溯系统，通过扫描二维码或其他方式，使消费者能够查询稻米的生产、运输等环节的具体情况和来源；建立验证平台，通过第三方机构进行稻米质量的抽检和验证。

6. 系统测试和运行：对建设的稻米供应链追溯系统进行测试和调试，包括功能测试、性能测试等，确保系统的稳定性和可靠性。随后，系统正式上线运行，监控系统运行情况，及时修复漏洞和改进功能。

7. 持续优化和升级：稻米供应链追溯系统的建设是一个动态的过程，需不断优化和升级。根据用户反馈和需求变化，及时增加新的功能和模块，提高系统的适应性和可扩展性。

上述步骤将能够确保稻米供应链追溯系统的顺利建设，实现稻米全程的可追溯和验证，提高稻米产业的可信度、品质和消费者认可度。同时，也为进一步推动数字经济时代我国稻米产业的发展提供了有效的管理和决策支持。

（三）稻米供应链追溯系统的运营与管理

稻米供应链追溯系统的运营与管理需要建立完善的机制和流程。首先，需要明确系统的运营目标和指标，建立相应的评价体系和激励机制。同时，要加强对系统的日常运营和维护，包括数据监测与报警、系统升级与维修等工作。另外，还需加强对系统使用者的培训和管理，确保其正确使用系统，并提供相应的技术支持和服务。最后，要建立信息共享与公示的机制，通过互联网技术，将稻米追溯信息共享给相关利益方和消费者，促进全程追溯质量保障机制的有效运行。

为了确保稻米供应链追溯系统的运营与管理，需要建立以下机制和流程：

1. 明确运营目标和指标：制定一个明确的供应链追溯系统的运营目标，并制定相应的指标来衡量系统的运营效果。这些指标可以包括追溯数据的完整性、及时性以及准确性等方面，用于评估系统的运营状况。

2. 建立评价体系和激励机制：制定一套评价体系，对稻米供应链追溯系统的运营进行定期评价，并根据评价结果设计激励机制，激励相关人员对系统积极参与和作出贡献。这可以包括奖励机制、晋升机制或其他激励手段，以提高系统运营的效率和质量。

3. 加强系统的日常运营和维护：建立数据监测与报警机制，定期对系统进行数据监测和分析，发现异常情况和问题时及时进行报警和处理。同时，制定系统升级和维修计划，定期对系统进行升级和维护，确保系统的稳定运行和功能完善。

4. 加强系统使用者的培训和管理：对系统使用者进行培训，使其掌握系统的操作方法和技巧，确保其正确使用系统。同时，建立管理机制，对系统使用者进行监督和管理，确保其按照规定使用系统，并提供相关的技术支持和服务。

5. 建立信息共享与公示机制：利用互联网技术，建立信息共享平台，在稻米供应链追溯系统中共享追溯信息给相关利益方和消费者。通过公示系统，消费者可以查询到稻米的生产、加工、运输等环节的详细信息，促进全程追溯质量保障机制的有效运行。

通过建立完善的运营与管理机制，可以提高稻米供应链追溯系统的运营效率和质量，确保稻米的质量和安全，提高消费者对稻米的信任度，推动我国稻米产业的发展。

三、加强稻米供应链质量控制与风险防范机制

稻米供应链全程质量追溯的关键环节在于做好质量控制，并预先做好风险防范，有效抵御影响供应链安全的各种风险。

（一）稻米质量控制的重要性和挑战

稻米质量控制是农产品供应链中的关键环节，其重要性不言而喻。高质量的稻米产品能够提高消费者的口感满意度和信任度，有助于品牌的树立和市场影响力的增加。然而，稻米质量控制面临着诸多挑战，包括复杂的生产环境、不确定

的天气条件、质量检测的高成本和复杂流程等问题。

首先,稻米的生产环境复杂多变,受到气候、土壤和水质等因素的影响。这些因素会对稻米的生长和品质产生直接影响,因此需要在生产过程中进行有效控制和管理,以确保稻米质量的稳定性和一致性。

其次,天气条件的不确定性也是稻米质量控制的挑战之一。干旱、洪涝、高温等极端天气情况会对稻米的生长和发育产生不利影响,可能导致稻米的质量下降或产量减少。因此,需要采取有效的气象监测和预警机制,并在供应链中灵活调整生产和运输计划,以应对不确定的天气条件。

再次,质量检测的高成本和复杂流程也给稻米质量控制带来了挑战。稻米的质量检测需要进行物理、化学和生物学等多个方面的测试,其中一些测试方法需要昂贵的设备和专业技术,且检测过程需要复杂严格的标准和流程。这就要求供应链中的相关机构和企业要投入大量资源和精力来实施质量控制,增加了成本和管理的难度。

针对这些挑战,可以采取以下策略来加强稻米质量控制:

1. 建立良好的生产管理体系:通过制定生产标准、合理的播种、施肥和灌溉管理,以及有针对性的病虫害控制计划,确保稻米在复杂的生产环境中得到良好的生长和发育,从而提高稻米的质量。

2. 加强信息化技术的应用:借助物联网、大数据和人工智能等技术,实现对稻米种植、生产和运输等环节的实时监测和数据分析,及时预警和精确调整供应链中的各个环节,以应对复杂的天气条件变化。

3. 建立完善的质量标准和检测体系:制定统一的稻米质量标准,并建立科学、准确、高效的质量检测流程和方法,以确保稻米质量的可控性和可追溯性。

4. 加强供应链参与方的合作与沟通:供应链中的各个参与方包括农民、种植户、加工企业、物流企业等,需要加强合作与沟通,共同制定和遵守质量标准和流程,确保稻米的质量可管理和可追溯。

稻米质量控制的重要性和挑战性必然需要我国农产品供应链中的相关机构和企业共同努力,采取综合的措施和策略,以提高稻米质量的稳定性和市场竞争力,为我国稻米产业的发展提供有力支持。

(二)稻米供应链中的质量控制策略和措施

在数字经济时代,我国稻米产业供应链的发展面临着新的挑战和机遇。为确

第六章 数字经济时代我国稻米产业供应链发展路径

保稻米的质量和安全,供应链中的质量控制策略和措施至关重要。以下从专业角度出发,提出一些可能的质量控制策略和措施:

1. 风险管理与溯源系统:建立完善的风险管理与溯源系统是稻米质量控制的重要环节。通过运用物联网技术、区块链等数字工具,实现对种植、生产、加工、运输等环节的监控和追溯,能够精确地定位和解决质量问题。

2. 线上监测系统:利用物联网和传感器技术,建立稻米质量线上监测系统,实时监测稻米的湿度、温度、异味等关键指标。通过数据分析和预测模型,及时发现质量异常,并采取相应措施,减少质量损失和风险。

3. 合作伙伴的挑选和培训:建立稻米供应链与各环节合作伙伴的良好合作关系是保障稻米质量的重要手段。选择具有专业知识、质量意识和技术能力的种植户、生产商、加工商和运输商作为合作伙伴,并提供培训和指导,提高其对稻米质量控制的认知和能力。

4. 标准化质量控制体系:建立统一的稻米质量标准和质量控制体系,对每个环节进行规范化管理。通过制定明确的质量指标和验收标准,引导供应链各方自觉履行质量责任,确保稻米的质量稳定和可追溯性。

5. 金融支持与质量奖励机制:建立稻米质量的金融支持与奖励机制,鼓励供应链各方在质量控制上进行投入和改进。例如,为质量合格的供应链合作伙伴提供贷款优惠、质量保证金等金融支持,同时设立质量奖励机制,对优秀的质量绩效进行认可和激励。

综上所述,稻米供应链中的质量控制策略和措施应包括风险管理与溯源系统、线上监测系统、合作伙伴的挑选和培训、标准化质量控制体系以及金融支持与质量奖励机制等。这些策略和措施有助于提高我国稻米产业供应链的质量水平,推动数字经济时代下稻米产业供应链的可持续发展。

(三)稻米供应链中的风险防范机制的建立与改进

为了防范风险并保障稻米供应链的稳定运行,需要建立和改进相应的风险防范机制。在数字经济时代,我国稻米产业供应链的发展需要建立和改进风险防范机制,以确保供应链的稳定运行。以下从专业角度出发,提出一些可能的风险防范机制的建立与改进措施:

1. 风险评估和监测体系:建立全面的风险评估和监测体系,对供应链中可能出现的风险进行分析和评估。通过运用数据分析、模型预测等方法,提前发现和识别潜在的风险,并对其进行监控和预警,以便及时采取相应措施应对。

2. 供应链优化设计和管理:通过优化供应链设计和管理,降低单一风险点对整体供应链的影响。例如,采用多元化供应商和农田分布、设置备用农田等方式来分散风险。此外,确保供应链中各个环节之间的信息流畅和协同,减少信息滞后性和不确定性,并加强对供应商资质和信誉的审查。

3. 合作伙伴风险共担和协作机制:加强合作伙伴之间的风险共担和应对能力,建立紧密的协作机制。与供应链合作伙伴共享风险信息,提前进行沟通和协商,制定应急预案和分工,并加强对合作伙伴的培训和指导,提高其对风险管理和应对的能力。

4. 监督和评估机制:建立风险防范的监督和评估机制,定期对稻米供应链的风险防范工作进行评估和改进。建立风险防范指标体系,对供应链的风险防范工作进行定性和定量评估,及时发现问题和改进措施,并强化对风险防范工作的监督和反馈。

综上所述,稻米供应链中的风险防范机制的建立与改进需要包括风险评估和监测体系、供应链优化设计和管理、合作伙伴风险共担和协作机制,以及监督和评估机制等。通过有效的风险防范机制,可以减少供应链中的风险和不确定性,提高我国稻米产业供应链的抗风险能力和稳定性,推动其在数字经济时代的可持续发展。

总之,通过对稻米供应链全程追溯质量保障机制的研究与探讨,可以提高我国稻米产业供应链的可追溯性和质量控制能力,促进稻米产业稳定运行和可持续发展。

第七章
食品安全与稻米产业供应链

在深入探讨了稻米产业供应链的各个环节之后,需要关注一个至关重要的议题——食品安全。食品安全不仅是消费者最为关心的问题,也是稻米产业可持续发展的核心要素。在当前数字经济时代背景下,食品安全与稻米产业供应链紧密相连,其重要性愈发凸显。因此,本章将着重分析食品安全在稻米产业供应链中的地位和作用,探讨如何通过优化供应链管理来进一步确保和提升稻米产品的安全性,从而为消费者提供更加健康、可靠的食品选择,同时也为稻米产业的长期稳定发展奠定坚实基础。

第一节 食品安全的重要性及其对稻米产业的影响

食品安全，作为国计民生的基石，其重要性在当前数字经济时代背景下愈发凸显。随着信息传播速度的加快，食品安全问题已不仅仅是一个局限于局部地区或个别企业的问题，而是能够迅速引发全社会乃至全球关注的热点。特别是在全球贸易往来日益紧密的今天，一个国家的食品安全问题往往会对其他国家产生直接或间接的影响。

近年来，全球范围内食品安全事件频发，如某国的"毒鸡蛋"事件、另一国的"瘦肉精"事件等。这些事件都在短时间内引发了广泛的社会关注和媒体炒作。这些事件不仅严重损害了消费者的身体健康和生命安全，也给相关企业和整个行业带来了巨大的经济和信誉损失。

以稻米产业为例，作为全球一半以上人口的主食来源，稻米的食品安全问题牵动着亿万人的心。国际水稻研究所（Intemationd Rice Research Institute, IRRI）的数据显示，全球每年约有12.7%的稻米因各种原因（包括食品安全问题）而未能达到食用标准，这不仅造成了巨大的资源浪费，也给消费者的饮食安全带来了隐患。特别是在一些发展中国家，由于监管体系不完善、生产技术落后等原因，稻米产品的食品安全问题更为突出。

在数字经济时代，信息的透明度和传播速度都得到了极大的提升。一旦发生食品安全问题，相关信息会迅速在社交媒体、新闻网站等平台上传播开来，引发公众的广泛关注和讨论。这种舆论压力不仅会迫使政府和企业迅速采取措施解决问题，也会对涉事企业的品牌形象和市场地位造成严重影响。因此，对于稻米产业乃至整个食品行业来说，确保食品安全已经不仅仅是一种道德责任，更是一种经济利益和社会责任的双重考量。

为了确保稻米的食品安全，从稻田到餐桌的每一个环节都必须实施严格的监管和控制。这包括农田管理、稻米收购、加工、储存、运输以及销售等多个环节。在每一个环节中，都需要建立相应的食品安全标准和操作规程，以确保稻米产品的质量和安全。同时，政府、企业和科研机构也需要加强合作，共同研发和推广先进的稻米生产技术和食品安全检测技术，从源头上提高稻米的食品安全水平。

食品安全是稻米产业乃至整个食品行业的生命线。在数字经济时代背景下，我们更应该充分利用信息技术手段，加强食品安全监管和信息共享，共同构建一个安全、健康、高效的稻米产业供应链。这不仅是保障消费者健康和权益的需要，也是推动稻米产业可持续发展的重要保障。

二、食品安全对稻米产业的具体影响

（一）消费者信心与市场需求

在数字经济时代，信息的快速传播使得消费者对食品安全问题的敏感度显著提高。稻米作为全球重要的粮食作物，其安全性直接关系到消费者的基本生活需求。一旦稻米产品出现安全问题，如重金属超标、农药残留等，消费者的信心将会受到严重打击。这种信心的丧失不仅会导致消费者减少或停止购买相关稻米产品，还可能引发对整个稻米产业的质疑和不信任。

当消费者对稻米产品的安全性产生疑虑时，他们可能会选择其他替代品，如其他谷物或食品，从而减少对稻米的需求量。这种需求的下降将直接影响稻米产业的市场规模和盈利能力。为了恢复消费者的信心并重新激发市场需求，稻米产业需要采取积极的措施来确保产品的安全性，如加强质量检测、公开透明地展示生产流程等。反之，如果稻米产品能够持续保持高质量和安全，消费者的信心将会得到增强，市场需求也会保持稳定增长。这是因为消费者更倾向于购买他们信任的、安全可靠的产品。因此，稻米产业应始终将食品安全放在首位，通过不断提升产品质量和安全水平来赢得消费者的信任和忠诚。

（二）产业形象和品牌价值

食品安全问题对稻米产业的整体形象和具体企业的品牌价值具有深远的影响。一个安全的稻米品牌能够塑造出可信赖、负责任的形象，进而吸引更多的消费者进一步并提升企业的市场竞争力。这种正面形象不仅有助于企业在消费者心中建立良好的口碑，还能为企业带来长期的商业利益。

然而，一旦出现食品安全问题，企业的品牌价值和稻米产业的整体形象将会受到严重损害。消费者可能会对涉事企业或整个产业产生负面印象，甚至引发抵制行为。这种负面影响不仅会导致销售额的急剧下降，还可能使企业面临巨大的经济损失和声誉风险。因此，稻米产业中的各个企业都应高度重视食品安全问题，通过加强内部管理、提升生产工艺、完善质量检测体系等措施来确保产品的安全性。同时，企业还应积极与消费者沟通，及时回应消费者的关切和质疑，以维护良好的品牌形象和市场地位。

（三）出口贸易和国际竞争力

在全球化的背景下，稻米产品的出口贸易对于促进国家经济和产业发展具有重要意义。然而，食品安全问题是影响稻米出口的关键因素之一。如果稻米产品存在安全问题，如农药残留超标、重金属污染等，将会严重影响其在国际市场上的竞争力。

存在安全问题的稻米产品可能会面临退货、索赔等风险，甚至可能导致贸易壁垒的设立。这些后果不仅会给出口企业带来巨大的经济损失，还可能影响整个稻米产业的国际声誉和市场份额。因此，确保稻米产品的食品安全是提升我国稻米产业国际竞争力的关键。

为了提升稻米产品的国际竞争力并拓展海外市场，我国稻米产业需要采取一系列措施来加强食品安全管理。首先，企业应建立完善的质量控制体系，确保从原料采购到产品加工、储存和运输等各个环节都符合国际标准和进口国的要求。其次，政府应加强与进口国的沟通和合作，及时了解并遵守相关贸易规则和检测标准。最后，稻米产业还应加大科技创新力度，研发和推广先进的生产技术和检测设备，以提高产品的质量和安全性。

（四）食品安全对稻米产业链协同与整合的影响

稻米产业的供应链是一个复杂而精细的系统，涉及从农田到餐桌的多个环节、多方参与者。在这个系统中，食品安全问题不仅关乎最终产品的质量，更影响到整个供应链的协同与整合。当食品安全出现问题时，这种协同与整合的平衡很容易被打破，从而产生一系列连锁反应。

食品安全问题会直接影响到农户与合作社之间的关系。如果原料稻存在安全问题，如农药残留超标，合作社可能会拒绝收购或降低收购价格，这将对农户造成直接的经济损失。长期下来，这种不信任会破坏农户与合作社之间原本稳定的合作关系，导致供应链的上游环节出现断裂。

加工企业也会受到食品安全问题的冲击。一旦原料稻存在安全问题，加工企业在生产过程中可能会面临产品质量不达标的风险。这不仅会导致企业生产成本上升，还可能引发消费者投诉和退货，严重影响企业的声誉和市场份额。长此以往，加工企业可能会选择更换供应商或加强自身的质量检测能力，这无疑会增加整个供应链的成本和复杂性。

分销商和零售商在食品安全问题面前也并非毫无风险。如果销售的稻米产品出现安全问题，分销商和零售商不仅要面临退货和赔偿的风险，还可能因此失去消费者的信任，导致销售额大幅下降。为了避免这种情况发生，分销商和零售商可能会加强对上游供应链的质量控制要求，甚至直接与更可靠的供应商建立合作关系，这无疑会打乱原有的供应链结构。

食品安全问题对稻米产业链的协同与整合具有深远的影响。它不仅会破坏原有的合作关系，增加供应链的成本和复杂性，还可能导致整个供应链的断裂和重组。因此，确保食品安全不仅关乎消费者的健康和安全，更是维护稻米产业链稳定和持续发展的关键。

（五）食品安全对稻米产业法规政策和监管要求的影响

食品安全问题不仅关乎消费者的健康和生命安全，也对稻米产业的法规政策和监管要求产生深远影响。随着食品安全事件频发，政府和社会对稻米产业的法规政策和监管要求也在不断加强和完善。

一方面，食品安全问题推动了相关法规政策的制定和完善。政府为了保障消费者的权益和稻米产业的健康发展，会制定更加严格的法规政策来规范稻米产业的生产、加工和销售行为。这些法规政策不仅包括对稻米产品质量和安全性的要求，还涉及对违法行为的处罚措施，以此来确保稻米产品的安全性和合规性。

另一方面，食品安全问题也促使监管部门加强对稻米产业的监管力度。监管部门会加强对稻米生产、加工和销售环节的监督检查，确保企业严格遵守相关法规政策，并及时发现和处理存在的安全问题。这种加强监管的措施不仅可以保障消费者的权益，也有助于提升稻米产业的整体形象和信誉度。

食品安全问题对稻米产业的法规政策和监管要求产生了积极的影响。通过推动相关法规政策的完善和加强监管力度，政府和社会共同为稻米产业的健康发展和消费者的权益保障提供了有力的支持。然而，这种加强监管的措施也给稻米产业带来了一定的压力和挑战，需要产业内的各方共同努力来应对和解决。

第二节 稻米产业供应链中的食品安全风险点分析

在稻米产业供应链中，从农田到餐桌的每一个环节都存在着潜在的食品安全风险点。这些风险点若不加以严格控制，可能会对消费者的健康造成威胁，同时也会损害稻米产业的声誉和市场份额。

一、种植环节的风险点

在稻米种植过程中，农药残留、重金属污染和微生物污染是三大主要风险点。这些风险因素不仅影响稻米的品质和产量，更对人体健康构成潜在威胁。以下将详细阐述这些风险点及其可能带来的影响。

农药残留是稻米生产中的重要问题。农药在农业生产中广泛使用，旨在防治病虫害，提高农作物产量。然而，如果农药使用不当或过量使用，就会导致稻米中农药残留超标。农药残留不仅会影响稻米的口感和品质，更重要的是，长期食用含农药残留的稻米可能对人体健康造成危害。例如，有机磷农药和菊酯类农药是常见的农药类型，它们在稻米中的残留问题备受关注。这些农药在土壤和水中的残留时间较长，且容易通过稻米吸收进入食物链。长期接触和摄入这些农药残留可能对人体神经系统、免疫系统等产生不良影响。

为了减少农药残留的风险，农户应合理使用农药，遵循农药使用说明和安全间隔期。同时，政府和相关部门应加强对农药使用的监管和指导，推广使用低毒、低残留农药，提高农户的农药使用意识和技能。

重金属污染也是稻米生产中不容忽视的问题。土壤或灌溉水中可能含有的重金属（如铅、镉、汞等）会被稻米吸收，进而造成污染。据报道，某些地区的稻米因土壤污染而含有超标的重金属。例如，镉是一种常见的重金属污染物，其在土壤中的积累会导致稻米镉含量超标。长期食用含超标重金属的稻米会增加患癌症和其他疾病的风险。

重金属污染的来源多种多样，包括工业废水排放、矿产开采和冶炼等。这些活动会释放重金属离子到环境中，进而通过土壤和水体进入稻米生长环境。为了减少重金属污染的风险，政府和相关部门应加强对工业废水排放的监管和控制，推广使用环保材料和技术来替代传统的高污染工艺。此外，农户在选择肥料和农药时应选择低重金属含量的产品，并遵循科学施肥的原则。

微生物污染同样是一个需要关注的问题。在种植过程中，如果稻田水质因田间管理不善受到污染，可能会导致大肠杆菌、沙门氏菌等有害微生物污染稻米。这些微生物在适宜的条件下会大量繁殖，并引发稻米的微生物污染问题。食用被污染的稻米会导致食物中毒等健康问题，严重时甚至危及生命安全。

为了减少微生物污染的风险，农户应加强田间管理，保持稻田水质的清洁和卫生。同时政府和相关部门应加强对稻田水质的监测和预警，及时发现并处理潜在的污染源。此外推广使用生物防治方法来替代化学农药的使用，也是降低微生物污染风险的有效途径之一。

农药残留、重金属污染和微生物污染是稻米种植环节中的主要风险点。这些风险因素对人体健康构成潜在威胁，因此必须采取有效措施进行防范和控制。通过合理使用农药、加强土壤和水质监测、推广环保农业技术等手段，可以降低这些风险因素的影响，保障稻米的品质和安全性。

二、储存与加工环节的风险点

在稻米的储存与加工环节中，黄曲霉素等真菌毒素污染以及陈化粮与劣质粮问题是两大主要风险点。这些问题不仅可能损害稻米的品质，更对消费者的健康构成严重威胁。

黄曲霉素等真菌毒素污染是一个需要高度重视的问题。稻米在储存过程中，如果环境的湿度和温度控制不当，就容易滋生黄曲霉等真菌，这些真菌进一步代谢产生黄曲霉素等有毒物质。黄曲霉素是一种强烈的致癌物质，其毒性极强，对人体健康危害极大。长期摄入被黄曲霉素污染的稻米会显著增加患肝癌等疾病的风险。

为了防止黄曲霉素等真菌毒素的污染，稻米的储存环境必须保持干燥、通风。高湿度和高温环境是真菌滋生的温床，因此，严格控制储存条件至关重要。此外，定期对储存的稻米进行检查和翻动也是必要的，以确保及时发现并处理任何可能的污染问题。

陈化粮与劣质粮问题是储存与加工环节中的另一个重要风险点。稻米在储存过程中，如果时间过长或储存条件不佳，就容易发生陈化。陈化的稻米营养价值降低、口感变差，甚至可能产生有害物质。更为严重的是，有些不法商贩可能会将陈化粮或劣质粮掺杂在新鲜稻米中销售，这不仅欺骗了消费者，更给消费者的健康带来了严重隐患。

陈化粮的产生主要是由于稻米中的油脂在储存过程中发生氧化和水解反应，导致稻米品质下降。为了避免陈化粮的产生，应尽量选择在适当的条件下储存稻米，并定期进行品质检查。同时，消费者在购买稻米时也应选择信誉良好的品牌和销售渠道，以确保购买到新鲜、优质的稻米。

针对陈化粮与劣质粮问题，政府和相关部门应加强监管力度，严厉打击不法商贩的掺杂使假行为。同时，推广科学的储存技术和加工方法也是解决这一问题的有效途径。通过科学的储存和加工技术，可以有效延长稻米的保质期，提高稻米的品质。

对于已经进入市场的陈化粮或劣质粮，应建立有效的召回和销毁机制，以防止其继续流通并对消费者造成危害。同时，加强对消费者的宣传教育也是必不可少的，让消费者了解如何选择优质稻米并认识到陈化粮与劣质粮的危害性。

在稻米的储存与加工环节中，黄曲霉素等真菌毒素污染以及陈化粮与劣质粮问题是需要高度关注的风险点。为了确保稻米的品质和消费者的健康，必须采取有效措施进行防范和控制。这包括保持干燥、通风的储存环境，定期进行品质检查，加强监管力度以及推广科学的储存和加工技术等。

三、运输与销售环节的风险点

在稻米的运输与销售环节中，确实隐藏着不容忽视的风险点，其中最为突出的是二次污染和假冒伪劣产品。这两个问题犹如隐形的威胁，悄无声息地影响稻米的品质，进而对消费者的健康造成潜在威胁。

我们先来深入探讨二次污染这一问题。稻米在离开农田后，需要经过一系列的运输和销售环节才能最终到达消费者的餐桌。然而，正是在这些环节中，如果卫生条件无法得到保障或操作不当，稻米很容易受到二次污染。具体来说，若运输过程中使用的车辆卫生状况堪忧，比如车辆内部残留有污垢、难闻的异味，或是之前曾运输过对稻米可能产生污染的其他物质，那么这些污染物就可能通过直接接触稻米或者通过空气传播的方式对其造成污染。想象一下，如果一辆曾经运输过化工原料的卡车未经彻底清洗就用来运输稻米，那么稻米中很可能就会混入对人体有害的化学物质。

同样地，销售环境的清洁度也是影响稻米卫生的重要因素。如果稻米存储的设施不洁净，比如仓库内存在灰尘、杂物甚至是害虫，这些都会对稻米造成污染。此外，如果销售人员的个人卫生状况不佳，比如不勤洗手或者穿着不洁的工作服，那么他们在接触稻米时也可能成为污染源。二次污染的危害不容小觑，它不仅会降低稻米的整体品质和口感，使得原本香甜可口的米饭变得难以下咽，更为严重的是，这些污染物中可能包含有害微生物，如细菌、霉菌等。在适宜的条件下，这些微生物会迅速繁殖，进而对人体健康造成极大危害。

为了避免二次污染，我们必须采取一系列有效的措施来严格控制运输和销售过程中的卫生条件。首先，运输车辆应该定期进行彻底的清洗和消毒，确保车辆内部洁净如新，无任何异味和残留物。同时，销售环境也应保持整洁有序，仓库要定期清扫和通风换气以保持空气新鲜干燥。销售人员则需养成良好的个人卫生习惯，比如勤洗手、穿戴整洁的工作服等。

然而仅仅依靠行业自律是远远不够的。政府和相关部门也应加强监管力度，制定并执行严格的卫生标准，来确保稻米在运输和销售过程中的卫生安全。比如，可以定期对运输车辆和销售环境进行抽查和检测，一旦发现问题立即进行整改和处罚。

接下来，我们再来看看假冒伪劣产品这一问题。在市场上总有一些不法商贩为了降低成本或提升产品的外观品质而采用非法手段生产假冒伪劣的稻米产品。他们可能使用劣质原料进行掺杂使假，或者在稻米中添加工业石蜡等有害物质以增加产品的光泽度和重量。这些假冒伪劣产品不仅品质低劣，而且可能对人体健康造成极大的危害。

为了解决这一问题，政府和相关部门必须加大打击力度，对生产销售假冒伪劣稻米的行为进行严厉的查处。同时还应加强市场监管和抽检力度，通过定期或不定期地抽查和检测来确保市场上的稻米产品符合相关标准和要求。对于发现的假冒伪劣产品，应立即下架并追溯其来源，对涉案人员进行严惩。

除了政府和相关部门的努力外，消费者在购买稻米时也应提高警惕性。建议选择正规渠道和品牌进行购买，并仔细查看产品的生产日期、保质期以及包装上的防伪标识等信息，以确保购买到安全、优质的稻米。

此外，行业协会和媒体也应积极发挥自身的作用。行业协会可以加强行业内部的自律和规范管理，通过制定行业标准、组织培训等方式推动行业内企业诚信经营；而媒体则可以加强舆论监督力度，及时曝光不法商贩的违法行为，提高消费者的防范意识和维权意识。

在稻米的运输与销售环节中存在着二次污染和假冒伪劣产品两大风险点。为了确保稻米的品质和消费者的健康，我们必须采取有效措施进行防范和控制，包括严格控制卫生条件，加大打击假冒伪劣产品的力度以及加强行业协会、媒体和消费者的积极作用等。只有这样，我们才能保障稻米在运输与销售环节中的安全性和可信度，从而维护消费者的合法权益和健康安全。

四、整个供应链中的共同风险点

在稻米产业供应链中，共同的风险点不容忽视，它们对整个产业的稳健发展构成潜在威胁。其中，信息追溯系统的不完善、监管不力与法规缺失是两个尤为突出的核心问题。

我们深入探讨信息追溯系统的不完善所带来的风险。一个健全且高效的信息追溯系统是确保食品安全的关键。它能够在食品安全事件发生时，迅速而准确地追溯到问题的源头，从而及时采取措施，有效控制事态，最大限度地保护消费者的权益。然而，如果追溯系统存在缺陷或不完善，一旦出现问题，追溯过程将变得异常复杂且低效，甚至可能无法找到问题的确切源头。这种情形不仅会延误问题的解决，还可能导致食品安全事件的进一步扩大，增加整个稻米供应链的食品安全风险。

为了构建一个完善的信息追溯系统，我们需要从多个维度进行考量。首要任务是建立全面的数据采集和记录体系。这意味着在稻米的种植、收购、储存、加工、运输和销售等各个环节，都需要有详细的信息记录，并确保这些信息可供查询和追溯。此外，我们还应充分利用现代信息技术，如物联网、大数据等，以实现信息的实时更新和共享。这将大大提高追溯的效率和准确性，使得在出现问题时能够迅速定位并采取措施。

然而，仅仅依靠技术的力量是不够的。我们还需要加强对追溯系统的监管和维护，确保其正常运行和数据安全。这包括定期对系统进行检查和更新，以防止数据被篡改或损坏，以及确保系统的稳定性和可靠性。

另一方面，监管不力与法规缺失也是稻米供应链中的重要风险点。政府对稻米产业的监管力度和法规的完善程度，直接关系到供应链中的食品安全。如果监管不力或法规缺失,就会给不法商贩留下可乘之机,从而增加食品安全事件的发生概率。这不仅会损害消费者的权益,还会对整个稻米产业的声誉和长期发展造成不良影响。

为了加强监管和完善法规,政府需要积极采取行动。首先,政府应加大对稻米产业的检查力度,通过定期对各个环节进行抽查和监测,确保各项标准和规定得到严格执行。这不仅可以及时发现并纠正存在的问题,还能对违法违规行为形成有效的震慑。其次,政府应致力于完善相关法律法规,明确产业链中各方的责任和义务,为产业的健康发展提供坚实的法律保障。再次,政府还应加强对违法行为的打击力度,通过提高违法成本来形成有效的威慑力,进一步维护稻米市场的秩序和消费者的权益。

除了上述措施外,政府还应积极引导和支持稻米产业的健康发展。这包括提供政策扶持和资金支持,以推动产业技术创新和人才培养,加强国际合作与交流。通过这些举措,可以促进稻米产业的可持续发展,提高整个供应链的食品安全水平。

信息追溯系统的完善和法规的健全是一个持续的过程,需要政府、企业和社会各界的共同努力。只有通过不断地改进和优化,我们才能确保稻米产业的供应链更加安全、稳定、可靠地运行。提高消费者的食品安全意识和鉴别能力也是确保稻米食品安全的重要环节。因此,政府和社会组织应积极开展稻米食品安全宣传活动,向消费者传授相关知识,引导他们在购买和食用过程中做出明智的选择。

信息追溯系统的不完善和监管不力与法规缺失是稻米产业供应链中的两大共同风险点。为了确保稻米的食品安全,我们需要从完善信息追溯系统、加强政府监管力度和完善相关法规等多个方面入手。通过政府、企业和社会各界的共同努力,推动稻米产业的健康发展,确保消费者的权益得到切实保障。

五、消费者使用环节的风险点

在稻米产业供应链的最终环节,即消费者使用环节,存在着一些潜在的食品安全风险点,这些风险点主要与消费者的烹饪与储存方式和对食品安全知识的了解程度有关。不当的烹饪与储存方式可能引发稻米食品安全问题。稻米作为主食,其烹饪与储存方式对于保障食用安全至关重要。然而,一些消费者由于缺乏相关知识或疏忽大意,可能导致稻米在烹饪和储存过程中出现问题。

在高温高湿的环境下长时间存放稻米，极易导致霉菌的生长。霉菌不仅会破坏稻米的营养成分，还可能产生黄曲霉素等有害物质。这些物质对人体健康构成严重威胁，长期摄入可能增加患癌风险。因此，消费者应该选择阴凉、干燥、通风的地方储存稻米，并定期检查稻米的状况，一旦发现霉变，应立即丢弃。

烹饪时未达到适当的温度或时间，也可能无法有效杀死稻米中潜在的微生物。这些微生物可能包括细菌、病毒等，它们在一定条件下会大量繁殖，引发食物中毒等健康问题。为了确保稻米的食用安全，消费者应该采取科学的烹饪方法，如高温蒸煮、翻炒等，确保稻米完全熟透后再食用。

消费者对食品安全知识缺乏了解也是一个重要的风险点。随着生活水平的提高，人们对食品的需求从单纯的数量满足逐渐转变为对质量和安全的追求。然而，部分消费者对食品安全的基本知识了解不足，导致他们在选购、储存和食用稻米时可能做出不当的选择。例如，一些消费者可能过于追求稻米的外观和口感，而忽视了其安全性。他们可能会选择色泽过于鲜亮或口感过于软糯的稻米，而这些稻米可能经过了不当的加工处理，如漂白、添加化学物质等。长期食用这样的稻米，可能会对人体健康造成不良影响。

一些消费者在储存稻米时也存在误区。他们认为将稻米放在冰箱中可以延长其保质期，殊不知这样做反而可能导致稻米吸湿、结块甚至霉变。因此，消费者应该加强食品安全知识的学习，了解稻米的正确储存方法和选购技巧，以确保自己和家人的食用安全。

针对以上两个风险点，我们提出以下建议：一是加强消费者教育，提高他们对食品安全的认识和意识。政府、媒体和社会组织应该共同努力，通过宣传教育、科普活动等方式，向消费者普及食品安全知识，帮助他们掌握正确的烹饪与储存方式以及选购技巧。二是加强监管力度，确保稻米市场的规范有序。政府应该加强对稻米生产、加工、销售等环节的监管力度，严厉打击假冒伪劣、掺杂使假等违法行为，保障消费者的合法权益和食用安全。

消费者使用环节中的不当烹饪与储存方式以及对食品安全知识缺乏了解是稻米产业供应链中的重要风险点。为了确保稻米的食用安全，消费者应该加强自我保护意识，掌握正确的烹饪与储存方式以及选购技巧；同时政府和社会各界也应该共同努力加强监管和宣传教育力度，共同维护稻米市场的规范有序和消费者的食用安全。

六、环境与可持续性风险点

在稻米产业中，环境与可持续性风险点不容忽视，它们直接关系到稻米生产的长期稳定性和生态环境的健康。

稻米种植对水资源的需求极大，不合理的灌溉和水资源管理可能引发一系列问题。水资源短缺是一个显著的风险。在许多稻米种植区域，由于气候变化、干旱或过度抽取地下水，可用的水资源正在迅速减少。这不仅威胁到稻米的正常生长，还可能导致稻米产量和质量的下降。

水污染也是一个严重的问题。由于工业污染、农业排放和生活污水的流入，许多水源受到了不同程度的污染。这些污染物可能包括重金属、化学物质和有害微生物，它们会通过灌溉水进入稻田，最终积累在稻米中，对人体健康构成威胁。

不合理的灌溉方式还可能导致土壤盐碱化。当灌溉水中的盐分过高或者灌溉方式不当时，土壤中的盐分会逐渐积累，影响稻米的生长和产量。盐碱化严重的土地甚至可能无法再种植稻米，进一步加剧了土地资源的紧张。

过度开垦和不合理的农业活动对生态环境的破坏也是显而易见的。为了扩大稻米种植面积，一些地区可能会进行大规模的毁林开荒，这不仅破坏了原有的生态系统，还可能导致水土流失和土地退化。一旦土地退化，其恢复成本将非常高昂，甚至可能无法恢复。

化肥和农药的过度使用也是生态环境破坏的重要因素。虽然化肥和农药可以提高稻米的产量和防治病虫害，但长期使用会对土壤、水源和生物多样性造成严重影响。例如，化肥中的氮、磷等元素可能通过径流和渗透进入水体，导致水体富营养化；而农药则可能残留在土壤和水体中，对生态系统中的其他生物产生毒害作用。

这些环境与可持续性风险点对稻米产业的长期发展构成了严重威胁。为了解决这些问题，虽然策略层面的改变是必要的，但在此我们更关注问题的深入分析和呈现。必须认识到，这些风险点不仅仅是稻米产业内部的问题，它们与整个生态系统的健康、水资源的可持续利用以及人类活动的长期影响密切相关。

水资源管理不当和生态环境破坏是稻米产业中重要的环境与可持续性风险点。它们不仅影响稻米的产量和质量，还可能对生态环境和人类健康造成长期负面影响。因此，深入理解和解决这些问题对于确保稻米产业的可持续发展至关重要。在未来的研究中，还需要进一步探讨如何通过科技创新、政策引导和公众参与等方式来有效应对这些风险点。

第三节 提高稻米产业供应链食品安全水平的策略与措施

一、强化源头控制,确保稻米种植环节的安全

要提高稻米产业供应链的食品安全水平,必须从源头抓起,即稻米种植环节。这一环节的优化不仅关乎稻米的产量,更影响着稻米的品质与安全性,因此至关重要。

在种植环境的选择上,我们应当深思熟虑。种植区域必须远离各类污染源,如工业排放、生活污水等。这些污染源可能通过地下水或空气对稻米造成污染。土壤肥沃、水质清洁是保证稻米品质的基础。肥沃的土壤能够提供稻米生长所需的各种营养元素,而清洁的水质则能避免有害物质通过灌溉水进入稻米中。

加强农田基础设施建设是优化种植环境的另一个重要方面。良好的排灌条件能够确保稻田在需要时得到及时灌溉,在雨水过多时又能迅速排水,防止稻米因水浸而导致品质下降。此外,合理的灌溉和排水系统还能帮助调节稻田的小气候,为稻米生长创造一个更加适宜的环境。

在种植管理方面,科学的种植方法是提高稻米品质的关键。合理施肥和用药不仅能提高稻米的产量,还能降低稻米中的农药残留和重金属含量。过量使用化肥和农药会对稻米品质和安全性造成严重影响。因此,我们必须推广科学的施肥和用药方法,减少化肥和农药的使用量。例如,可以采用精准施肥技术,根据稻米生长的需要和土壤条件进行合理施肥,避免肥料的浪费和污染。同时,应优先选择低毒、低残留的农药,并严格按照使用说明进行喷洒,以降低农药残留的风险。

除了施肥和用药管理外,生物防治和物理防治等绿色防控技术也是提高稻米安全性的重要手段。生物防治可以利用天敌昆虫、微生物等自然资源来控制病虫害的发生和传播。物理防治则可以通过设置防虫网、黄板诱杀等方法来减少害虫的数量。这些绿色防控技术不仅能够有效控制病虫害的发生和传播,还能减少对环境的污染和对稻米品质的潜在威胁。

选择适应当地生态环境的优质抗病抗虫稻米品种进行种植,是提高稻米品质和安全性的另一重要措施。优良品种具有较强的抗病性和抗逆性,能够减少病虫害的发生从而降低农药使用量。这意味着在种植过程中可以减少对化学农药的依赖,降低农药残留的风险。

为了培育出更优良的稻米品种,科研机构和企业应加大研发投入力度,通过杂交育种、基因编辑等技术手段培育出更多具有优良性状的稻米品种。这些品种不仅抗病性强,而且产量高、品质好,能够满足消费者对稻米安全性和口感的多重需求。

同时,政府应加大对优良品种的推广力度,通过政策扶持和宣传推广让更多的农民了解并种植这些优良品种。此外还可以通过建立示范基地、组织农民参观学习等方式来推广优良品种的应用。在推广优良品种的过程中,我们还需要注意保持生物多样性,避免单一品种的大面积种植,以减少病虫害的发生和传播风险。同时,要加强品种改良和更新换代工作,以适应不断变化的市场需求和消费者口味偏好。

在强化源头控制、确保稻米种植环节的安全方面,我们需要从多个角度出发进行优化和改进。通过优化种植环境与管理、推广优良品种等措施,我们可以有效提高稻米产业供应链的食品安全水平,为消费者提供更加安全、健康的稻米产品。

二、加强稻米加工过程的监管,防止污染和掺假

在稻米产业供应链中,加工环节是确保稻米品质和食品安全的关键环节。为了防止污染和掺假,必须从规范加工流程和加强原料、辅料的质量控制两方面入手。

稻米加工车间必须始终保持清洁卫生,这是保证稻米品质的前提。为了达到这一要求,车间应定期进行深度清洁,并时刻保持日常的卫生维护。此外,加工设备也需要定期清洗和消毒,特别是在设备交接班或使用前后,应进行彻底的清洗和消毒工作,以避免设备内部残留物对稻米造成交叉污染。

加工流程的规范性对于稻米的品质至关重要。每一步操作都必须严格按照食品安全要求进行,不容有半点马虎。在稻米去壳、碾磨、抛光等关键环节,加工参数的控制尤为关键。例如,去壳时要确保稻壳去除干净,同时尽量减少米粒的破损;碾磨时要控制碾磨的力度和时间,以保证米粒的完整性和口感;抛光则是为了提升稻米的外观品质,但过度抛光可能会影响稻米的营养成分,因此需要找

到最佳的抛光时间和抛光剂使用量。

除了加工流程，原料和辅料的质量控制也是确保稻米品质的重要环节。稻米原料在进入加工环节之前，必须进行严格的质量检查和控制。这包括对稻米的外观、水分、杂质、不完善粒等多个方面进行检查，确保其符合加工要求。只有合格的稻米原料才能进入加工环节，这是保证稻米品质的基础。辅料如包装袋、添加剂等也需要进行严格把关。包装袋必须选用符合食品安全标准的材料制成，以确保稻米在储存和运输过程中不会受到污染。添加剂的使用也必须严格遵守国家相关法规和标准，确保其安全性和合规性。任何不符合要求的辅料都不能用于稻米的加工和包装过程中。

为了确保稻米加工过程的安全性和品质稳定性，企业还应建立完善的质量管理体系和食品安全追溯系统。质量管理体系应包括原料采购、加工过程控制、成品检验等多个环节，确保每一个环节都符合食品安全要求。而食品安全追溯系统则可以帮助企业在出现问题时迅速找到原因并采取措施防止问题扩大化。

企业还应定期对员工进行食品安全知识和操作技能的培训，提高员工的安全意识和操作技能水平。只有员工具备了足够的食品安全知识和操作技能，才能保证稻米加工过程的安全性和品质稳定性。

加强稻米加工过程的监管是确保稻米品质和食品安全的重要手段。通过规范加工流程和加强原料、辅料的质量控制，可以有效防止污染和掺假现象的发生，为消费者提供安全、健康的稻米产品。同时，企业也应建立完善的质量管理体系和食品安全追溯系统，并定期对员工进行培训，以提高其安全意识和操作技能水平。这些措施共同构成了确保稻米加工过程安全性和品质稳定性的重要保障。

三、完善稻米产品的质量检测体系，实施严格的检验标准

在稻米产业中，质量检测是保障食品安全、满足消费者需求的关键环节。一个完善的质量检测体系能够及时发现并处理问题，确保稻米产品的品质。因此，我们必须建立一套全面的质量检测体系，并实施严格的检验标准。

为了建立完善的稻米产品质量检测体系，我们首先需要关注的是检测指标的选择。农药残留、重金属含量等关键指标是检测的重点，这些指标直接关系到稻米的食用安全。因此，我们应加强对这些指标的检测能力，确保能够准确、快速地检测出稻米中的各种残留物质。此外，我们还需要关注稻米的营养成分、微生

物污染等其他相关指标,以全面评估稻米的品质。

为了提高检测的准确性和效率,我们必须不断更新和升级检测设备和技术。现代科技的发展为我们提供了更多的检测手段,如色谱仪、质谱仪等高端设备,可以大大提高检测的精度和速度。同时,新的检测技术也不断涌现,如无损检测技术、快速检测技术等。这些技术的应用可以进一步提高我们的检测能力。

在实施严格的检验标准方面,我们需要从稻米的外观、色泽、气味、口感等多个方面进行考量。对这些方面的检验不仅可以评估稻米的食用品质,还可以反映出稻米的生产和加工过程中的问题。例如,稻米的色泽可以反映出稻米的成熟度和新鲜度;气味可以揭示稻米是否有异味或霉变;口感则是消费者最直接能感受到的品质指标。

对于不符合检验标准的稻米产品,我们必须严禁其流入市场。这不仅是对消费者的负责,也是对稻米产业健康发展的保障。一旦发现不合格产品,应立即进行追溯和处理,找出问题所在并加以解决。同时,我们还应建立有效的信息反馈机制,及时将检测结果反馈给生产者和相关部门,以便他们能够根据检测结果进行调整和改进。

除了上述的方面,我们还应加强稻米产业供应链各环节之间的沟通与协作。质量检测不仅仅是检测部门的事情,它需要生产、加工、销售等各环节的共同参与和努力。只有各环节都重视质量、加强沟通、密切协作,我们才能确保稻米产品的品质和安全。

在实施严格的检验标准的同时,我们还应积极开展质量教育和培训活动,提高从业人员的质量意识和操作技能。只有让从业人员充分认识到质量的重要性并掌握正确的操作方法,我们才能从根本上提高稻米产品的品质。

政府和相关机构也应加大对稻米产业质量检测的投入和支持力度。通过提供资金支持、技术指导和政策支持等措施来推动稻米产业的质量提升和食品安全保障工作。同时还应加强监管力度,对违法行为进行严厉打击,以维护市场秩序和消费者权益。

完善稻米产品的质量检测体系和实施严格的检验标准是确保食品安全和提高稻米产品品质的重要举措。通过加强检测能力、更新检测设备和技术、实施严格的检验标准以及加强各环节之间的沟通与协作等措施,我们可以有效地提高稻米产品的品质和安全性,为消费者提供更加健康、安全的食品选择。

四、建立食品安全信息追溯系统，实现全程可追溯

在食品安全领域，信息追溯系统的建立显得至关重要。特别是对于稻米这样的基础食材，其安全性直接关系到广大消费者的日常生活和健康。因此，利用现代信息技术，构建一个全面、高效的稻米产业供应链食品安全信息追溯平台，是实现食品安全管理的重要手段。

这个平台需要全面涵盖稻米从种植到销售的每一个环节。在种植环节，平台需要记录稻田的地理位置，土壤和水质情况，使用的种子、肥料和农药的种类及使用量等关键信息。这些信息不仅有助于了解稻米的生长环境，还能在出现问题时提供溯源依据。进入加工环节后，平台应详细记录加工厂的名称、地址、加工工艺、使用的添加剂等信息，以及加工过程中的各种质量控制措施。运输和销售环节也同样重要，包括运输方式、时间、温度控制以及销售点的存储条件等都需要被严格记录和监控。

这个信息追溯平台的核心是数据的集成和共享。通过集成各环节的数据，我们可以得到一个完整的稻米产品生命周期视图，从而实现全程可追溯。而数据的共享则能加强各环节之间的协同工作，提高供应链管理的效率和透明度。例如，加工厂可以通过平台了解稻田的用药和施肥情况，以便在加工过程中采取相应的质量控制措施。销售点则可以根据平台提供的信息，向消费者展示稻米的来源和加工过程，增强消费者的信任度。

为了实现这一目标，我们需要运用现代信息技术手段，如物联网、大数据、云计算等。物联网技术可以帮助我们实时收集稻田、加工厂、运输车辆等的数据；大数据技术则能对这些数据进行深度挖掘和分析，提供有价值的洞察；而云计算则为数据的存储和访问提供了便捷和高效的解决方案。

然而，仅仅拥有技术并不足以保证信息追溯系统的成功实施。我们还需要政府、企业和消费者的共同努力。政府应出台相关政策，规范信息追溯系统的建设和使用，同时提供必要的资金和技术支持。企业则应积极参与系统的建设，提供准确的数据，并充分利用系统提供的信息来改进自身的生产和管理。消费者则可以通过扫描产品上的二维码或条形码等标识，轻松追溯到稻米的来源和流向，以及相关的质量安全信息，从而做出更明智的购买决策。

加强信息监管和共享也是确保信息追溯系统有效性的关键。政府应建立健全

的监管机制,对稻米产业供应链各环节的信息进行严格审核和监督,确保信息的真实性和准确性。同时,政府还应推动各环节之间的信息共享和协同工作,打破信息孤岛,提高供应链管理的效率和透明度。

信息追溯系统的建立和应用不仅有助于提升稻米产业的整体竞争力,还能为消费者提供更加安全、健康的食品选择。通过追溯稻米的来源和流向,我们可以及时发现并处理潜在的安全问题,从而降低食品安全风险。同时,信息追溯系统还能帮助企业提升品牌形象和市场竞争力,因为消费者更倾向于购买那些能够提供完整追溯信息的稻米产品。

建立食品安全信息追溯系统是实现稻米产业供应链食品安全管理的重要举措。通过利用现代信息技术手段、加强政府监管和企业参与、推动信息共享和协同工作等措施,我们可以构建一个高效、透明的稻米产业供应链信息追溯平台,为消费者提供更加安全、健康的稻米产品。这不仅有助于提升稻米产业的整体竞争力,还能为社会的和谐稳定和持续发展作出积极贡献。

五、加强食品安全法律法规建设,提高违法成本

在食品安全领域,法律法规的建设不仅是维护市场秩序的重要手段,更是保障食品质量与安全不可或缺的基石。稻米,作为全球众多国家的主食,其安全性对公众健康具有深远的影响。因此,构建一套完善且行之有效的食品安全法律法规体系,并通过显著提高违法成本来遏制潜在的违法行为,成为一个亟待解决的问题。

我们必须认识到完善法律法规体系的重要性。在稻米的生产供应链中,从种子的选育,农田的管理,稻米的收割、加工到最终的销售,每一个环节都可能存在食品安全的隐患。为了明确这些环节中各方的责任和义务,我们需要有详尽而精确的法律条文进行规范。

在稻米种植环节,法律法规应严格规定农药和化肥的种类、使用方法和限量,明确违规使用的具体法律后果。这样不仅可以有效减少农药残留和化肥过量使用带来的风险,还能促使农户和农业生产企业自觉遵守相关规定。

稻米加工环节同样不能忽视。加工厂的卫生条件、使用的设备、工艺流程以及质量控制措施等都需要有明确的法规进行规范。这些规定的制定应基于科学研究和实践经验,旨在最大限度地减少加工过程中可能出现的污染和质变。

当稻米进入销售和分发环节时，相关的法规应重点关注产品的存储条件、保质期标识的准确性以及退货和召回制度的完善。这些规定对于保护消费者的合法权益至关重要，因为它们直接关系到消费者能否购买到新鲜、安全的稻米产品。

要制定出这样一套完善的法律法规体系，并不是政府部门单方面的责任。行业协会、科研机构以及消费者权益保护组织等都需要积极参与到这个过程中来，提供他们的专业知识和实践经验。只有这样，我们才能制定出一套既符合国际标准，又能适应我国实际情况的食品安全法律法规。

然而，仅仅有完善的法律法规还远远不够。如何确保这些法规在实际操作中得到有效执行，才是更为关键的问题。为此，政府需要设立专门的食品安全监管机构，这些机构应具备足够的权威性和独立性，能够对稻米产业供应链进行定期的全面检查和不定期的突击抽查。

对于违反食品安全法律法规的企业和个人，必须依法予以严惩。这里的"严惩"并不仅仅意味着经济上的处罚，更重要的是要通过行政处罚甚至刑事处罚来形成足够的威慑力。同时，通过公示违法企业和个人的信息，可以让公众了解到哪些企业或个人存在违法行为，从而在选择食品时做出更为明智的决策。

在执行法律法规的过程中，各部门之间的协调配合也显得尤为重要。农业农村部门、卫生健康部门、市场监督管理部门等应建立起高效的联合执法机制，确保各项法规能够得到全面、及时、有效地执行。此外，我们还应积极鼓励社会公众参与到食品安全监管中来，通过设立举报奖励制度等方式，充分调动公众参与监督的积极性。

提高违法成本是遏制食品安全违法行为的关键所在。当企业和个人意识到违法行为所带来的成本远远高于其所获得的利益时，他们自然会选择遵守法律法规。因此，我们应通过多种方式来显著提高违法成本，包括但不限于加大经济处罚力度、提高行政处罚的严厉性以及引入刑事处罚等。

除了上述措施外，加强食品安全教育和宣传也是不可或缺的一环。通过举办各种形式的食品安全知识讲座、发布通俗易懂的食品安全宣传资料等方式，我们可以让公众更加深入地了解稻米产业供应链中存在的风险点和相应的防范措施。这样不仅可以增强公众的自我保护能力，还能在一定程度上减少食品安全事故的发生。

加强食品安全法律法规建设并提高违法成本，是确保稻米产业供应链食品安全的重要举措。通过构建完善的法律法规体系、加大执法力度、提高违法成本以及加强食品安全教育和宣传等方式，我们可以为消费者营造一个更加安全、健康的稻米消费环境。这不仅有助于保障消费者的合法权益，还能为稻米产业的可持续发展和社会和谐稳定奠定坚实的基础。

六、加大科技投入，推动稻米产业技术创新

科技，作为现代社会发展的重要驱动力，对于稻米产业的持续健康发展同样具有不可或缺的作用。在稻米产业的供应链中，从种植到加工再到销售，每一个环节都蕴含着科技创新的巨大潜力。通过加大科技投入，我们可以促进稻米种植技术的提升、推动加工技术的革新，以及引领质量检测技术的飞跃。

科技投入在稻米种植技术方面的提升是显而易见的。稻米作为我国的传统主食，其种植技术历史悠久，但随着生态环境的变化和市场需求的多样化，传统的种植技术已经难以满足现代稻米产业的需求。因此，我们需要通过科技投入，推动稻米种植技术的创新。例如，可以设立稻米产业科技专项基金，专门用于支持科研机构和企业进行稻米种植技术的研究和创新。这些研究可以包括新型稻米品种的培育、高效施肥和灌溉技术的开发、病虫害生物防治技术的探索等。通过这些科技创新，我们可以提高稻米的产量和质量，同时降低生产成本，从而更好地满足市场需求。

在稻米加工技术方面，科技投入同样能够带来显著的革新。传统的稻米加工方式往往存在效率低下、资源浪费等问题。而通过科技投入，我们可以推动稻米加工技术的升级换代。例如，可以引进先进的自动化设备和智能化技术，提高稻米加工的精度和效率；同时，也可以研发新型的稻米深加工技术，如稻米淀粉、稻米蛋白、稻米油等高附加值产品的生产技术，从而丰富稻米产品的种类和提高其附加值。这些科技创新不仅能够提升稻米加工产业的竞争力，还能够为消费者带来更加多样化、高品质的稻米产品。

在质量检测技术方面，科技投入也是至关重要的。随着人们对食品安全问题的日益关注，稻米产品的质量检测也成为确保稻米产业供应链安全的重要环节。通过加大科技投入，我们可以推动稻米产品质量检测技术的创新和进步。例如，可以利用先进的光谱技术等对稻米中的农药残留和重金属含量进行快速准确的检测；同时，也可以开发新型的稻米品质评价技术和设备，为稻米的分级、定价提供更加科学准确的依据。这些科技创新不仅能够提升稻米产品质量检测的效率和

准确性，还能够为消费者提供更加安全、健康的稻米产品。

在推动稻米产业技术创新的过程中，我们还需要积极引进和借鉴国内外的先进科技成果。例如，可以利用大数据、人工智能等现代信息技术手段对稻米生长环境进行智能监测和调控。通过这些技术手段，我们可以实时监测稻田的气候、土壤、病虫害等情况，并根据这些数据为稻田提供精准的管理建议。这不仅可以提高稻米的产量和质量，还能够降低生产成本和风险。同时，我们也可以借鉴其他国家和地区的成功经验和技术成果，结合我国的实际情况进行消化吸收和再创新，从而推动我国稻米产业的持续健康发展。

加大科技投入并不仅仅意味着资金的增加和技术的引进，更重要的是要建立起一个完善的科技创新体系和机制。这包括科研机构、高校、企业之间的紧密合作与协同创新；包括科技人才的培养和引进；包括科技创新成果的转化和应用等。只有建立起这样一个全方位、多层次的科技创新体系和机制，我们才能够真正推动稻米产业的技术创新和发展。

加大科技投入是推动稻米产业技术创新的关键所在。通过设立稻米产业科技专项基金、支持科研机构和企业进行研究和创新、推动先进科技成果在稻米产业中的应用等方式，我们可以促进稻米种植技术的提升、加工技术的革新以及质量检测技术的进步。这不仅有助于提高稻米的产量和质量、降低生产成本和风险，还能够为消费者提供更加多样化、高品质的稻米产品。同时，通过建立起一个完善的科技创新体系和机制，我们也能够为稻米产业的持续健康发展提供有力的支撑和保障。

七、构建多方参与的食品安全共治体系

食品安全，关乎国计民生，是一个错综复杂的系统工程，它不仅仅是一个技术或管理问题，更是一个涉及政府、企业、科研机构、消费者等多方利益和责任的问题。为了有效地维护稻米产业供应链的安全，我们必须构建一个多方参与的食品安全共治体系，通过集体的智慧和力量，共同守护"舌尖上的安全"。

政府在这个体系中扮演着至关重要的角色。作为公共利益的守护者和市场规则的制定者，政府需要制定严格的食品安全法律法规，为稻米产业供应链的安全提供法律保障。同时，政府还应加大对稻米产业的监管力度，确保企业严格遵守相关法律法规，从源头上保证稻米产品的安全。此外，政府还应积极推动食品安全标准的制定和完善，引导企业按照高标准、严要求生产高品质的稻米产品。

第七章 食品安全与稻米产业供应链

然而，政府的力量毕竟有限，我们需要更多的社会力量参与到食品安全共治中来。因此，建立稻米产业食品安全联盟成为一个有效的途径。这个联盟可以吸纳稻米产业链上的各方代表，包括稻米种植户、加工企业、销售商以及科研机构等，共同参与食品安全标准的制定、监管措施的落实以及食品安全知识的普及等工作。通过联盟的力量，我们可以实现资源共享、信息互通，从而提高稻米产业供应链的透明度和可追溯性。

在这个共治体系中，科研机构也发挥着不可或缺的作用。他们不仅可以为稻米产业提供先进的种植技术和加工技术，还可以为食品安全监管提供科学支持。例如，科研机构可以通过研究稻米的生长规律、病虫害防治等，提高稻米的产量和质量；同时，他们还可以开发新型的稻米质量检测技术和设备，为稻米产品的安全提供技术保障。通过与科研机构的合作，我们可以不断提升稻米产业的技术水平和创新能力。

消费者也是这个共治体系中不可或缺的一环。他们是稻米产品的最终使用者，对于稻米产品的安全性和品质有着最直接的感受和反馈。因此，我们需要积极发挥消费者的监督作用，鼓励他们参与到稻米产业供应链的安全监督中来。例如，可以建立消费者投诉和反馈机制，对于发现的食品安全问题及时举报和反馈；同时，也可以通过消费者教育等方式增强他们的食品安全意识和鉴别能力。

为了更加有效地发挥社会监督的作用，我们还可以借助现代信息技术的力量。例如，可以建立稻米产业供应链的信息平台，实现各方信息的实时共享和交互；同时，也可以利用大数据、云计算等技术手段对稻米产业供应链进行智能分析和预警，及时发现和解决潜在的安全隐患。

我们还需要加强行业自律和诚信建设。稻米产业的企业和从业者需要自觉遵守相关法律法规和行业标准，树立良好的企业形象和品牌形象；同时，也需要加强行业内部的交流和合作，共同推动稻米产业的健康发展。

构建多方参与的食品安全共治体系是维护稻米产业供应链安全的有效途径。通过政府、企业、科研机构和消费者的共同努力和协作，我们可以形成一个紧密的合作网络，共同应对食品安全挑战。在这个过程中，我们不仅可以提高稻米产品的安全性和品质，还可以推动稻米产业的持续健康发展，为消费者提供更加优质、安全的稻米产品。同时，这个共治体系也为其他食品行业提供了有益的参考和借鉴，为推动整个食品行业的安全发展作出了积极的贡献。

八、加强国际合作与交流，借鉴先进经验

在全球化的时代背景下，国际合作与交流显得愈发重要，尤其是对于稻米产业这样的传统农业领域。通过加强国际合作与交流，我们不仅可以拓宽视野，了解国际前沿的稻米种植、加工和检测技术，更可以借鉴他国在稻米产业供应链管理和食品安全方面的先进经验，以此来推动我国稻米产业的持续发展和升级。

在全球稻米产业的广阔天地中，各国都有着自己独特的经验和优势。有的国家在稻米种植技术方面取得了显著成果，通过科学的种植方法和管理手段，实现了稻米的高产和优质；有的国家则在稻米加工技术方面走在前列，其先进的加工设备和工艺不仅提高了稻米的附加值，也满足了消费者对稻米产品多样化的需求；还有的国家在稻米产业供应链管理方面有着丰富的经验，通过精细化的管理手段，确保了稻米产品的安全和品质。

通过与国际组织、其他国家或地区的稻米产业进行合作与交流，我们可以深入了解这些国家的成功经验，并结合我国的实际情况，将这些经验转化为推动我国稻米产业发展的强大动力。具体而言，我们可以积极参与国际稻米产业相关的会议、研讨会和培训班等活动，与各国的专家学者和企业代表进行深入的交流与探讨，共同研究稻米产业的发展趋势和面临的挑战。

同时，我们也应加强与国外稻米产业相关机构和企业的实质性合作。通过合作，我们可以引进先进的设备和技术，提高我国稻米产业的生产效率和产品品质。例如，在稻米种植方面，我们可以引进国外先进的种植技术和管理经验，提高稻米的产量和品质；在稻米加工方面，我们可以引进国外先进的加工设备和工艺，丰富稻米产品的种类和提高其附加值；在稻米产业供应链管理方面，我们可以借鉴国外的成功经验，建立完善的供应链管理体系，确保稻米产品的安全和可追溯性。

国际合作与交流还可以为我们提供更多的市场机遇。随着全球化的深入推进，稻米市场的竞争也日益激烈。通过与国际合作伙伴的交流与合作，我们可以及时了解国际市场的需求变化，调整产品结构和市场策略，以满足不同国家和地区消费者的需求。同时，我们也可以借助国际合作伙伴的渠道和资源，拓展我国稻米产品的国际市场，提高我国稻米产业的国际竞争力。

加强国际合作与交流并不意味着我们要完全照搬他国的经验和模式。相反，我们需要在借鉴他国经验的基础上，结合我国的实际情况进行消化吸收和再创

新。我国有着悠久的稻米种植历史和独特的稻米文化，这些都是我们的宝贵财富。在加强国际合作与交流的过程中，我们要充分发挥自己的优势，挖掘自己的潜力，推动我国稻米产业的持续健康发展。

加强国际合作与交流对于提高稻米产业供应链食品安全水平具有重要意义。通过与国际组织、其他国家或地区的稻米产业进行合作与交流，我们可以借鉴先进的食品安全管理经验和技术手段，推动我国稻米产业的升级和改造。同时，我们也要保持清醒的头脑，结合我国的实际情况进行消化吸收和再创新，以推动我国稻米产业的持续健康发展。在未来的发展中，我们要继续加强国际合作与交流，不断提高我国稻米产业的整体水平和竞争力，为消费者提供更加优质、安全的稻米产品。

九、培养消费者的食品安全意识和能力

在稻米产业供应链中，消费者不仅是产品的接收者，更是食品安全监督的重要力量。他们的食品安全意识和鉴别能力，直接关系到稻米产品的安全能否被及时发现，也影响到整个供应链的安全稳定。因此，我们必须高度重视消费者食品安全意识和能力的培养。

要实现这一目标，我们需要开展全方位、多层次的食品安全知识宣传活动。这些活动可以通过线上线下相结合的方式进行。在线上，我们可以利用社交媒体、网络论坛等平台，发布食品安全相关的文章、视频和图文信息，让消费者在浏览网络信息的同时，也能轻松获取食品安全知识。同时，还可以开展线上问答、互动游戏等形式多样的活动，提高消费者的参与度和学习兴趣。

在线下，我们可以与社区、民办学校、企事业单位等合作，举办食品安全知识讲座、展览和实践活动。通过这些活动，消费者可以更加直观地了解稻米产品的生产流程、安全标准以及鉴别方法。此外，我们还可以利用宣传册、海报等印刷品，将食品安全知识送到消费者的手中，让他们在日常生活中随时都能接触到这些信息。

除了宣传活动，提供食品安全教育课程也是培养消费者食品安全意识和能力的重要途径。我们可以针对不同年龄段的消费者，设计相应的课程内容和教学方式。对于青少年和儿童，可以通过动画、绘本等有趣的形式，向他们传授基本的食品安全知识和健康饮食习惯。对于成年消费者，则可以侧重于稻米产品的选购技巧、储存方法以及食品安全法律法规等方面的教育。

在培养消费者食品安全意识和能力的过程中，建立消费者食品安全投诉和

反馈机制也至关重要。这一机制可以为消费者提供一个便捷、高效的渠道,让他们在遇到食品安全问题时能够及时进行投诉和举报。通过这一机制,我们不仅可以及时了解消费者的需求和反馈,还可以对存在的问题进行迅速处理和改进。同时,这也能激励消费者更加积极地参与到食品安全监督中来,形成全社会共同关注食品安全的良好氛围。

鼓励消费者在购买稻米产品时关注产品的相关信息也是提升他们食品安全意识和能力的重要手段。消费者在购买稻米产品时,应该仔细查看产品的产地、生产日期、保质期等信息,确保购买到新鲜、安全的产品。同时,对于存在食品安全问题的产品,消费者也应该及时进行投诉和举报,维护自己的合法权益。

培养消费者的食品安全意识和能力是一项长期而艰巨的任务。我们需要通过多种渠道和方式,不断提高消费者的食品安全意识和鉴别能力,让他们成为维护稻米产业供应链安全的重要力量。同时,我们也需要建立完善的消费者食品安全投诉和反馈机制,为消费者提供更加便捷、高效的服务。

第四节　案例分析:国内外稻米产业供应链中的食品安全实践

稻米作为全球近一半人口的主食,其产业供应链中的食品安全问题一直是各国政府和国际组织关注的焦点。在稻米的生产、加工、储存和销售过程中,任何一个环节的失误都可能导致食品安全问题的发生。因此,国内外在稻米产业供应链管理中都进行了大量的实践和探索,以保障稻米的食品安全。本章节将深入分析国内外稻米产业供应链中的食品安全实践案例,以期为我国稻米产业的持续健康发展提供有益的借鉴。

一、国内稻米产业供应链中的食品安全实践

近年来,国内稻米产业供应链对于食品安全的重视已经达到了前所未有的高度。为了确保每一颗稻米都能安全、健康地进入消费者的餐桌,从田间到市场的

第七章　食品安全与稻米产业供应链

每一个环节，都经过了精心地规划和严格地监控。

我们从稻米生产的最初空间——农田开始说起。农田是稻米生长的摇篮，也是食品安全的第一道防线。在黑龙江、江苏等稻米主产区，政府与科研机构携手，大力推广标准化的种植技术和管理经验。这不仅体现在稻种的选择上，更贯穿于稻田的日常管理中。

以黑龙江为例，该地区的气候条件非常适合稻米生长，但也面临着病虫害的威胁。为了在不使用过量农药的前提下保证稻米的健康生长，科研机构为农民提供了生物防治和物理防治的方法。比如，引入天敌昆虫来有效控制稻田中的害虫数量，或者使用特殊的灯光诱捕害虫，既保护了环境，又确保了稻米的安全。

在土壤管理方面，江苏地区的一些农田开始尝试使用有机肥替代传统[15]的化肥，以减少稻米中的化学残留。同时，他们还引入了智能化的灌溉系统，根据稻米的生长需要精确控制水量，既节约了水资源，又保证了稻米的品质。

当稻米成熟后，便进入了加工和销售环节。在这一阶段，质量检测成为重中之重。为了确保市场上的稻米产品都符合国家食品安全标准，各级质检部门和食品监管机构对稻米产品进行了严格的抽检。这些检测项目涵盖了稻米的重金属含量、农药残留、微生物污染等多个方面，确保了稻米的质量安全。

一些大型的稻米加工企业还建立了自己的质量检测实验室，对每一批次的稻米进行自检。这种自我监控机制不仅提高了产品的合格率，更增强了消费者对品牌的信任度。

然而，仅仅依靠质量检测还不足以完全保障食品安全。为了更好地追踪稻米的来源和去向，国内稻米产业还引入了完善的追溯体系。通过物联网技术，每一袋稻米都可以追溯到其生产、加工、储存和销售的每一个环节。这不仅为消费者提供了一个透明的购物环境，更为企业在出现食品安全问题时提供了有力的证据支持。例如，某品牌的稻米因为被检测出农药残留超标而被召回，得益于完善的追溯体系，企业迅速定位到了问题批次稻米的来源，并及时采取了措施，防止了问题的进一步扩大。这不仅保护了消费者的权益，也为企业挽回了一定的经济损失。

当然，食品安全不仅仅是政府和企业的责任，更需要消费者的参与和监督。为了提高消费者的食品安全意识和鉴别能力，我国政府通过多种渠道普及稻米食品安全知识。比如，在农村地区开展食品安全知识讲座，向农民普及科学的种植技术和用药知识；在城市地区，则通过媒体播放食品安全公益广告，提醒消费者在购买稻米时要注意查看产品的生产日期、保质期等信息。

一些大型的稻米品牌还开展了"开放日"活动，邀请消费者参观他们的生产车间和仓库，让消费者亲眼看到稻米的加工过程和储存环境。这种透明化的做法不仅增强了消费者对品牌的信任度，也让消费者更加了解稻米产业供应链中的食品安全实践。

国内稻米产业供应链在食品安全方面的实践已经形成了全方位、多层次的保障体系。从农田到餐桌的每一个环节都经过了精心地规划和严格地监控，确保了稻米产品的质量安全。未来，随着科技的不断进步和消费者需求的日益多样化，我们相信国内稻米产业供应链在食品安全方面的实践还将继续深化和创新，为消费者带来更加优质、安全的稻米产品。同时，我们也期待更多的企业和消费者能够参与到食品安全的实践中来，共同构建一个健康、安全的食品环境。

二、国外稻米产业供应链中的食品安全实践

稻米作为全球近一半人口的主食，其安全性与品质受到了国际社会的广泛关注。不同国家根据其国情、文化背景和消费者需求，形成了各具特色的稻米产业供应链食品安全实践。接下来，我们将深入探讨泰国、日本和美国在稻米产业供应链中的食品安全实践，以期为我国稻米产业的食品安全管理提供借鉴与参考。

（一）泰国的稻米产业供应链实践

泰国，被誉为"稻米之国"，其稻米出口量长期位居世界前列。泰国政府对稻米产业的食品安全管理可谓事无巨细，从田间到餐桌，每一环节都受到了严格的监控与管理。

泰国政府制定了完善的稻米质量标准。这些标准不仅涵盖了稻米的外观、口感、营养成分等多个方面，还对稻米的种植、收割、储存和加工过程提出了明确要求。为了确保标准的严格执行，政府还设立了专门的稻米质量检测机构，对每一批次的稻米进行严格的检测。

以清莱府为例，这里是泰国著名的稻米产区。当地农民在政府的引导下，广泛采用生物防治和有机施肥的方法，减少化肥和农药的使用，从而提高了稻米的品质和安全性。在稻米加工环节，清莱的稻米加工厂引进了先进的加工设备和技术，确保稻米在加工过程中不受污染。

除了政府的严格监管，泰国稻米产业还受益于其独特的种植环境和品种改

良。泰国的气候和土壤条件非常适合稻米生长，而政府和研究机构也在不断努力进行稻米的品种改良。例如，近年来，泰国研发出了一个抗旱、抗病虫害的稻米新品种，不仅提高了稻米的产量，还进一步增强了稻米的品质。

在销售环节，泰国的稻米出口企业也严格遵守国家食品安全法规。他们会对每一批次的稻米进行严格自检，确保出口到世界各地的稻米产品安全可靠。正是这种从源头到餐桌的全方位管理，为泰国稻米在国际市场上赢得了良好的口碑。

（二）日本的稻米产业供应链实践

日本，一个对食品安全要求近乎苛刻的国家。在稻米产业供应链中，日本政府的食品安全实践主要体现在对农药和化肥的严格管理、稻米质量检测体系的完善以及消费者教育的加强等方面。

在农药和化肥管理方面，日本政府制定了严格的农药和化肥使用标准。农民在使用农药和化肥时，必须严格遵守这些标准，否则将面临严厉的处罚。政府还设立了专门的监管机构，定期对农田进行抽查，以确保农药和化肥的规范使用。

新潟县是日本著名的稻米产区，这里的农民在政府的引导下，广泛采用有机肥和生物农药，减少化学农药和化肥的使用。同时，他们还引入了智能化的灌溉系统，根据稻米的生长需求精确控制水量，既提高了稻米的品质，又节约了水资源。

在稻米质量检测方面，日本建立了完善的检测体系。每一批次的稻米在上市前都必须经过严格的检测，包括重金属含量、农药残留等多个方面。政府还鼓励企业建立自检体系，提升自我监控能力。

日本政府还非常注重消费者教育。他们通过各种渠道和方式普及稻米食品安全知识，提高消费者的食品安全意识和鉴别能力。这种全方位、多层次的食品安全管理实践，使得日本稻米在市场上赢得了良好的口碑。

（三）美国的稻米产业供应链实践

美国在稻米产业供应链中的食品安全实践主要体现在严格的法规标准、完善的质量检测体系以及消费者教育等方面。

美国政府制定了严格的食品安全法规和标准。这些法规和标准涵盖了稻米的种植、加工、储存和销售等多个环节，确保了稻米产品的安全性和品质。同时，政府还设立了专门的监管机构，对稻米产业进行定期的监督和检查。

在稻米产区（如，加利福尼亚州），农民必须遵守严格的农药和化肥使用规定，以确保稻米的安全性。此外，他们还采用了先进的种植技术和管理经验，以提高稻米的产量和品质。

在质量检测方面，美国建立了完善的稻米质量检测体系。政府和企业都会对稻米进行定期检测，确保市场上的稻米产品安全可靠。同时，政府还鼓励企业建立自检体系，提高自我监控能力。

除了政府和企业的努力外，美国还非常注重消费者教育。政府通过各种渠道和方式普及稻米食品安全知识，提高消费者的食品安全意识和鉴别能力。这种全方位、多层次的食品安全管理实践不仅确保了稻米产品的质量安全，还为消费者提供了更加健康、安全的食品选择。

泰国、日本和美国在稻米产业供应链中的食品安全实践都体现了对食品安全的高度重视和坚定决心。这些实践不仅确保了稻米产品的质量安全，还为消费者提供了更加健康、安全的食品选择。未来随着科技的不断进步和消费者需求的日益多样化，这些国家的稻米产业供应链在食品安全方面的实践还将继续深化和创新，为消费者带来更加优质、安全的稻米产品。

三、国内外稻米产业供应链中的食品安全实践比较与启示

在深入研究和对比了国内外稻米产业供应链中的食品安全实践后，我们获得了许多宝贵的启示。这些启示不仅反映了全球稻米产业在食品安全方面的共同追求，也揭示了不同国家和地区在应对食品安全挑战时的独特策略和方法。

（一）标准化生产体系在稻米产业中的重要性与实践

在稻米产业中，标准化生产体系被视为确保食品安全、提高产品质量和增强市场竞争力的基石。这一体系不仅涵盖了稻米生产的各个环节，从选种、播种、施肥、灌溉到收割、储存、加工和销售，都遵循一套严格、统一的标准和操作规程。其重要性在国内外稻米产业的实践中得到了充分体现。

1.泰国稻米产业的标准化实践

泰国，作为全球最大的稻米出口国之一，其稻米产业的成功在很大程度上得益于完善的标准化生产体系。在泰国，稻米不仅仅是主食，更是国家的经济支柱和文化象征。因此，泰国政府对稻米产业的每一个环节都给予了极高的重视。在种植环节，泰国农业部门制定了一套详细的种植标准，包括土壤管理、种子选择、

播种时间、施肥量、灌溉方式等，都有明确的规定。这些标准不仅优化了稻米生长环境，还确保了稻米品质的均一性。在收割和储存环节，泰国同样有着严格的标准。收割时间的选择、稻谷的干燥方式、储存环境的控制等，都遵循科学的方法和标准，最大限度地减少稻谷在收割和储存过程中的损失并防止品质下降。

在加工和销售环节，泰国的稻米加工企业也必须严格遵守国家制定的加工标准，确保每一粒稻米都符合出口要求。这种从源头到终端的全方位标准化管理，使得泰国稻米在国际市场上赢得了极高的声誉。

2. 中国稻米产业的标准化推进

近年来，中国也加大了对稻米生产标准化的推进力度。特别是东北地区，作为中国的主要稻米产区，当地政府深知标准化生产对于提高稻米品质和增强市场竞争力的重要性。

在东北，标准化的种植技术和管理模式得到了广泛推广。从选种开始，就注重选择适应当地气候和土壤条件的优质稻种。在播种、施肥和灌溉等环节，也都有明确的操作规程和标准。这些标准的执行，不仅提高了稻米的产量，更确保了稻米的品质和安全性。

除了种植环节，东北地区的稻米加工企业也在积极引入先进的加工技术和设备，以确保稻米在加工过程中保持最佳的品质。同时，政府还加强了对稻米加工企业的监管，确保其严格遵守国家制定的加工标准。

3. 标准化生产体系的深远影响

标准化生产体系的建立和实施，对于稻米产业乃至整个农业领域都有着深远的影响。首先，它提高了稻米的食品安全水平，减少了食品安全事件的发生，保护了消费者的健康权益。其次，它增强了稻米产品的市场竞争力，使得国内外的消费者更加信赖并选择标准化的稻米产品。最后，它推动了稻米产业的持续健康发展，为农民和企业带来了更加稳定的经济收益。

标准化生产体系在稻米产业中的重要性不言而喻。通过对比泰国和中国的实践案例，我们可以看到标准化生产体系在保障稻米食品安全、提高产品质量和增强市场竞争力方面的显著成效。因此，未来各国应继续加强稻米产业的标准化建设，推动全球稻米产业的持续健康发展。

标准化生产体系还有助于提升稻米产业的整体形象和品牌价值。当消费者知道他们所购买的稻米产品是经过严格标准化生产流程生产出来的，就会更加信任和认可这些产品。这种信任和认可不仅可以转化为实际的销售额，还可以进一步提升稻米产业的品牌价值和市场影响力。

标准化生产体系还有利于稻米产业的可持续发展。通过标准化的生产方式，可以更有效地利用资源，减少浪费和污染，从而保护环境，实现经济、社会和环境的和谐发展。这一点在当前全球环境问题日益严重的背景下显得尤为重要。

在未来的稻米产业发展中，标准化生产体系还将发挥更加重要的作用。随着科技的进步和消费者需求的不断变化，稻米产业将面临更多的挑战和机遇。而标准化生产体系将为企业提供一个清晰、明确的指导框架，帮助企业更好地应对这些挑战并抓住机遇。

因此，无论是在国内还是国际市场上，建立并严格执行标准化生产体系都是稻米产业持续健康发展的关键所在。只有通过标准化生产体系来确保稻米产品的品质和安全，我们才能赢得消费者的信任和市场的认可，进而推动稻米产业的不断发展和壮大。

（二）严格的质量检测体系

质量检测是稻米产业中不可或缺的一环，它对于确保稻米产品的安全性和高品质至关重要。通过严格的筛选和检测流程，可以及时发现并剔除不合格或存在安全隐患的产品，从而保障消费者的健康权益。这一点在国内外稻米产业中都有着深刻体现，尤其是以日本为代表的国家，其稻米质量检测体系的严格性备受赞誉。

在日本，稻米质量检测要求之严格，堪称行业典范。每一批次的稻米在上市之前，都必须经过精密的仪器检测和人工品鉴，这是一个双重保障的机制。仪器检测利用先进的设备和技术，对稻米的水分含量、蛋白质、直链淀粉等多项指标进行科学分析，确保其符合国家标准。而人工品鉴则依赖于经验丰富的品鉴师，通过口感、色泽、香气等感官评价，对稻米的品质进行细致入微的评判。这种严格的检测制度，使得日本稻米在市场上享有极高的声誉。

中国的稻米质量检测体系也在不断完善和发展。随着食品安全意识的提升，政府加大了对稻米质量检测机构的投入和支持力度，提高了检测的准确性和效率。通过建立多级检测体系，中国实现了从田间到餐桌的全方位质量监控。产地检测确保稻米在种植环节就符合安全标准，收购和加工检测则进一步筛选优质产品，市场销售检测则是对消费者负责的最后一道关卡。这一系列举措有效地保障了稻米的质量和安全，也提升了消费者的信心。

除了技术和体系的完善，强化法律法规建设也是确保稻米质量检测工作有效性的关键。通过制定严格的检测标准和程序，明确检测机构和人员的职责，为稻米质量检测工作顺利开展提供有力的法律保障。这不仅有助于规范市场秩序，而且推动了稻米产业的健康发展。

严格的质量检测体系在稻米产业中发挥着举足轻重的作用。它通过精密的仪器检测、人工品鉴以及多级检测体系的结合，确保了稻米产品的质量和安全。这种体系的建设不仅保障了消费者的健康权益，还提升了稻米产业的整体竞争力，为全球稻米市场的持续繁荣奠定了坚实基础。

（三）追溯体系的完善

在稻米产业中，追溯体系的完善对于确保食品安全具有举足轻重的作用。一个健全的追溯体系能够记录稻米从生产到销售的每一个环节，从而在出现问题时能够迅速定位并采取措施，保障消费者的权益和健康。

美国利用现代信息技术手段，如物联网技术和大数据分析，已经建立了一个相当成熟的稻米产品追溯体系。在这个体系中，每一批稻米都有一个独特的标识，记录着其从生产到销售的详细信息。消费者可以通过扫描产品包装上的二维码，轻松地了解到稻米的生产日期、生产批次、生产厂家、加工过程、质量检测报告等全过程信息。这种高度的透明化不仅增强了消费者对产品的信任度，还为监管部门提供了有力的数据支持，使得在出现食品安全问题时能够迅速追溯到源头，及时采取措施防止问题扩大。

在中国，稻米产品的追溯体系也在逐步完善中。随着"互联网+"战略的深入实施，信息技术在稻米产业中的应用越来越广泛。一些先进的稻米生产企业已经开始尝试引入区块链技术来加强追溯体系的建设。区块链技术具有去中心化、数据不可篡改等特点，能够确保追溯信息的真实性和可靠性。通过区块链技术，企业可以记录稻米生产、加工、运输等每一个环节的信息，并形成一个不可篡改的数据链。这种技术创新不仅提高了稻米食品安全的监管效率，还增强了追溯体系的透明度。

除了信息技术的应用，完善追溯体系还需要政府、企业和消费者的共同努力。政府应制定相关法规和标准，规范稻米产业的生产和销售行为，为追溯体系的建立提供法律保障。企业则应加强对生产过程的监控和管理，确保每一个环节都符合安全标准，并及时记录和上传相关信息。消费者在选择稻米产品时，也应关注产品的追溯信息，选择那些来源明确、生产过程透明的产品。

在实际操作中，完善追溯体系还面临一些挑战。例如，不同环节的信息记录和共享需要统一的标准和格式，以确保信息的互通性和可读性。此外，对于小型和散户稻米生产者来说，建立和维护追溯体系可能存在一定的困难。因此，政府和企业应提供必要的支持和帮助,以推动整个稻米产业追溯体系的完善。

完善稻米产品的追溯体系对于提高食品安全水平具有重要意义。通过现代信息技术手段和政府、企业、消费者的共同努力,我们可以建立一个高效、透明的稻米产品追溯体系,为保障消费者的健康和权益提供有力支持。

为了更具体地说明完善追溯体系的重要性,我们通过一个实例来具体说明。假设有一批稻米被检测出含有过量的农药残留,如果没有完善的追溯体系,那么很难找到问题的源头并采取相应的措施。而有了追溯体系后,我们可以通过扫描产品包装上的二维码或者查询区块链上的信息,迅速定位到生产这批稻米的具体农田和农户。这样,监管部门可以及时采取措施阻止问题稻米的流通,并对生产环节进行检查和整改,从源头上保障食品安全。

在未来的发展中,我们期待看到更多的技术创新和政策支持,以推动稻米产品追溯体系的进一步完善。例如,可以利用人工智能和大数据技术,来优化追溯体系的数据处理和分析能力;同时政府也可以出台更多的优惠政策和资金支持来鼓励企业建立和完善追溯体系;此外还可以加强国际合作与交流,共同提升全球稻米产业的安全水平。通过这些努力,我们有信心建立一个更加安全、透明和高效的稻米产品追溯体系,从而切实保障广大消费者的健康和权益。

(四)消费者教育和宣传

在稻米产业中,消费者教育和宣传是提高食品安全意识和鉴别能力的关键一环。通过教育和宣传,消费者能够更好地了解稻米产品的特性、选购技巧、烹饪方法和储存要点,从而在购买和食用过程中做出更明智的选择。

以泰国为例,政府和社会组织对稻米食品安全宣传活动非常重视。他们经常举办各类活动,向消费者传授稻米的相关知识。比如,如何挑选新鲜、优质的稻米,怎样的烹饪方式能最大程度地保留稻米的营养和口感,以及如何妥善储存稻米以避免受潮和虫蛀等。这些实用技巧的传授不仅增强了消费者的食品安全意识,还提高了他们对市场上各种稻米产品的鉴别能力。当消费者更加了解稻米,他们就更有可能选择那些符合安全标准、品质上乘的稻米产品。

类似地,中国近年来对消费者教育的投入也在不断加大。政府通过多种渠道,如电视、广播、报纸以及新媒体平台,普及稻米食品安全知识。特别是在社区活动中,经常会邀请专家进行现场讲解和互动,让消费者能够直接感受到稻米产品的特点和选购要点。这种全方位的宣传和教育活动不仅提高了消费者对稻米食品安全的关注度,还增强了他们在实际购买过程中的判断能力和选择能力。

消费者教育的意义不仅仅在于提高个人的食品安全意识和鉴别能力,更在于其对整个稻米产业乃至社会的深远影响。当消费者普遍具备较高的食品安全素养时,市场需求会自然而然地倾向于那些更安全、更健康的稻米产品。这将促使生产企业更加注重产品质量和安全,形成良性竞争的市场环境。同时,消费者教育还有助于培养公众的科学素养和批判性思维,使他们在面对各种食品信息时能够做出明智的判断和选择。

在宣传方面,除了传统的媒体渠道外,还可以利用社交媒体、短视频等新兴平台进行更广泛、更生动的传播。通过这些平台,我们可以发布稻米产品的选购指南、烹饪教程以及食品安全知识等内容,吸引更多年轻消费者的关注。同时,还可以与消费者进行实时互动,解答他们的疑问和困惑,进一步增强消费者对稻米食品安全的信任和认可。

消费者教育和宣传在稻米产业中扮演着举足轻重的角色。它们不仅提高了消费者的食品安全意识和鉴别能力,还推动了整个产业的健康发展和社会进步。未来,我们应该继续加大在这方面的投入力度,不断创新教育和宣传方式,以满足广大消费者对安全、健康稻米的需求。同时,政府、企业和社会组织也应该加强合作与协调,共同构建一个更加安全、透明和公正的稻米市场环境。

通过对比国内外稻米产业供应链中的食品安全实践,我们不难发现,标准化生产体系、严格的质量检测体系、完善的追溯体系以及消费者教育和宣传是确保稻米食品安全的关键因素。这些因素环环相扣、互为补充,共同构成了一个完整的稻米食品安全保障体系。

在未来发展中,我国应继续加强这些方面的建设和完善工作。首先,要进一步推广标准化生产体系,确保稻米从田间到餐桌的每一个环节都符合统一的标准和操作规程。其次,要加强质量检测体系的建设,提高检测的准确性和效率,及时发现并处理潜在的食品安全问题。再次,还应建立完善的追溯体系,实现稻米产品的全程可追溯性,让消费者更加放心地购买和食用。最后,要持续加强消费者教育和宣传工作,提高消费者的食品安全意识和鉴别能力。

我国还应积极探索与国际接轨的稻米食品安全管理模式和方法。通过学习和借鉴国外的先进经验和技术手段,不断提升我国稻米产业在国际市场上的竞争力和影响力。这不仅有助于保障国内消费者的食品安全权益,还能推动我国稻米产品走向世界舞台的中央。

第八章
数字经济时代我国稻米产业供应链发展保障机制

随着数字经济时代的到来,各行各业都面临着巨大的机遇与挑战。农产品物流与供应链作为农业生产与消费之间的纽带,也需要在数字经济时代中面对新的发展保障机制的挑战。本章将围绕我国稻米产业的供应链发展保障机制展开研究,通过加强风险防范、推广技术应用、平衡成员关系、创新管理模式以及注重人才培养等措施,探索适应数字经济时代的供应链发展保障机制。

第八章 数字经济时代我国稻米产业供应链发展保障机制

第一节 加强风险防范

数字经济时代，我国稻米产业供应链面临着各种风险与挑战，如天灾、市场变化、供应链成员的信任问题等。为了保障供应链的稳定运行，必须加强风险防范。加强风险防范可以通过建立风险管理体系、制定应急预案、加强信息共享和协同合作等方式来应对各种风险，确保供应链的稳定和可持续发展。

一、风险评估与预测

通过对供应链环节中可能出现的各类风险进行评估，对未来可能发生的风险进行预测，从而提前采取相应的措施来应对和减轻风险带来的影响。

我国稻米产业供应链中，可能存在的风险包括天气灾害、市场波动、价格波动、政策变化、物流延误、质量问题等。在数字经济时代，可以利用大数据技术和信息系统来收集、整理和分析相关数据，进行风险评估和预测。

（一）风险评估与风险预测的含义

1. 风险评估

风险评估是指通过对供应链各环节进行评估，识别可能存在的风险，并对其潜在影响进行量化分析。例如，对于气候灾害，通过收集气象数据、历史灾害数据和产量数据等，我们可以评估不同种类灾害对产量的影响程度。对于市场波动和价格波动，可以通过分析市场数据、供需关系和竞争状况，预测未来的市场和价格走势。通过这样的评估，可以为供应链管理者提供量化的风险指标，帮助他们了解潜在风险的严重程度和影响范围从而做出正确的决策。

2. 风险预测

风险预测是指基于过去的数据和相关趋势，预测未来可能发生的风险事件。例如，通过对过去几年的天气数据和灾害发生频率进行分析，我们可以对未来可能出现的天气灾害进行预测。通过对市场历史数据和国内外经济环境的分析，可以预测未来市场和价格的波动趋势。风险预测可以帮助供应链管理者提前做好准备，制定相应的风险应对措施。

（二）加强风险评估与预测的措施

针对各类风险，供应链管理者可以采取不同的措施来应对和减轻其带来的影响。例如，对于天气灾害，可以建立气象预警系统，及时采取措施来减轻灾害对稻米产量的影响。对于市场波动和价格波动，可以建立供需预测模型，制定灵活的采购和销售策略。对于政策变化，可以与政府部门进行密切合作，及时了解政策动向并进行风险规划。对于物流延误和质量问题，可以加强物流监控和质量管理，确保稻米能够按时到达目的地并保持良好的品质。

具体来说我国稻米产业供应链加强风险评估与预测可以采取以下措施：

1. 建立风险评估体系：我国稻米产业应建立完善的风险评估体系，明确风险评估的范围、方法和流程。通过定期对供应链进行风险评估，识别潜在的风险因素和安全隐患并采取相应的措施加以防范和应对。

2. 加强供应链透明度：提高供应链的透明度有助于发现潜在的风险和问题。我国稻米产业应与供应商建立紧密的合作关系，加强对供应商的监管和控制，确保供应商在生产、质量、交货等方面符合要求，从而降低供应链风险。

3. 建立预测模型：通过建立预测模型，对供应链中的需求、库存、物流等数据进行实时监测和分析，预测未来的趋势和变化。通过预测模型，可以及时发现异常情况和潜在风险，提前采取应对措施，以避免潜在损失和风险。

4. 强化应急预案：针对可能出现的突发事件和风险，我国稻米产业应制定应急预案。应急预案应包括应对措施、人员职责、资源调配等方面的详细计划。通过优化应急预案，确保在突发事件发生时能够迅速响应，减少风险对供应链的影响。

5. 定期进行风险评估与审查：我国稻米产业应定期对供应链进行风险评估和审查，发现潜在的风险因素和薄弱环节。通过评估和审查，发现存在的问题和隐患，及时采取措施加以改进和优化，提高供应链的稳定性和可靠性。

6. 建立风险预警机制：建立风险预警机制是加强风险评估与预测的重要手段。我国稻米产业应通过实时监测供应链数据，设立预警指标和阈值，及时发现潜在的风险和问题。当预警指标超过阈值时，应立即启动应急预案，采取适当的应对措施。

7. 与供应商共同应对风险：与供应商共同应对风险是加强供应链风险管理的重要方面。我国稻米产业应与供应商建立紧密的合作关系，共同分析供应链中的风险和问题，制定相应的策略和措施。通过合作共赢的方式降低供应链风险，提高整个供应链的效率和竞争力。

综上所述，我国稻米产业供应链加强风险评估与预测需要从以下几个方面入手：建立完善的风险评估体系、加强供应链透明度、建立预测模型、强化应急预案、定期进行风险评估与审查、建立风险预警机制以及与供应商共同应对风险等。通过加强对供应链的风险评估和预测，及时发现潜在的风险和问题，采取相应的措施加以防范和应对，从而降低供应链风险，提高整个供应链的稳定性和可靠性，进一步推动我国稻米产业的繁荣发展。

二、供应链成员选择与管理

在供应链的建立和运行过程中，选择合适的供应链成员非常重要。需要从多个方面综合考虑，包括供应能力、质量控制能力、配送能力等。同时，还需要建立供应链成员管理机制，明确各个成员的责任和权利，确保供应链的高效运作。

（一）供应链成员选择应考虑的因素

在数字经济时代的我国稻米产业供应链发展路径中，供应链成员的选择与管理是一个关键的环节。供应链成员的选择应该综合考虑多个因素，以确保供应链的顺畅运转和高效协同。以下是一些需要考虑的重要因素：

1. 供应能力：选择具有稳定供货能力的供应商是确保供应链稳定性的重要保障。这些供应商应具备稳定的供货能力、适当的产能和良好的供应信誉。通过建立供应商绩效评估体系，及时评估供应商的供货能力以及对合作伙伴业务发展的支持力度，有助于提高供应链的稳定性和可靠性。

2. 质量控制能力：选择具备良好质量控制能力的供应商和合作伙伴，能够有效降低质量风险。在稻米产业中，质量是至关重要的，因此应选择那些具备质量管理体系和先进设备的供应商。同时，建立质量控制标准和监控体系，并加强对供应商的质量管理和监督，有助于确保产品质量并降低质量问题带来的风险。

3. 配送能力：稻米作为易腐食品，物流配送的准时性和可靠性非常重要。选择具备高效物流及配送能力的供应商和合作伙伴，能够确保产品按时到达目的地，并保持其质量。建立完善的物流配送网络，采用先进的物流信息系统，实现实时监控与协调，有助于提高物流效率和准确性。

（二）供应链成员管理的关键要素

在供应链成员管理方面，有几个关键要素需要考虑：

1. 清晰的责任与权利分工：建立明确的供应链成员间的责任与权利分工机制，确定各个成员的职责和义务。这有助于减少信息不对称和责任推卸，确保每个供应链成员履行其责任，并促进供应链的协同合作。

2. 信息共享与协同合作：建立信息共享平台，促进供应链成员之间的信息流通与共享，提高供应链整体效能。通过共享供需信息、生产计划、库存信息等，成员可以更好地协同合作，减少库存积压和需求不匹配的情况。

3. 绩效考核与激励机制：建立合理的绩效考核与激励机制，激励供应链成员为供应链整体效益作出积极贡献。合理的考核指标和奖励机制，能够激发供应链成员的积极性和主动性，促进他们持续改进和创新。

通过选择合适的供应链成员，并建立有效的管理机制，可以确保我国稻米产业供应链在数字经济时代实现高效、可靠和可持续的发展。这将为我国稻米产业提供更广阔的发展空间，提高农产品供应链的竞争力和品牌影响力。

（三）供应链成员选择与管理的措施

以核心企业为例，我国稻米产业供应链进行供应链成员选择与管理可以采取以下措施：

1. 建立供应商评估体系：对供应商进行评估是选择优秀合作伙伴的关键。核心企业应建立完善的供应商评估体系，对供应商的技术能力、产品质量、交货及时性、价格、服务等方面进行综合评估。通过对供应商的全面评估，筛选出优秀的合作伙伴，确保供应链的稳定性和可靠性。

2. 制定合作协议：在选择供应商后，核心企业应与供应商签订详细的合作协议。协议中应明确双方的权利和义务，包括产品质量、交货时间、价格、服务等方面的要求。通过签订合作协议，确保双方在合作过程中有章可循，避免潜在的纠纷和误解。

3. 建立供应链管理团队：核心企业应建立专业的供应链管理团队，专项负责供应链的协调和管理。团队成员应具备丰富的供应链管理经验和技能，能够有效地处理供应链中的各种问题和挑战。通过建立供应链管理团队，提升供应链管理的效率和增强成员间的协同合作能力。

4. 加强信息共享：供应链成员之间应加强信息共享，及时传递生产计划、库存信息、物流信息等关键数据。通过信息共享，确保供应链成员之间的信息透明度和协同性，减少信息不对称带来的风险和损失。

5. 建立信任机制：在供应链合作中，建立信任机制至关重要。核心企业应遵循诚信、透明和公平的合作原则，与供应商建立互信、共赢的信任关系。通过建立信任机制，增强供应链成员之间的信任感和合作意愿，从而促进供应链的稳定和发展。

6. 激励与奖惩并重：为了确保供应链成员的积极性和合作效果，核心企业应建立激励与奖惩并重的机制。对于表现优秀的供应商，可以给予相应的奖励和优惠措施，激励其继续保持良好的合作状态。而对于表现不佳的供应商，应采取相应的惩罚措施，促使其进行改进和提升。

7. 持续优化供应链：供应链是一个动态的过程，需要持续进行优化和改进。核心企业应定期对供应链进行评估和审查，及时发现存在的问题，制定相应的优化措施。通过持续优化供应链，提高供应链的效率和竞争力，实现我国稻米产业的可持续发展。

综上所述，我国稻米产业供应链核心企业进行供应链成员选择与管理时，需要从建立供应商评估体系、制定合作协议、建立供应链管理团队、加强信息共享、建立信任机制、实施激励与奖惩并重以及持续优化供应链等方面入手。通过对供应链成员的合理选择和有效管理，确保供应链的稳定性和可靠性，提高整个供应链的效率和竞争力，从而推动我国稻米产业的繁荣发展。

三、建立应急应对机制

在供应链中，难以预测的突发事件经常发生，如天灾、物流延误等。为了应对这些突发事件，需要建立应急应对机制，制定相应的应急方案，以确保在发生突发事件时能够及时采取行动，减少风险带来的损失。

（一）建立应急应对机制的关键要素

数字经济时代，在我国稻米产业供应链发展路径中，建立应急应对机制是保障供应链运作的重要一环。应对突发事件并减少潜在的风险损失，主要考虑以下一些关键要素：

1. 预警机制：建立针对天灾和其他潜在突发事件的预警机制，确保及时获得相关信息。通过监测气象数据、政府通告、物流跟踪系统等，可以快速了解可能影响供应链运作的突发事件。

2. 应急响应计划：制定应急响应计划，明确各种突发事件发生时的应对措施。例如，对于天气灾害，根据不同灾害类型和等级，制定相应的方案，包括物资疏导、资源调拨和危机公关等。

3. 预备库存：建立适当的预备库存，以应对突发事件导致的供应链中断或物流延误。根据历史数据和突发事件的概率，合理确定需要储备的稻米数量，并在关键时刻释放库存，保证供应链的连续性和稳定性。

4. 备份供应商和备选物流渠道：建立备份供应商和备选物流渠道，以便在主要供应商或物流渠道出现故障时能够快速切换。与备份供应商和物流渠道建立合作关系，并进行常规的演练和测试，以确保在紧急情况下顺利切换。

5. 快速响应团队：建立专门的快速响应团队，负责应对突发事件和紧急情况。该团队应包括供应链管理者、采购经理、物流经理、质量控制经理等关键人员，以便能够迅速做出决策并采取有效措施。

6. 信息共享与协调：加强供应链成员之间的信息共享和协调，以更好地应对突发事件。通过建立数字化信息平台、实时共享供应链数据和信息，多方协同作战，及时调整生产、采购和物流方案。

7. 持续改进和经验总结：对应急应对机制进行经常性的评估和改进，持续提升应对能力。根据突发事件的经验总结，不断优化应急响应计划和措施，以提高反应速度和减少风险损失。

8. 建立应急应对机制：通过建立应急应对机制，我国稻米产业供应链能够更好地应对突发事件，减少潜在的风险损失。这将为供应链的可持续发展提供保障，确保产品的顺利生产和运输，并提升企业的抗风险能力和市场竞争力。

（二）建立应急应对机制的措施

我国稻米产业供应链建立应急应对机制可以采取以下措施：

1. 成立应急工作领导小组：成立由供应链各环节负责人组成的应急工作领导小组，负责制定应急预案，组织和协调应急工作。在发生突发事件时，领导小组应迅速响应，调动各方资源，保障应急工作的顺利进行。

2. 建立应急预案：针对可能出现的突发事件，制定相应的应急预案。预案应包括应对措施、资源调配、人员职责等方面的详细计划。此外，根据实际情况不断修订和完善预案，提高预案的针对性和可操作性。

3. 建立应急通信系统：建立完善的应急通信系统，确保信息畅通。在发生突发事件时,应急工作领导小组应通过通信系统迅速了解情况,掌握全局动态,及时做出决策和指挥。

4. 储备应急物资:根据可能出现的突发事件,储备相应的应急物资。应急物资应包括生活必需品、医疗用品、交通工具等,以确保在突发事件发生时能够及时提供必要的支持和保障。

5. 建立应急运输保障体系:建立完善的应急运输保障体系,确保在突发事件发生时能够及时、准确地调配运输资源,保障应急物资的运输畅通。

6. 开展应急演练:定期开展应急演练,提高应急工作人员的应对能力和熟练度。通过模拟突发事件的发生,检验应急预案的可行性和有效性,及时发现和改进存在的问题。

7. 加强与相关部门的协作:与政府、卫生、公安等部门保持密切联系,及时汇报情况并争取得到相关部门的支持和协助。加强与其他企业的沟通和合作,共同应对突发事件。

8. 做好事后总结:在应对突发事件后,应认真总结经验教训,对预案、通讯、物资储备等方面进行评估和改进。同时,对参与应急工作的人员进行表彰和奖励,激励大家在未来的工作中更好地发挥应急应对能力。

综上所述,我国稻米产业供应链建立应急应对机制需要从成立应急工作领导小组、建立应急预案、建立应急通信系统、储备应急物资、建立应急运输保障体系、开展应急演练、加强与相关部门的协作以及做好事后总结等方面入手。通过建立完善的应急应对机制,提高我国稻米产业供应链在面对突发事件时的应对能力和效率,减少潜在损失和风险,保障整个供应链的稳定性和可靠性。

第二节 推广技术应用

数字经济时代具有高度信息化、智能化的特点,通过推广技术应用可以提高我国稻米产业供应链的运作效率和质量。在供应链的各个环节中,可以引入先进的信息技术,如物联网、大数据、云计算等,实现供应链信息的实时共享和高效管理。同时,可以利用人工智能技术对供应链进行预测与优化,提高生产计划的准确性和及时性。此外，还可以推广使用智能化的仓储和物流设备，提高物流效率和准确率。

一、引入先进信息技术

在数字经济时代，供应链中先进信息技术的应用将成为提高供应链效率和降低成本的关键。其中包括物联网技术、大数据分析以及云计算技术等。在供应链中引入这些技术，可以实现信息的快速传递和处理，提高供应链的响应速度和灵活性。

（一）稻米产业供应链先进信息技术

在我国稻米产业供应链的发展路径中，引入先进信息技术是提高供应链效率和降低成本的重要一环。以下是可以在供应链中引入的关键技术：

1. 物联网技术

引入物联网技术可以实现对稻米生产环节的实时监测和数据采集。通过使用传感器、RFID 等技术，可以将农田中的温度、湿度、土壤质量等数据实时传输到云平台，并通过大数据分析进行实时监测和预测，从而提高农业生产的科学性和智能化水平。同时，物联网技术还可以实现对农机设备的远程监控和管理，提高农机利用率和作业效率。

2. 大数据分析技术

大数据分析技术可以帮助我国稻米产业更好地了解市场需求和消费者偏好。通过对市场数据、消费行为等进行深度分析和挖掘，可以为稻米产业供应链的决策制定提供科学依据。例如，通过分析消费者对稻米品种、产地、包装等方面的偏好，可以优化稻米的生产和包装设计，提高市场竞争力。此外，大数据分析还可以帮助我国稻米产业预测市场需求，合理安排生产和供应，避免产销不平衡或过度供应的问题。

3. 云计算技术

云计算技术的应用可以提高我国稻米产业供应链的信息共享和协同能力。云计算技术可以实现数据的集中存储和管理，各个环节的参与者可以通过云平台共享数据和信息，从而提高信息的可靠性和实时性。此外，云计算技术还可以实现供应链各个环节的协同作业和决策制定，提高供应链整体效率。例如，通过云平台的协同作业功能，可以实现农产品生产、销售、物流等环节的优化，提高整个供应链的运作效率和服务质量。

（二）引入先进信息技术的措施

我国稻米产业供应链引入先进信息技术可以采取以下措施：

1. 引入物联网技术

通过物联网技术，实现供应链各环节的智能化、远程监控和数据采集。在生产环节，可以利用物联网技术对农田环境进行监测和数据采集，为生产者提供精准的农业管理方案。在物流环节，可以利用物联网技术对运输车辆、仓库等进行实时监控和数据采集，提高物流效率和准确性。

2. 引入大数据技术

利用大数据技术对供应链数据进行挖掘和分析，为生产者、物流企业、政府部门等提供决策支持。通过对供应链数据的分析，可以优化生产计划、提高物流效率、预测市场趋势等。

3. 引入云计算技术

采用云计算技术构建供应链信息共享平台，实现供应链各环节的信息互通和数据共享。通过云计算平台，可以整合生产、物流、销售等各环节的数据，提高供应链的透明度和协同性。

4. 引入人工智能技术

运用人工智能技术对供应链数据进行智能分析和预测，为生产者、物流企业、政府部门等提供智能决策支持。人工智能技术可以应用于需求预测、库存管理、路径规划等方面，从而提高供应链的效率和准确性。

5. 引入区块链技术

利用区块链技术实现供应链各环节的数据安全和可信追溯。通过区块链技术，可以保证数据的不可篡改性和可追溯性，提高供应链的透明度和可信度。

6. 引入移动通信技术

采用移动通信技术实现供应链各环节的实时沟通和协作。通过移动设备和应用，可以随时随地进行数据采集、信息传递和业务沟通，提高供应链的协同性和响应速度。

7. 培训和人才引进

加强对供应链管理和信息技术的培训和人才引进，培养一支具备先进信息技术知识和供应链管理理念的团队。通过培训和人才引进，提高供应链相关企业和部门的信息化水平和管理能力。

综上所述，我国稻米产业供应链引入先进信息技术需要从引入物联网技术、大数据技术、云计算技术、人工智能技术、区块链技术、移动通信技术等方面入手。通过引入这些先进技术，可以实现信息的快速传递和处理，提高供应链的响应速度和灵活性，从而推动我国稻米产业向数字化、智能化发展。

二、应用人工智能技术进行预测与优化

人工智能技术能够通过对供应链中海量数据进行分析和处理，实现对需求和供应的预测与优化。通过应用人工智能技术，可以预测供应链中可能出现的问题，优化供应链的运作模式，提高供应链的效率和稳定性。

首先，应用人工智能技术可以通过对我国稻米产业供应链中的大量数据进行分析和挖掘，从而实现对市场需求的预测。通过分析历史销售数据、消费者行为数据以及相关经济指标等信息，人工智能可以构建预测模型，准确预测稻米市场的需求趋势。这有助于农产品供应链决策者更好地制定生产计划和供应策略，避免过度供应或供应不足的情况出现。

其次，人工智能技术还可以通过对供应链中的运作数据进行分析和优化，实现供应链的优化调度。通过分析物流运输数据、库存数据以及生产数据等信息，人工智能可以建立供应链调度模型，优化物流配送路线、库存管理以及生产计划等环节，提高供应链的运作效率和成本控制能力。例如，通过人工智能的路径优化算法，可以减少物流运输中的冗余路径，降低运输成本和时间成本。通过合理规划库存和生产计划，可以避免库存积压和断货等问题，提高供应链的稳定性。

再次，人工智能技术还可以应用于供应链中的质量控制。通过人工智能算法对农田环境、农产品质量等数据进行分析和判断，可以实现对稻米生产过程中质量问题的预警和控制。例如，通过分析土壤质量、气候条件以及种植管理等因素对稻米质量的影响，人工智能可以提供科学的种植建议和优化方案，改善稻米的口感和品质。

我国稻米产业供应链可以应用人工智能技术进行预测与优化，具体措施如下：

1. 智能化市场预测：利用人工智能技术对历史销售数据和市场趋势进行分析，以预测未来的市场需求变化。通过提前制定相应的供应计划，有助于解决粮食市场供需不平衡和价格波动的问题，提高市场的透明度和效率。

2. 智能化销售策略：利用人工智能技术对客户数据进行深入挖掘和分析，以制定个性化的销售策略。例如，可以通过对客户购买历史和偏好进行分析，为其推荐适合的产品或服务，从而提高销售业绩和客户满意度。

3. 智能化库存管理：通过人工智能技术对库存数据进行实时监测和分析，以实现库存水平的智能调控和优化。当库存水平低于或高于一定阈值时，系统可以自动触发警报或调整采购计划，以保持库存水平的平衡和稳定。

4. 智能化路径规划：利用人工智能技术对运输和物流数据进行优化，以提高运输效率、降低成本并减少对环境的影响。系统可以根据实时的交通信息、路线信息和客户分布情况等，自动规划最优的运输路线和调度方案，从而提高运输的可靠性和时效性。

5. 智能化决策支持：通过人工智能技术对供应链数据进行挖掘和分析，为管理层提供智能决策支持。例如，可以利用机器学习和数据挖掘技术对销售数据进行分析，以制定更精准的生产计划和营销策略；同时还可以对异常数据进行检测和预警，帮助管理层及时发现和解决问题。

6. 智能化人才培养：加强人工智能技术的培训和人才引进，培养一支具备先进人工智能技术的团队。通过培训和人才引进，提高我国稻米产业供应链相关企业和部门的信息化水平和管理能力，以推动产业的持续创新和发展。

综上所述，我国稻米产业供应链应用人工智能技术进行预测与优化需要从智能化市场预测、智能化销售策略、智能化库存管理、智能化路径规划、智能化决策支持以及智能化人才培养等方面入手。通过人工智能的数据分析和优化算法，可以实现对市场需求的准确预测和供应链的优化调度，提高供应链的运作效率和稳定性。此外，人工智能还可以应用于质量控制，提高稻米的品质和口感，推动我国稻米产业向数字化、智能化转型。

三、智能化仓储与物流设备的推广

在数字经济时代，通过应用智能化的仓储和物流设备，可以实现对仓储和物流环节的自动化和智能化管理。这些设备可以通过自动化、机器学习等技术来提高仓储和物流的效率和精确度，减少人为误差和延误。例如，利用自动化仓库系统，可以实现对稻米仓储的自动装卸、分拣、存储和管理等各个环节的智能化操作。通过使用传感器和无人机等技术，可以实时监测稻米仓储环境的温度、湿度、气体成分等,保证稻米的质量和安全。

此外,智能化物流设备的推广也是发展我国稻米产业供应链的重要路径之一。例如,自动驾驶物流车辆可以实现稻米的自动化运输,减少人为驾驶误差和交通拥堵等问题;智能化无人机配送可以提高稻米的配送效率和精准度,缩短"最后一公里"配送时间。通过使用智能化物流设备,可以实现仓储和物流环节的无缝衔接,减少人力资源的浪费和降低物流成本,提高供应链的运作效率和服务质量。

智能化仓储和物流设备还可以通过数据的实时采集和分析,为供应链决策提供科学依据。例如,通过分析物流运输的实时数据,可以实现对配送路线和车辆调度的优化,降低运输成本并缩短运输时间。通过分析仓储环节的物流数据,可以优化库存管理,减少库存积压和库存报废,提高仓储效率和成本控制能力。智能化仓储和物流设备的广泛应用为供应链决策提供了数据支持,为决策者提供了更准确、更及时的信息,有助于提高供应链的决策能力和运作效率。

我国稻米产业供应链可以采取以下措施来推广智能化仓储与物流设备:

1. **宣传教育**:首先,需要向供应链相关企业和部门宣传智能化仓储与物流设备的重要性和优势。通过开展培训、研讨会、讲座等活动,让企业了解智能化设备的性能、特点和应用场景,提高对智能化设备的认知度和接受度。

2. **示范项目**:选取一些具有代表性的企业或部门,开展智能化仓储与物流设备的示范项目。通过实际应用和展示,让其他企业看到智能化设备在提高效率、降低成本、增强安全性等方面的优势,从而增加对智能化设备的信任度和需求。

3. **技术支持**:为推广智能化仓储与物流设备提供技术支持和咨询服务。可以组织专业技术人员或专家,为企业提供技术指导、解决方案和咨询服务,帮助企业更好地了解和掌握智能化设备的操作和维护方法。

4. **政策引导**:通过政府政策引导,鼓励企业和部门采用智能化仓储与物流设备。政府可以出台一些激励政策,如财政补贴、税收优惠等,以激发企业和部门对智能化设备的投资和应用热情。

5. **平台建设**:建立智能化仓储与物流设备的信息共享平台,促进设备供应商和应用企业之间的信息交流和合作。通过平台建设,可以实现设备资源的共享和优化配置,提高设备的利用效率和经济效益。

6. **人才培养**:加强智能化仓储与物流设备方面的人才培养和引进。通过培训、研修等方式,提高相关人员的专业素质和技术水平;同时积极引进外部优秀人才，为我国稻米产业供应链的智能化发展提供有力的人才保障。

7. 合作创新：鼓励企业之间、企业与科研机构之间开展合作创新，共同研发和推广智能化仓储与物流设备。通过资源共享、优势互补，实现技术突破和市场拓展，推动我国稻米产业供应链的智能化发展。

综上所述，我国稻米产业供应链推广智能化仓储与物流设备需要从宣传教育、示范项目、技术支持、政策引导、平台建设、人才培养和合作创新等方面入手。通过多渠道、多层次的推广活动，提高企业和部门对智能化仓储与物流设备的认知度和接受度，促进其在供应链中的应用和普及。

因此，智能化仓储与物流设备的推广是我国稻米产业供应链发展的关键路径之一。通过应用智能化技术，可以提高仓储和物流环节的自动化和智能化程度，减少人为误差和延误，提高供应链的效率和精确度。同时，智能化设备的数据采集和分析功能也为供应链决策提供了科学依据，提高决策能力和运作效率。通过推广智能化仓储与物流设备的应用，可以推动我国稻米产业向数字化、智能化转型，提升产业发展水平和竞争力。

第三节　平衡成员关系

供应链是由多个成员组成的复杂网络，成员之间的关系和协作对供应链的稳定和发展起着至关重要的作用。平衡成员关系可以通过建立良好的合作机制、共享利益、建立信任和互利共赢的关系等方式来实现，从而促进供应链的良性循环和稳定发展。

一、建立合理激励机制

在供应链中，各个成员之间的利益关系需要得到平衡和激励。因此，需要建立合理的激励机制，通过合理的奖惩制度和激励手段，调动供应链各个成员的积极性和创造力，从而促进供应链的协同发展。

1. 建立合理的激励机制是推动我国稻米产业供应链发展的关键路径之一。首先，激励机制可以促进供应链各个环节的合作和协同。通过建立奖励制度，供应链中的各个参与者可以得到相应的奖励，以鼓励他们积极参与合作，共同推动供应链的发展。同时，针对供应链中的不同环节，可以制定不同的激励政策和目标，以更好地协调各个环节的利益与目标。

2. 激励机制可以促使供应链中的各个成员不断创新和提高。通过建立奖励制度，可以激发各个成员对创新和改进的热情。例如，为了鼓励农户采用新的农业技术和种植方法，可以给予相应的奖励。同时，对于供应链中的物流企业和仓储企业等中间环节，可以激励其引进新的技术设备和智能化仓储系统，提高供应链的运作效率和服务水平。

3. 激励机制还可以通过建立追溯和认证体系，提高供应链的安全性和可信度。通过对稻米产业的追溯和认证，可以确保产品的质量和安全，提高消费者的信任度和认可度。通过建立可追溯体系，可以追踪每个环节的操作和环境情况，确保稻米产业的生产过程达到可追溯标准，提高稻米产业的可持续发展能力。

4. 激励机制还可以通过建立信息共享和沟通平台，促进供应链的信息互通和协作。通过建立供应链信息平台，可以实现供应链各个环节之间的信息共享和沟通。这可以促进各个环节的协同作业，并提高供应链的运行效率。同时，通过激励供应链中的信息共享和协作，可以更好地监测和控制供应链中的各个环节，提高供应链的稳定性和流畅性。

我国稻米产业供应链建立合理激励机制可以采取以下措施：

1. 目标设定与奖励机制：明确供应链各环节的目标和期望，并设定相应的奖励机制。通过合理的目标设置，激励各环节提高工作效率、降低成本、增强质量，实现整体供应链的优化和效益提升。

2. 绩效考核与奖励：建立完善的绩效考核体系，对供应链各环节进行定期评估和考核。根据绩效结果，对表现优秀的部门和个人给予相应的奖励，以激励其继续发挥优势，同时鼓励其他部门和个人向先进学习。

3. 培训与晋升机会：提供专业培训和晋升机会，帮助员工提升技能和能力。通过培训，可以提高员工的业务素质和工作效率；提供晋升机会，可以激励员工积极进取，促进个人成长和职业发展。

4. 团队建设与合作：加强团队建设，促进供应链各环节之间的合作与交流。通过团队活动、沟通会议等方式，增强团队凝聚力和合作精神，共同实现供应链的目标。

第八章 数字经济时代我国稻米产业供应链发展保障机制

5. 企业文化培育：积极培育具有正能量的企业文化，强调诚信、创新、高效、共赢等价值观。通过企业文化的熏陶，激发员工的责任感和使命感，形成内在的激励机制。

6. 员工参与决策：鼓励员工参与供应链的决策和管理过程，提高员工的参与感和归属感。通过参与决策，员工可以更好地了解整体供应链的运行情况，并为优化供应链提供有益的建议。

7. 多元化奖励形式：根据员工的不同需求和偏好，提供多元化的奖励形式。除了传统的物质奖励外，还可以考虑提供培训课程、晋升机会、表彰荣誉等奖励形式，以满足员工的不同需求。

综上所述，我国稻米产业供应链建立合理激励机制需要从目标设定与奖励机制、绩效考核与奖励、培训与晋升机会、团队建设与合作、企业文化培育、员工参与决策以及多元化奖励形式等方面入手。通过建立合理的激励机制，可以激发员工的积极性和创造力，进而提高供应链的整体效率和效益。同时，激励机制可以促使供应链中的各个成员不断创新和提高，推动我国稻米产业供应链向数字化、智能化方向发展。

二、构建公平公正的合作机制

在供应链中，需要确保各个成员之间的合作是公平公正的。通过建立透明的合作机制，明确各个成员的权利和义务，在供应链中实现公平交易和共赢合作。

实现公平公正的合作机制对于我国稻米产业供应链的发展至关重要。在数字经济时代，构建公平公正的合作机制不仅能促进各个成员之间的相互信任，还能提高整个供应链的运营效率和竞争能力。

首先，建立透明的合作机制是实现公平公正合作的基础。透明的合作机制可以使各个成员了解自己的权益和义务，并且能够清晰地查看供应链中的物流信息、价格信息以及市场需求等重要数据。这样一来，各个成员能够在明确的规则下进行交易，减少信息不对称、防止不公平的交易行为的发生。此外，透明的合作机制还能促进成员之间的沟通和协作，帮助解决潜在的冲突和问题，提高供应链管理的效率和效果。

其次，公平交易和共赢合作应该是合作机制的核心要素。公平交易是指在供应链中进行交易时，各个成员都能够获得合理的利润，没有任何成员因为信息不对称或其他原因而受到不公平待遇。共赢合作是指各个成员在合作中相互协作、互利互惠，共同分享供应链的成果和利益。为了实现公平交易和共赢合作，可以通过制定合理的价格机制、建立契约机制以及推动资源共享等方式来促进各个成员之间的合作和均衡发展。

最后，建立有效的监督和评估机制是确保合作机制公平公正的重要手段。通过建立监督机制，可以对供应链中的各个环节进行有效监控，发现并纠正存在的问题和不公平现象。评估机制可以对各个成员的合作表现进行定期评估，根据其贡献和表现给予相应的奖励或惩罚，激励各个成员更好地履行其责任和义务，以推动供应链的良性发展。

总之，在数字经济时代，构建公平公正的合作机制是我国稻米产业供应链发展的关键所在。通过建立透明的合作机制、实现公平交易和共赢合作、建立有效的监督和评估机制，可以促进供应链各个成员之间的合作与协调，提高供应链的管理效率和竞争力，推动我国稻米产业供应链的可持续发展。

我国稻米产业供应链构建公平公正的合作机制可以采取以下措施：

1. 建立合作规范：制定明确的合作规范和协议，明确各方的权利和义务。规范应包括合作原则、合作流程、信息共享、责任承担等方面，以确保各方的合作行为有章可循、有据可依。

2. 强化合同管理：严格执行合同条款，确保各方的权益得到公平保障。对于违反合同的行为，应按照合同约定进行相应的处罚和追责，以维护合作秩序和公平性。

3. 建立利益共享机制：在合作过程中，应建立利益共享机制，确保各方的利益得到公平分配。可以通过设立共同利益基金、按比例分配收益等方式，实现利益的公平共享，避免利益冲突和矛盾。

4. 加强沟通与协调：在合作过程中，应加强沟通与协调，及时解决合作中出现的问题和矛盾。可以通过定期召开协调会议、建立信息共享平台等方式，加强各方之间的沟通和协作，确保合作顺利进行。

5. 建立信任机制：在合作过程中，应建立信任机制，增强各方之间的信任和合作意愿。可以通过公开透明的工作方式、积极履行承诺的行为、提供优质服务等方式，树立良好的合作形象，建立长期的信任关系。

6. 设立监管机构：设立专门的监管机构或第三方机构，对合作过程进行监督和管理。监管机构可以负责对合作协议的执行情况进行监督、对合作中的问题进行协调解决、对违规行为进行处罚等，以维护合作机制的公平公正。

7. 建立奖惩机制：在合作过程中，应建立奖惩机制，对合作表现优秀的成员进行奖励，对合作表现不佳的成员进行惩罚。可以通过设立优秀合作奖、通报批评等方式，激励各成员积极参与合作，提高合作效果和质量。

综上所述，我国稻米产业供应链构建公平公正的合作机制，需要从建立合作规范、强化合同管理、建立利益共享机制、加强沟通与协调、建立信任机制、设立监管机构以及建立奖惩机制等方面入手。通过以上措施的实施，可以有效地保障各方的权益和公平性，促进我国稻米产业供应链的合作与发展。

三、建立高效协调机制

供应链中的各个环节需要紧密协作和协调，以确保供应链的高效运作。需要建立高效的协调机制，通过信息共享和协同决策等方式，实现供应链各成员之间的高效协作和信息传递。

建立高效协调机制是数字经济时代我国稻米产业供应链发展的关键要素之一。在供应链中，各个环节之间的紧密协作和协调是确保供应链高效运作和提高整体运营效率的重要保障。

首先，信息共享是建立高效协调机制的重要手段之一。供应链中的各个成员需要及时、准确地共享关于市场需求、物流情况、库存状况以及供应链运营等方面的信息。通过建立信息共享平台或系统，我国稻米产业供应链的各个环节能够实现信息的实时传递和共享，避免信息不对称的情况。这有助于各个成员根据市场需求和供应链的实际情况进行预测和决策，减少库存积压和缺货现象，进而提高供应链的灵活性和反应能力。

其次，协同决策是实现高效协调的重要方法。各个成员应该以共同的目标和利益为导向，进行协同决策。通过共同制定供应链的策略、规划和目标，各个成员可以在决策的过程中相互沟通和协商，最大限度地满足市场需求和供应链的要求。此外，协同决策还可以帮助解决供应链中出现的矛盾和冲突，促进各个环节之间的协调和合作。

再次，在建立高效协调机制的过程中，技术的应用也是不可忽视的因素。例如，可通过物联网技术、大数据分析等手段，实现供应链中各个环节的自动化和智能化，减少人为的干预和误操作，提高运作效率和准确性。此外，人工智能技术也可以用于预测市场需求和供应链变动趋势，为决策提供科学依据，提高供应链的预测准确度和决策效果。

最后，建立高效协调机制还需要在组织架构和人员培养方面作出相应的调整。供应链中的各个成员需要具备协作和沟通的能力，促进信息的传递和合作的实施。而供应链管理者需要具备供应链协调和决策的能力，能够有效管理供应链中的各个环节，推动供应链的高效运作。

我国稻米产业供应链建立高效协调机制可以采取以下措施：

1. 建立供应链管理机构：设立专门的供应链管理机构或团队，负责协调和管理供应链各环节的工作。该机构或团队应具备专业的供应链管理经验和技能，能够有效地推动供应链的协调和管理。

2. 制定供应链管理计划：制定详细的供应链管理计划，明确各环节的任务和目标。计划的制定应考虑各方面的因素，包括市场需求、生产计划、库存管理、物流配送等，以确保供应链的高效运行。

3. 加强信息沟通与共享：建立完善的信息沟通与共享机制，确保供应链各环节之间的信息流通畅通无阻。通过实时共享市场信息、库存信息、物流信息等，可以避免信息不对称和沟通障碍，提高供应链的协调效率。

4. 实施风险管理：制定完善的风险管理计划，预测和应对供应链中可能出现的风险和问题。通过提前识别潜在风险、制定应对措施、设立应急预案等，可以有效地减少供应链中的不确定性和风险。

5. 建立快速反应机制：针对供应链中出现的问题和异常情况，建立快速反应机制。通过及时发现和解决问题，可以避免事态扩大和影响供应链的正常运行。

6. 加强合作伙伴关系：与供应商、生产商、物流服务商等合作伙伴建立紧密的合作关系，共同推动供应链高效协调。通过定期召开合作伙伴会议、开展联合项目、加强业务培训等方式，可以增强合作伙伴之间的信任和合作效果。

7. 引入先进技术手段：积极引入先进的供应链管理技术和手段，如物联网技术、大数据分析、人工智能等，提高供应链的智能化水平和协调效率。通过应用新技术手段，可以更好地掌握市场需求、优化生产计划、精准库存管理以及提高物流配送效率等。

8. 建立激励与约束机制：针对合作伙伴和相关人员建立激励与约束机制，激励他们积极参与供应链的协调和管理，同时约束他们的行为符合整体供应链的利益。通过设立奖励基金、提供晋升机会等方式激励表现优秀的合作伙伴和员工；同时通过合同约束、考核评估等方式对表现不佳的合作伙伴和员工进行约束和督促。

第八章　数字经济时代我国稻米产业供应链发展保障机制

总之，我国稻米产业供应链建立高效协调机制需要从建立供应链管理机构、制定供应链管理计划、加强信息沟通与共享、实施风险管理、建立快速反应机制、加强合作伙伴关系、引入先进技术手段以及建立激励与约束机制等方面入手。通过以上措施的实施，可以有效地提高供应链的协调效率和响应速度，适应市场的变化和需求。

第四节　创新管理模式

数字经济时代对我国稻米产业供应链的管理提出了新的要求。传统的管理模式在面对数字化、网络化的供应链时已经不适用。为了适应新的发展需求，必须创新管理模式。创新管理模式可以包括供应链金融、区块链技术、物流网络优化等方面的创新，通过引入新的管理思维和技术手段，提升供应链的效率和竞争力。

一、引入平台化管理思维

在数字经济时代，供应链管理需要引入平台化的思维模式，构建开放的供应链平台。通过建设供应链平台，可以实现供应链成员的连接和协同，促进供应链的创新和协同发展。

引入平台化管理思维是数字经济时代我国稻米产业供应链发展的一项重要策略。平台化管理思维是指运用数字技术和互联网的力量，构建开放的供应链平台，以实现供应链成员之间的连接、协同和创新。

首先，建设供应链平台可以促进供应链成员的连接。传统的供应链管理往往存在信息孤岛和隔阂的问题，各个环节之间难以有效沟通和协作。而通过建设供应链平台，我们可以打破信息壁垒，实现供应链各个成员之间的实时连接和信息共享。这可以加强各个环节之间的合作和协调，提高供应链的运作效率和灵活性。

其次，供应链平台可以促进供应链的协同发展。通过平台化管理，不仅可以连接各个成员，还可以提供协同工作的环境和工具。供应链各个成员可以在平台上共享数据、协同决策、共同解决问题，在协作中提高运营效率、降低成本、提高客户满意度。通过供应链平台的协同作用,整个供应链可以形成良性循环,实现协同发展和共赢。

另外,供应链平台也为供应链成员提供了创新的机会。平台上的数字技术和互联网工具可以促进供应链成员创新能力的释放。通过平台上的合作和共享,供应链成员可以共同研究和开发新的产品、新的服务或者新的商业模式。供应链平台可以提供数据分析、市场洞察以及物流技术等支持,帮助供应链成员实现创新和持续改进,增强供应链的竞争力和可持续发展能力。

最后,建设供应链平台还需要注重平台的治理和管理。供应链平台应该具备开放性、透明性和公正性,保障各个成员的合法权益。平台需要有明确的规则和制度,对成员的行为进行监督和约束,确保平台的正常运作和健康发展。

我国稻米产业供应链可以引入平台化管理思维,以提升供应链的效率、透明度和灵活性。以下是一些措施:

1. 建立开放式平台:建立一个开放、中立的供应链平台,将供应商、生产商、物流服务商、销售商等供应链相关方聚集在一起。通过开放的平台,各方的信息和资源可以共享,实现更高效地协作和沟通。

2. 标准化管理:制定标准化的供应链管理流程和规范,使各环节的操作和数据具有统一的标准。通过标准化管理,可以实现信息的快速交换和数据的共享,提高供应链的透明度和协同效率。

3. 模块化设计:将供应链各环节的功能和业务进行模块化设计,使其具有可扩展性和可重用性。通过模块化的设计,可以方便地进行供应链的扩展和优化,满足不同业务需求的变化。

4. 引入大数据分析:利用大数据技术对供应链各环节的数据进行深入分析和挖掘。通过大数据分析,可以获取更加精准的市场需求预测、库存优化建议、物流路线规划等信息,为决策提供有力支持。

5. 智能化决策支持:利用人工智能技术对供应链数据进行处理和分析,为管理层提供智能决策支持。通过智能化决策支持,可以实现供应链的自动化管理和优化,提高决策效率和准确性。

6. 优化流程设计:对供应链各环节的流程进行优化设计,消除冗余和无效的环节。通过流程优化,可以提高供应链的响应速度和灵活性,降低成本和资源浪费。

7. 构建生态系统:与供应商、生产商、物流服务商、销售商等合作伙伴共同构建一个供应链生态系统。通过构建生态系统,可以实现各方的优势互补和资源共享，提高整体竞争力。

8. 强化风险管理：制定全面的风险管理计划，对供应链中可能出现的风险进行预测和应对。通过强化风险管理，可以降低供应链的风险和不确定性，确保供应链的稳定运行。

9. 持续改进：不断跟踪和分析供应链的运行情况，发现问题并及时进行改进。通过持续改进，可以不断完善供应链的管理和服务水平，提高客户满意度和市场竞争力。

综上所述，我国稻米产业供应链引入平台化管理思维需要从建立开放式平台、标准化管理、模块化设计、引入大数据分析、智能化决策支持、优化流程设计、构建生态系统、强化风险管理和持续改进等方面入手。通过引入平台化管理思维，可以推动我国稻米产业供应链的创新与发展，并提高其市场竞争力。然而，平台的建设和管理需要综合考虑技术、组织和制度等多个方面的因素，才能实现供应链平台的良性发展。

二、推广数据驱动供应链管理

数据是数字经济时代供应链管理的核心资源。通过有效的数据采集和分析，可以实现对供应链的实时监控和响应，从而实现供应链运作的追溯和优化。

在数字经济时代，数据驱动的供应链管理是实现我国稻米产业供应链发展的重要路径之一。通过数据的采集、分析和应用，可以实现对供应链的实时监控、追溯和优化，提高供应链的运作效率和可持续发展能力。

首先，数据采集是数据驱动供应链管理的基础。通过各种传感器、物联网设备和信息系统等技术手段，可以实现对供应链中各个环节的数据采集。这些数据包括物流信息、库存情况、销售需求、环境条件等，能够提供供应链运营所需的关键信息。同时，数据采集也可以通过消费者反馈、市场调研等途径获取更全面和准确的市场信息。数据采集的精准性和及时性对于供应链管理至关重要，能够为供应链管理者提供有效的决策依据。

其次，数据分析是数据驱动供应链管理的核心环节。通过运用数据科学技术，如大数据分析、人工智能等，对采集的数据进行挖掘和分析，可以提取出隐藏在数据背后的规律和模式。数据分析可以帮助供应链管理者深入了解供应链中的关键问题，如需求预测、库存管理、物流优化等，从而制定更准确和科学的运营策略。此外，数据分析还可以通过对供应链合作伙伴、产品质量和供应链风险等方面的数据分析，帮助识别和解决潜在的问题，提高供应链的稳定性和可靠性。

另外，数据应用是数据驱动供应链管理的关键。通过将数据应用于供应链管理的各个环节，如物流调度、库存管理、供应商管理等，可以实现供应链的实时监控和响应。例如，基于实时的物流数据，供应链管理者可以对物流过程进行监控和调度，实现实时可视化和协调；基于实时的库存和销售数据，可以实现库存预警和调整，以降低库存积压和缺货风险；基于客户需求和市场数据，可以实现产品定制和个性化服务，提升客户满意度等。

我国稻米产业供应链可以实施数据驱动的供应链管理，以提升供应链的智能化水平、预测准确性和响应速度。以下是一些措施：

1. 收集数据：广泛收集供应链各环节的数据，包括市场需求、库存、生产计划、物流配送等方面的数据。数据的收集可以通过自动化系统、手工录入等方式进行。

2. 数据清洗与整合：对收集到的数据进行清洗和整合，去除重复和无效的数据，确保数据的准确性和一致性。同时，将数据进行规范化和标准化处理，方便后续的数据分析和管理。

3. 数据分析与挖掘：利用数据分析技术和工具，对供应链数据进行深入分析和挖掘。通过分析市场趋势、库存水平、生产计划执行情况、物流配送效率等数据，发现潜在的问题和机会，为决策提供有力支持。

4. 预测与决策支持：利用数据分析和挖掘结果，对市场需求、库存需求、生产计划等进行预测和决策支持。通过预测和决策支持，可以更好地把握市场趋势和变化，提高供应链的响应速度和准确性。

5. 优化供应链流程：根据数据分析结果和预测需求，对供应链流程进行优化和改进。通过优化采购流程、生产计划、库存管理、物流配送等环节，可以提高供应链的效率和响应速度。

6. 数据可视化与监控：将供应链数据通过数据可视化的方式呈现出来，方便管理层和相关人员快速了解供应链的运行情况。通过数据监控和分析，可以及时发现问题并采取相应的措施进行解决。

7. 持续改进与优化：根据数据分析结果和实际运行情况，持续改进和优化供应链管理流程和技术手段。通过持续改进和优化，可以提高供应链的竞争力和市场适应性。

8.培养数据驱动思维:加强培养管理层和相关人员的数据驱动思维,提高他们对数据的重视程度和分析能力。通过培养数据驱动思维,可以更好地利用数据进行决策和管理,推动我国稻米产业供应链的持续发展。

综上所述,我国稻米产业供应链实施数据驱动的供应链管理需要从收集数据、数据清洗与整合、数据分析与挖掘、预测与决策支持、优化供应链流程、数据可视化与监控、持续改进与优化以及培养数据驱动思维等方面入手。通过实施数据驱动的供应链管理,可以更好地把握市场趋势,提高供应链的效率和响应速度,降低成本并提高客户满意度,为我国稻米产业供应链的发展提供有力支持。在数据驱动的供应链管理中,数据安全和隐私保护也是不可忽视的要素。供应链各成员在数据采集、分析和应用过程中应严格遵守相关的隐私法规和保护措施,确保数据的安全性和合法性。

三、推动数字化转型

数字化转型是提升供应链管理水平的关键。通过运用数字技术,实现供应链中的各个环节数字化和自动化,提高供应链的运作效率和管理水平。

数字化转型的推动是我国稻米产业供应链可持续发展的重要路径。在数字经济时代,运用数字技术促进供应链的升级变革,将是提高我国稻米产业供应链管理水平的关键所在。

第一步是实现供应链的数字化。传统的稻米产业供应链往往存在信息不对称、信息流通不畅等问题,导致供应链各个环节之间的协同性不足、资源利用效率低下。而通过引入数字技术,可以将供应链中的各个环节进行数字化处理,实现信息的共享和交流。例如,采用物联网技术,可以实时监控稻米的生长环境、质量状况等信息,提高农田管理的科学性和精细化程度。同时,还可以利用大数据分析技术,对供应链中的数据进行深入挖掘,发现潜在问题和机遇,从而优化决策和资源配置。

第二步是实现供应链的自动化。数字化转型的一个重要方向是将供应链中的各个环节实现自动化,以减少人力资源的消耗和人为的操作错误。例如,在稻米的物流环节中,可以利用自动化装卸设备和智能物流系统,实现稻米的高效输送和仓储管理。此外,还可以运用人工智能技术,对供应链中的预测、调度和优化等问题进行自动化处理,提高供应链运作的智能化水平。

我国稻米产业供应链可以采取以下措施推动数字化转型：

1. 制定数字化战略：制定明确的数字化战略，包括数字化愿景、目标、路径和实施计划。通过制定战略，可以明确数字化转型的方向和重点，指导整个供应链的数字化进程。

2. 强化基础设施建设：加强供应链基础设施建设，包括互联网、物联网、大数据、人工智能等技术的建设和应用。通过建设基础设施，可以提供数字化转型所需的技术支持和保障。

3. 数据集成与共享：推动供应链各环节的数据集成和共享，实现数据的互通互联和共享共用。通过数据集成和共享，可以提高供应链的透明度和协同效率，减少信息孤岛和重复工作。

4. 智能化应用：积极引入人工智能、机器学习等技术，在供应链管理中实现智能化应用。通过智能化应用，可以实现自动化决策、预测、优化等功能，提高供应链的效率和响应速度。

5. 电子商务平台建设：建立或合作建立电子商务平台，拓展线上销售渠道。通过电子商务平台的建设，可以拓宽销售渠道，提高品牌影响力和市场竞争力。

6. 物联网技术应用：利用物联网技术，实现生产设备、物流配送等环节的智能化和远程监控。通过物联网技术的应用，可以提高生产效率、降低成本、提高物流配送的准确性和及时性。

7. 大数据分析与决策支持：利用大数据技术对供应链数据进行深入分析和挖掘，为决策提供支持。通过大数据分析和决策支持，可以获取更加精准的市场需求预测、库存优化建议等信息，为决策提供有力支持。

8. 培训与人才引进：加强培训和人才引进，培养一支具备数字化技能和思维的供应链团队。通过培训和人才引进，可以提高员工的数字化素养和技能水平，推动数字化转型的顺利实施。

9. 创新合作模式：积极寻求与其他企业、研究机构等的合作机会，共同推动供应链的数字化转型。通过创新合作模式，可以共享资源、技术交流和合作研发等，加速数字化转型进程。

10. 持续改进与优化：在数字化转型过程中，不断跟踪和分析数字化技术的应用情况和效果，发现问题并及时进行改进。通过持续改进和优化，可以不断完善数字化转型的成果，从而提高供应链的竞争力。

综上所述，我国稻米产业供应链推动数字化转型需要从制定数字化战略、强化基础设施建设、数据集成与共享、智能化应用、电子商务平台建设、物联网技术应用、大数据分析与决策支持、培训与人才引进、创新合作模式以及持续改进与优化等方面入手。通过推动数字化转型可以提高供应链的效率、降低成本、提高市场竞争力并为我国稻米产业的发展提供有力支持。

第五节 注重人才培养

数字经济时代对我国稻米产业供应链管理提出了新的人才需求。为了适应新的发展需求，必须注重人才的培养。供应链人才需要具备跨领域的综合能力，如数据分析、技术应用、团队协作等。因此，注重人才培养，提高专业人才的素质和能力，是加强供应链发展保障机制的必然要求。

一、培养具备数字化思维和技能的人才

在数字经济时代，供应链管理需要具备数字化思维和技能的专业人才。因此需要注重培养供应链领域的专业人才，使其具备处理数字化技术和数据分析的能力，能够应对数字经济时代供应链管理的挑战。

在数字经济时代，供应链管理需要与时俱进，善于应用数字化技术和数据分析方法解决实际问题。因此，培养具备数字化思维和技能的专业人才是我国稻米产业供应链发展的重要路径。

首先，需要加强对供应链领域专业人才的培养。高校应当调整供应链管理相关专业的课程设置，加入数字化技术应用、数据分析和物联网等内容，以培养学生对数字经济时代供应链管理的理解和应用能力。为了提高学生的实践能力，可以与农业企业合作，组织学生参与实际的供应链管理项目，让他们亲身体验数字化转型对供应链的影响和价值。

其次，需要持续开展职业培训和学术研讨。针对我国稻米产业供应链管理中的数字化转型问题，可以举办职业培训班，提供数字化思维和技能的培训课程。这些课程可以涵盖供应链数字化技术的应用、数据分析方法和案例研究等内容，

帮助从业人员掌握数字化转型的实际操作技巧。同时，学术研讨也是培养人才的有效途径，可以促进专业人才之间的交流与碰撞，推动思想和经验的分享。

最后，还需要加强跨学科合作，培养综合素质较高的人才。数字经济时代的供应链管理涉及多个领域的知识和技能，需要具备良好的跨学科综合能力。例如，需要了解农业技术和农业生产的专业知识，理解供应链管理的运作机制，掌握数字技术和数据分析的应用方法等。因此，可以建立专业团队，汇集来自不同学科背景的专家和技术人员，共同研究我国稻米产业供应链的数字化转型路径，培养具备综合素质的专业人才。

我国稻米产业供应链的成员单位可以采取以下措施培养具备数字化思维和技能的人才：

1. 制定人才培养计划：制定针对数字化思维和技能的人才培养计划，明确培养目标、内容、方式和方法。通过制定计划，可以系统地推进人才培养工作，确保取得良好的效果。

2. 建立培训体系：建立完善的培训体系，包括线上和线下培训、专题讲座、实践操作等。通过多样化的培训方式，可以全面提升员工的数字化思维和技能水平。

3. 引进先进技术：积极引进先进的数字化技术和工具，让员工在实际操作和应用中掌握数字化技能。通过引进先进技术，可以提高员工的实践能力和适应能力，更好地满足数字化转型的需求。

4. 搭建学习平台：搭建在线学习平台，提供数字化思维和技能的相关课程和学习资源。通过搭建学习平台，可以让员工自主学习和交流，提高数字化素养和技能水平。

5. 开展实践项目：组织员工参与数字化实践项目，在实际工作中培养数字化思维和技能。通过实践项目，可以让员工深入了解数字化技术的应用场景和实际效果，提高工作能力和竞争力。

6. 建立激励机制：建立激励机制，鼓励员工主动学习和应用数字化技能。例如，可以设立奖励机制，对在学习和工作中表现突出的员工给予表彰和奖励。通过建立激励机制，可以激发员工的学习积极性和创造力，推动数字化转型的顺利实施。

7. 加强校企合作：与高校、职业院校等合作，共同培养具备数字化思维和技能的人才。通过校企合作，可以为企业提供更多具备数字化素养的优秀人才，推动我国稻米产业供应链的持续发展。

8. 定期评估与反馈：定期对人才培养工作进行评估和反馈，发现问题并及时进行调整。通过评估和反馈，可以不断完善人才培养计划和提高培养效果。

综上所述，我国稻米产业供应链培养具备数字化思维和技能的人才，需要从制定人才培养计划、建立培训体系、引进先进技术、搭建学习平台、开展实践项目、建立激励机制、加强校企合作以及定期评估与反馈等方面入手。通过培养具备数字化思维和技能的人才，可以更好地满足数字化转型的需求，提高供应链的效率和竞争力，并为我国稻米产业的发展提供有力支持。

二、培养具备全球化视野和跨文化沟通能力的人才

我国稻米产业供应链在数字经济时代需要面对全球化竞争的挑战。因此，需要培养具备全球化视野和跨文化沟通能力的人才，以能够在国际供应链环境中进行有效的合作和沟通。

在数字经济时代，我国稻米产业供应链不仅要面对国内市场的竞争，还需要应对全球化竞争的挑战。为了在国际供应链环境中取得竞争优势，培养具备全球化视野和跨文化沟通能力的人才是供应链发展的重要路径。

首先，需要培养具备全球化视野的人才。这类人才应该对全球供应链的发展趋势、国际贸易规则和标准等有深入的了解。高校可以通过开设全球供应链管理课程、组织国际交流和合作等方式，让学生深入了解全球供应链的运作机制和特点。此外，邀请相关领域的专家学者举办讲座，进行学术交流，在课堂上引入实际案例，为学生提供全球供应链管理的实践经验。

其次，需要培养具备跨文化沟通能力的人才。在国际供应链环境中，面对不同国家、不同文化背景的合作伙伴，良好的跨文化沟通能力将成为沟通与协作的关键。高校可以设置跨文化管理课程，培养学生的跨文化意识和沟通技巧。同时，通过参与国际交流项目和实习，让学生亲身体验不同文化背景下的供应链管理实践，提升他们的跨文化沟通能力。

最后，还需要加强英语能力的培养。英语作为国际商务和供应链管理的通用语言，在国际供应链环境中具有重要地位。因此，高校可以在课程中加大英语教学的力度，培养学生的英语听、说、读、写能力。同时，可以组织英语角、跨文化交流和国际商务竞赛等活动，为学生提供实践锻炼的机会，加强学生的英语应用能力和跨文化沟通技巧。

我国稻米产业供应链的成员单位可以采取以下措施培养具备全球化视野和跨

文化沟通能力的人才：

　　1. 制定全球化战略：制定具备全球化视野的战略，明确企业全球化发展的目标、路径和实施计划。通过制定全球化战略，可以引导员工了解和适应全球化的趋势和挑战。

　　2. 建立培训计划：建立针对全球化视野和跨文化沟通能力的培训计划，包括全球化趋势、国际商务礼仪、跨文化沟通技巧等方面的培训。通过培训，可以提升员工对全球市场的认知和跨文化沟通技巧。

　　3. 国际化合作与交流：积极参与国际化合作与交流活动，与国外企业、研究机构等进行合作，为员工提供国际化的视野和跨文化沟通的机会。通过国际化合作与交流，可以让员工深入了解不同国家和地区的文化背景和市场特点，提高跨文化沟通能力。

　　4. 学习多元文化：鼓励员工学习和了解不同国家和地区的文化特点、价值观和习俗，培养员工的多元文化意识和跨文化沟通能力。通过学习多元文化，可以更好地适应不同市场和客户的需求，提升企业在全球化市场的竞争力。

　　5. 参与国际项目：鼓励员工参与国际项目，与来自不同国家和地区的团队成员合作，实际体验跨文化沟通的过程。通过参与国际项目，可以让员工在实践中锻炼和提高跨文化沟通能力。

　　6. 引进国际化人才：积极引进具备全球化视野和跨文化沟通能力的国际化人才，为企业的全球化发展注入新的力量。通过引进国际化人才，可以带动整个团队全球化视野和跨文化沟通能力的提升。

　　7. 评估与反馈机制：建立针对全球化视野和跨文化沟通能力的评估与反馈机制，定期对员工的全球化视野和跨文化沟通能力进行评估和反馈。通过评估与反馈，可以及时发现问题并进行改进，不断完善员工的全球化视野和跨文化沟通能力。

　　综上所述，我国稻米产业供应链培养具备全球化视野和跨文化沟通能力的人才，需要从制定全球化战略、建立培训计划、国际化合作与交流、学习多元文化、参与国际项目、引进国际化人才以及建立评估与反馈机制等方面入手。通过培养具备全球化视野和跨文化沟通能力的人才，可以更好地适应全球化的趋势，提高企业在全球化市场的竞争力，并为我国稻米产业的发展提供有力支持。同时，跨文化沟通能力的提升也有助于消除文化障碍和信任问题，进一步促进供应链各方之间的合作与共赢。

三、提升人才的综合素质培养

在数字经济时代,我国稻米产业供应链的发展需要具备综合素质的人才。除了具备专业知识和技能外,还应注重培养团队合作能力、问题解决能力和创新思维等综合素质,通过加强综合素质的培养,可以提升供应链人才的整体能力,从而适应数字经济时代供应链发展的需求。

首先,需要培养供应链人才的团队合作能力。供应链是一个复杂的系统,需要不同岗位、不同专业的人员紧密协作,共同完成各个环节的任务。因此,高校应注重培养学生的团队合作能力,可以开设团队合作项目或者模拟场景,让学生在团队中分工合作,解决实际的供应链管理问题。此外,还可以鼓励学生参与社团活动或者专业竞赛,培养他们的团队意识和协作能力。

其次,需要培养供应链人才的问题解决能力。供应链管理中,经常会面临各种复杂的问题和挑战,需要有能力快速分析和解决问题的人才。高校可以开设问题解决能力培养课程,引导学生学习分析方法和解决方案的制定。同时,提供实践机会和实际案例,让学生运用知识和技能解决实际的供应链管理问题,增强他们的问题解决能力。

最后,还需要培养供应链人才的创新思维。在数字化转型和全球化竞争的背景下,创新是推动供应链发展的重要驱动力。高校可以开展创新教育,培养学生的创新思维和创业意识。培养学生对市场变化和技术创新的敏感性,鼓励他们提出新的供应链管理理念和解决方案。同时,与企业和科研机构合作,为学生提供参与创新项目和实践活动的机会,推动他们的创新能力的发展。

我国稻米产业供应链的成员单位可以采取以下措施提升人才的综合素质培养:

1. 制定综合素质培养计划:制定针对综合素质培养的计划,明确培养目标、内容、方式和方法。培养计划应该结合企业的战略目标和员工的发展需求,涵盖专业技能、团队合作、沟通能力、创新能力等多个方面。

2. 提供多元化的培训课程:提供多元化的培训课程,包括线上和线下课程、理论和实践课程等。培训课程应该涵盖综合素质的各个方面,如专业技能、团队合作、沟通能力、创新能力等。

3. 加强实践锻炼:提供实践锻炼的机会,让员工在实际工作中提升综合素质。例如，可以安排员工参与项目实施、团队协作、沟通协调等方面的实践，让他们在实践中积累经验并锻炼能力。

4. 实施轮岗制度：实施轮岗制度，让员工在不同的岗位上工作和锻炼。通过轮岗制度，员工可以了解不同岗位的工作内容和要求，提升自身的专业技能和综合素质。

5. 鼓励自我发展：鼓励员工自我发展，提供自主学习和自我提升的机会。例如，可以推荐员工参加外部培训课程、学术交流活动等，让他们自主提升自身的专业技能和综合素质。

6. 建立评价机制：建立评价机制，对员工的综合素质进行定期评价。评价结果应该与员工的晋升、薪酬等方面挂钩，以激励员工自我提升。

7. 营造学习氛围：营造良好的学习氛围，鼓励员工不断学习和提升自身能力。例如，可以组织学习分享会、座谈会等活动，让员工交流学习心得和工作经验，促进相互学习和共同进步。

8. 开展专题讲座和研讨会：定期邀请专家学者和业内人士举办专题讲座和研讨会，让员工了解行业动态和技术发展趋势。通过参加专题讲座和研讨会，员工可以拓宽视野、丰富知识储备，提升自身的综合素质。

9. 实施奖励机制：对于在综合素质方面表现优秀的员工实施奖励机制，激励员工不断自我提升。例如，可以设立优秀员工奖、最佳团队奖等，对表现突出的个人和团队进行表彰和奖励。

10. 持续改进和优化：对综合素质培养计划进行持续改进和优化，以满足企业发展和员工成长的需求。通过持续改进和优化，可以不断完善培养计划和提高培养效果。

综上所述，为了提升我国稻米产业供应链提升人才的综合素质，我们需要从制定综合素质培养计划、提供多元化的培训课程、加强实践锻炼、实施轮岗制度、鼓励自我发展、建立评价机制、营造学习氛围、开展专题讲座和研讨会、实施奖励机制以及持续改进和优化等方面入手。通过提升人才的综合素质，可以为我国稻米产业供应链的数字化转型和可持续发展提供强有力的支撑。具备团队合作能力、问题解决能力和创新思维的人才将成为推动供应链管理进步和创新的中坚力量，进而推动稻米产业向数字化、智能化和可持续化的发展路径不断迈进。本书设计了评估稻米产业供应链发展水平的评价指标体系，并应用多级模糊综合评价法对目前我国稻米产业供应链发展水平进行评估。根据评估结果，结合国内

第八章　数字经济时代我国稻米产业供应链发展保障机制

外相关经验，提出了我国稻米产业供应链发展的路径优化策略和保障措施。

尽管本书在研究方法方面有一定的创新，但还存在一些不足之处，需要进一步改进。作为一个有机整体，稻米产业供应链各环节的定量分析数据较难获得，因此本书采用了专家打分法、层次分析法和多级模糊综合评价法等方法对我国稻米产业供应链的发展水平进行估算和评估。然而，这些方法大多是主观判断和定性分析为主，缺乏准确的定量分析。虽然打分数据来自多位相关行业的专家，并进行了一致性检验，但在评分过程中仍难以避免主观性的问题，因此得出的结论在一定程度上可能不够准确和全面，需要进一步完善和提升。

基于上述不足，作者将在今后的研究中努力改进。首先，通过多渠道收集更多调研数据，并结合国内外先进的稻米产业供应链运行经验进行深入研究。此外，还将结合商业模式变革下不同路径模式的演化趋势，进一步完善和优化模型及路径策略，并及时发现新问题，通过方案设计形成路径优化体系，不断跟踪修正，以增加研究的深度和论证的说服力。

参 考 文 献

[1] 吉林省统计局. 吉林统计年鉴 [M]. 长春：长春音像电子出版社，2022：115-117.

[2] 文喜贤，陈忠平，尹建华，等. 浙江省水稻（籼粳杂交稻）产业及稻米市场对江西省粮食产业发展的启示 [J]. 江西农业，2018（8）：52-55.

[3] 丁冬. 吉林省稻米全产业链增值机理与路径优化研究 [D]. 长春：吉林大学，2020.

[4] 曾贤杰. 2022年中国大米行业区域市场竞争格局与重点省市分析 [EB/OL]. 前瞻产业研究院，2023.https://www.qianzhan.com/analyst/detail/220/230117-92c3fd10.html

[5] 陈星晓. 湖南水稻面积全国第一 湖南最好吃的大米在哪里？[N]. 湖南日报，2023-09-03.

[6] 谭本刚，谭斌，周显青. 日本稻米产业发展对我国的启示 [J]. 粮油食品科技，2014, 22（2）：36-37.

[7] NALUN PANPLUEM. 泰国有机稻米产业链评价分析 [D]. 北京：中国农业科学院，2020.

[8]. MARC VANACHT. 美国水稻生产机械化情况简介 [J]. 农机科技推广，2010（12）：15-16.

[9] 李慕菡，刘雅，宋春风. 国外大米产业的发展对中国的启示 [J]. 天津农业科学，2017, 23（12）：36-40.

[10] 叶延琼，章家恩，秦钟，等. 广东省水稻产业发展规划探讨 [J]. 江苏农业科学，2013, 41（3）：1-5.

[11] 田子方. 发达国家信息技术在农业中的应用及其启示 [J]. 世界农业，2013（6）：45-48.

[12] 孔繁涛，朱孟帅，孙坦. 现代信息技术在农业领域的应用分析与建议——互联网企业进军农业引发的思考 [J]. 智慧农业，2019, 1（4）：31-41.

[13] JHA A K, AGI M, NGAI EWT. A note on big data analytics capa-bility development in supply chain [J]. Post – Print，2020：113382.

[14] LIU Z, LI Z. A blockchain-based framework of cross-border e-com-merce supply chain [J]. International Journal of Information Management，2020（52）：102059.

[15] 刘国东."大数据＋质量安全"的粮食供应链监测预警机制研究 [D]. 大庆：黑龙江八一农垦大学，2020.

附件1
我国稻米产业供应链发展指标专家打分问卷

各位专家：

您好！感谢您参加本次问卷调查！

请根据数字经济时代我国稻米产业供应链发展的实际情况，结合自身研究与工作经验，对其各项指标进行打分。根据每个指标的重要程度，以 [0-100] 分制赋分。

1. 请为成本要素下各级指标进行评分

选项	得分
成本控制	
成本管理	
成本预算	

2. 请为价值创造要素下各级指标进行评分

选项	得分
供应链产值	
产品质量价值	
客户忠诚度	
竞争力	

3. 请为可持续发展要素下各级指标进行评分

选项	得分
环境影响	
社会责任	
生态效益	

附件 1　我国稻米产业供应链发展指标专家打分问卷

4. 请为供应链运作要素下各级指标进行评分

选项	得分
生产周期	
交货时间	
库存控制	
信息传递	

5. 请为创新发展要素下各级指标进行评分

选项	得分
技术研发投入	
创新产出	
人才培养	

本调查不针对任何个人或组织，仅为科学研究之用，不会对您的生活和工作产生任何影响。如您对调查工作或问卷内容有疑问，欢迎以电子邮件形式联系我们。

联系人：　　　　　邮件地址：

附件 2
我国稻米产业供应链发展能力评语集调查问卷

各位专家：

您好！感谢您参加本次问卷调查，请根据数字经济时代我国稻米产业供应链发展能力一级指标与二级指标的实际发展情况，结合自身研究与工作经验，从 {很高，较高，中等，较低，很低} 这五个增值能力评价的角度，得出每一项二级指标的评语集结果。请在您觉得对应的评语集框内打√。

指标名称		增值能力评语集				
一级指标	二级指标	很高	较高	中等	较低	很低
成本管控能力 (F_1)	成本控制（F_{11}）					
	成本管理（F_{12}）					
	成本预算（F_{13}）					
价值创造能力 (F_2)	供应链产值（F_{21}）					
	产品质量价值（F_{22}）					
	客户忠诚度（F_{23}）					
	竞争力（F_{24}）					
可持续发展能力 (F_3)	环境影响（F_{31}）					
	社会责任（F_{32}）					
	生态效益（F_{33}）					
供应链运作能力 (F_4)	生产周期（F_{41}）					
	交货时间（F_{42}）					
	库存控制（F_{43}）					
	信息传递（F_{44}）					
创新发展能力 (F_5)	技术研发投入（F_{51}）					
	创新产出（F_{52}）					
	人才培养（F_{53}）					

附件 2　我国稻米产业供应链发展能力评语集调查问卷

　　本调查不针对任何个人或组织,仅为科学研究之用,不会对您的生活和工作产生任何影响。如您对调查工作或问卷内容有疑问,欢迎以电子邮件形式联系我们。

　　联系人:　　　　　　邮件地址:

附件 3
稻米产业供应链发展指标 AHP 判断矩阵调查问卷

各位专家：

您好！感谢您参加本次问卷调查，请根据数字经济时代我国稻米产业供应链发展能力一级指标与二级指标的实际发展情况，结合自身研究与工作经验，对各评价指标的相对重要性和所属的发展能力等级进行判断和打分，一个发展指标对另一个发展指标的影响程度，可以根据其相互比较，构建判断矩阵。

本问卷采取 9 级标度法对相对重要程度进行量化判断，各指标标度值与含义如下表所示，当两个发展指标处于同等重要的状况下，其值表示为 1；两个增值指标之间，一个稍微重要时取 3，明显重要时取 5，非常重要时取 7，极其重要时取 9；反之，则取 1/3、1/5、1/7、1/9；如果两者对比，其结果侧重于中间状况时，则依次取值为 2、4、6、8，反之则取 1/2、1/4、1/6、1/8。

标度值	含义	
1	两个指标对比，前者与后者同等重要	反之，亦取 1
3	两个指标对比，前者比后者稍微重要	反之，则取 1/3
5	两个指标对比，前者比后者明显重要	反之，则取 1/5
7	两个指标对比，前者比后者非常重要	反之，则取 1/7
9	两个指标对比，前者比后者极其重要	反之，则取 1/9
2, 4, 6, 8	两个指标对比，前者比后者相邻判断的中间值	反之，则取 1/2，1/4，1/6，1/8

由此，请将我国稻米全产业链增值能力的各个一级指标与二级指标逐一进行比较，将标度值直接填入 AHP 判断矩阵中。

1. 一级指标相对重要性对比

一级指标	成本管控能力	价值创造能力	可持续发展能力	供应链运作能力	创新发展能力
成本管控能力	1				

附件3 稻米产业供应链发展指标AHP判断矩阵调查问卷

续表

一级指标	成本管控能力	价值创造能力	可持续发展能力	供应链运作能力	创新发展能力
价值创造能力		1			
可持续发展能力			1		
供应链运作能力				1	
创新发展能力					1

2. 二级指标相对重要性对比

（1）成本管控能力指标相对重要性对比

成本管控能力指标	成本控制	成本管理	成本预算
成本控制	1		
成本管理		1	1/7
成本预算			

（2）价值创造能力指标相对重要性对比

价值创造能力指标	供应链产值	产品质量价值	客户忠诚度	竞争力
供应链产值	1			
产品质量价值		1		
客户忠诚度			1	
竞争力				1

（3）可持续发展能力指标相对重要性对比

可持续发展能力指标	环境影响	社会责任	生态效益
环境影响	1		
社会责任		1	
生态效益			1

（4）供应链运作能力指标相对重要性对比

供应链运作能力指标	生产周期	交货时间	库存控制	信息传递
生产周期	1			
交货时间		1		
库存控制			1	
信息传递				1

（5）创新发展能力指标相对重要性对比

创新发展能力指标	技术研发投入	创新产出	人才培养
技术研发投入	1		
创新产出		1	
人才培养			1

本调查不针对任何个人或组织，仅为科学研究之用，不会对您的生活和工作产生任何影响。如您对调查工作或问卷内容有疑问，欢迎以电子邮件形式联系我们。

联系人：　　　　　邮件地址：